国家社会科学基金重大项目
《文心雕龙》汇释及百年"龙学"学案
(批准号:17ZDA253)阶段性成果

王志彬纪念文集

万　奇　主编

中华书局

图书在版编目（CIP）数据

王志彬纪念文集/万奇主编. —北京:中华书局,2024.6
ISBN 978-7-101-16544-9

Ⅰ.王… Ⅱ.万… Ⅲ.王志彬(1933~2020)-纪念文集
Ⅳ.K825.6-53

中国国家版本馆 CIP 数据核字(2023)第 256716 号

书　　名	王志彬纪念文集
主　　编	万　奇
责任编辑	齐浣心
责任印制	陈丽娜
出版发行	中华书局
	(北京市丰台区太平桥西里 38 号　100073)
	http://www.zhbc.com.cn
	E-mail:zhbc@zhbc.com.cn
印　　刷	三河市中晟雅豪印务有限公司
版　　次	2024 年 6 月第 1 版
	2024 年 6 月第 1 次印刷
规　　格	开本/920×1250 毫米　1/32
	印张 10⅝　插页 6　字数 260 千字
国际书号	ISBN 978-7-101-16544-9
定　　价	88.00 元

王志彬(1933年9月22日—2020年1月8日),笔名志心、杉木、林杉。内蒙古师范大学文学院教授,内蒙古写作学会终身名誉会长,中国《文心雕龙》学会顾问。

王志彬先生在书房

王志彬先生参加国际学术研讨会

王志彬先生与夫人陈珍女士

王志彬先生代表作《文心雕龙》三论

王志彬先生在中华书局出版的"中华经典名著全本全注全译丛书"本
《文心雕龙》和"传世经典文白对照"本《文心雕龙》

主编:万　奇

编委(按姓氏笔画排序):
王志强　石　羽　白建忠　闫　艳　宋凤娣
李金秋　岳筱宁　高林广　钱淑芳　褚亚申

目　录

王志彬自述

王志彬论文选粹

王志彬学术研究铨评

追忆王志彬先生

王志彬自述

文海泛舟六十年

——我的学文自述

我生于1933年9月22日,原籍河北省故城县黑王庄。曾在德州读小学,在天津读中学,至高中一年级。1951年初,在抗美援朝、保家卫国的热潮中,考入原绥远省行政干部学校,分配在政治理论教研室,攻读中共党史、联共党史、哲学等课程,称谓"研究生",历时三年,使我逐渐具有了积极的人生价值观念。后该校准备合并撤销,我经组织批准,于1954年7月,以同等学力的"调干"身份,考入内蒙古师范学院,改学汉语言文学专业。毕业后,留校任教,迄今整整六十年了。

回眸六十年来的漫漫历程,我常常感到学养不足,每有愧疚之赧。略能自诩的是,我长期坚持在教书育人的岗位上,虽则风风雨雨,坎坎坷坷,犹自强不息,不屈不挠,做了两件比较有价值、有影响的实事:一是致力于写作学科的基本建设,建构写作教学和理论研究的完整体系;二是倾心于《文心雕龙》的研读,把它作为一部独具中国特色的文章写作理论著作,揭示它的本体性质和内涵。我满怀着兴趣和决心,试图把写作学科与《文心雕龙》联系起来,使之相互渗透、相互作用,提升写作学科的学术品位,强化《文心雕龙》古为今用的实践意义。

我致力于写作学科的基本建设,始于1977年。此前,曾担任过工农兵学员的写作课程,参编过《写作基础知识》,还帮助工农兵学员采写过报告文学,但都因时代的创伤,而未能传承下来。恢复高考制度后,我担任新建的写作教研室主任,与多位教师志同道合,集思广益,因陋就简,攻坚克难,开始了写作学科的基本建设。

首先是制订《写作教学纲要》。我们根据教育、教学的需要,参照兄弟院校的《写作教学大纲》,针对面临的实际问题,起草了《写作教学纲要》。历经五次修改,吸纳了传统教材中写作理论知识的精华,熔铸了作家、编辑、文秘人员和写作教师的实践经验,使之有了较为充实的内涵和相对完整的框架,成为编写教材、规范教学的依据。

二是编写写作教材。1977年至1979年,我和郝季光老师合作,借鉴此前的成果,在青年教师的帮助下,完成了《写作简论》一书,由内蒙古人民出版社出版,获我校颁发的自编优秀教材特别奖。1996年,由徐新民老师主编,我作为参编,以《写作教学纲要》为基础,将其改写为《基础写作学要义》一书,由远方出版社出版。后又修订为《写作学指要》一书,2003年由内蒙古大学出版社出版。同行专家视为在全国有影响的写作教材之一,概评其主要优点、特点为"简明实用"。其间,我曾应聘参加《写作学高级教程》的编写工作,执笔"规律论"一章,统领全书,1987年由武汉大学出版社出版,获国家教委普通高校优秀教材一等奖。后摘要纳入我们的自编教材,成为主要的组成部分。

三是编选写作教学参考书。学生学习写作的参考书,主要是范文选读和写作方法指导。1979年至1981年,我们发起并组织全区九所院校的写作教师合作,以写作技法为中心编选范文,由内蒙古人民出版社出版《写作技法举要》一书。我在该书代序《技法端倪》中，概括提出了技法理论的主要内涵，成为后来技法研究的基础。杭州大学《语文战线》予以重点评论，谓之"写作技法研究的新收获"。1982年至1988年，我把它们分别融入《修辞与写作》（合著）和《散文写作概说》（专著）之中。1994年，万奇老师主编《写作技法实用指要》一书，我撰写技法原理部分，由辽宁民族出版社出版，使写作技法有了相对完整、系统的理论形态，在全国写作学界可谓"首出"之作。

　　教师的写作教学参考书，要有较高的学术品位和深广度。1986年至1992年，我们联合华北地区二十余所高校，合编"写作理论研究丛书"，包括《中国写作理论辑评》古代部分、近代部分、现代部分、当代部分和《外国写作教学理论辑评》，共五个分册，二百余万言。出版发行时，内蒙古党委宣传部副部长袁志发、我校校长窦伯菊莅会讲话。《中国图书评论》以《奠基者的奠基》为题，予以高度评价，后获中国写作学会优秀成果一等奖。我担任丛书副主编，分工主编的近代部分，获内蒙古自治区第四届社科优秀成果二等奖。

　　此后，我们以"写作理论研究丛书"等著作为基础，参与主编华北高校协作项目《中国写作理论史》一书，1993年由陕西人民教育出版社出版；继又主持编写《20世纪中国写作理论史》一书，2002年由南京大学出版社出版。《中国图书商报》和《广播电视大学学报》，先后专版刊发学者笔谈和专家评论，予以荐介，被多所院校选用，获内蒙古自治区第七届社科优秀成果二等奖。香港回归前夕，我应邀参加现代应用文写作国际研讨会，主编《新编公文语用词典》一书，2002年由复旦大学出版社出版。2003年，应邀担任《21世纪写作学习丛书》总主编，共十一个分册，由内蒙古大学出版社出版,现已出版了《实用写作指要》《常用应用文写作指要》《科技写作指要》《礼仪文书写作指要》《行政公文写作指要》《法律文书写作指要》等七个分册。

上述各项著作,计三十余种,从原理到文体,从规律到技法,从专论到史论,从教材到参考书等方面,填补了写作学科较多的空白,使写作学科所应包括的内容,基本上得以分门别类、配套成龙、形成体系,显示出自己的特点和优长。这种情况,我们学校前所未有,在全国高校中亦属罕见,被写作学界称为"内蒙古现象""内蒙古师大现象"。

2009年,钱淑芳教授和岳筱宁副教授,将我在写作学科基本建设方面的论著,摘要选录于《回眸文心路》一书,并加以评点;石羽教授则为其撰写长篇序文,做了精要的概括和评价,由内蒙古人民出版社出版,获内蒙古自治区第三届哲学社会科学优秀成果政府奖一等奖。我想,这是对我致力于写作学科基本建设的一个小结、一种褒奖,我深感荣幸。但写作学科基本建设的成果,都是多位老师共同创造的,我只是其中的一员。

随着写作学科基本建设成果的日益丰富,我们开设了多种专题课,举办了助教进修班,招收了硕士研究生,多位老师晋升为教授、副教授,曾经"无教授、无著作、无项目"的写作学科,旧貌换新颜,逐渐振兴起来了。

我研读《文心雕龙》,始于1955年至1956年。那时,我喜欢习作,读了《文心雕龙》的几个篇章,有点豁然开朗的感觉,却未能继续下来。二十世纪六十年代初,一位挚友送我范文澜的《文心雕龙注》一套两本……后逐渐增多,使我得以根据工作的实际情况,通读、选读、精读、范读、专题读、比较读,还抄写了一些卡片和札记,逐渐融入写作教学,每每引用,成为写作教学的一个亮点。

1980年初,我到南京大学进修古代写作理论,经导师裴显生教授介绍,我得以兼到南京师大师从著名学者吴调公教授,攻读"文心雕龙创作论"专题课程,我非常高兴。吴先生讲授每一个篇章,都包括释义、辨疑、提要、总结几个环节,条理极为清晰,且严谨精到、深邃细密,既给我以教学的范式,又给我以深刻的学养启迪。先生在给我的一张照片后面,题写了八个字"居今探古,见树见林",更是我读书为学路上驱云破雾的一盏明灯。

我回校后,经过一段时间的积极准备,即仿照吴先生的教学范式,采取弥纶群言、辨正然否、钻坚求通的论说方法,开设了"文心雕龙创作论选读"专题课,先是本科生、助教进修班学员、文学创作研究班学员,后及文艺学专业各方向的硕士研究生,相继参加进来,受到了启发,增强了思辨能力。其间,我又一再烦扰吴先生,先生有求必应,有问必答,给我许多具体帮助。

风风雨雨十几个年头过去,多位师友亲切热情地帮助我,将《文心雕龙》各个部分的研读,先后纳入全国高等学校古籍整理项目之中。1990年后,又在内蒙古教育出版社有关领导和编辑的积极支持下,按照正常出版规范,列入出版计划,开始了《文心雕龙创作论疏鉴》的编写工作,朝斯夕斯,历时七年,于1997年出版。后又继之以《文心雕龙文体论今疏》和《文心雕龙批评论新诠》,分别于2000年和2002年付梓。习惯上将这几部著作简称为《文心雕龙》"三论"。

我以为,"三论"主要有三个特点:一是辨明性质,突出主旨;二是调整篇目,古为今用;三是提要辨疑,面向大众。这三个特点,都是在综合各家之说、反复争辩、献可替否之后形成的,给我的印象很深,就算是我研读《文心雕龙》的一个收获吧!

"三论"依次出版后,《疏鉴》获内蒙古师大社科优秀成果一等奖和内蒙古自治区社科优秀成果荣誉奖。中国写作学会联合内蒙古写作学会召开"20世纪中国写作理论史暨《文心雕龙创作论疏鉴》"学术研讨会；出版《文海双舟》一书，收录了全国写作学界多位著名学者对《疏鉴》的评论。《中国图书商报》和《中华读书报》则分别刊发了《今疏》的序文。山东大学戚良德教授将"三论"列入《文心雕龙学分类索引》；临沂师院贾锦福教授将"三论"分别列条，收入《文心雕龙词典》；日照地方志办朱文民先生，则将"三论"简介收入《山东省志》中的《刘勰志》，渐使"三论"产生了影响。2008年由中国出版集团和江西出版集团联合举办的"30年最具影响力的书500种提名书目"的评选活动中，《文心雕龙创作论疏鉴》被列于"500种提名"名单中。该名单"1997年"条下的文学作品只收两部：一是《余光中诗选集》，一是《文心雕龙创作论疏鉴》。

在此期间，我与王志民教授等合著《文心雕龙例文研究》一书，由内蒙古人民出版社出版；参与策划、编写由万奇教授和李金秋副编审主持的《文心雕龙探疑》和《文心雕龙文体论新探》，分别由中华书局和中央民族大学出版社出版；还曾试将"三论"合编为《文心雕龙新诠》一书，收入"文萃丛书"，由内蒙古大学出版社出版。

2010年，中华书局宋凤娣博士来电，拟将"三论"修改、合订，作为"十二五"规划项目，列入"中华经典名著全本全注全译丛书"之中。一是重写一个"前言"，介绍全书；二是调整体例，将句译改为段译；三是压缩"内容提要"和"疑点辨析"，合并为"题解"。我喜出望外，又有点不舍。凤娣博士表示，已考虑过"三论"的特点和优长，可以保留基本观点，"题解"也可稍长一点，但不论述。我深感凤娣博士的精敏、坦诚，很快即签订了出版合同，投入了紧张的工作。那时，我做心脏支架手术不久，视力也不好，凤娣博士及其同仁,亲自动手帮我做了许多具体工作,我非常感激。

修改、合订后的"三论"面貌一新,作为"中华经典名著全本全注全译丛书"中的一册,于2012年6月正式出版,现已印刷七次,发行五万余册(至2021年末,三全本和下文说的文白对照本,总共发行二十余万册,成为中华书局常销书和畅销书——石羽注)。后又在此基础上精简、压缩,只保留原文和译文,于2014年10月推出了新版"文白对照"的《文心雕龙》一书。我想,这或许是我倾心研读《文心雕龙》,最值得念想的一种奉献了吧?!

(内蒙古师范大学文学院教师风采 2016年4月17日)

王志彬论文选粹

《文心雕龙·序志》辨疑

《序志》篇是《文心雕龙》全书的总序,按"古人之序皆在后"之例,作为第五十篇,置诸书末,对全书起着统帅作用。它开宗明义解释了书的名称,阐明了著作的动机和目的,论述了全书的组织结构和写作态度,揭示了全书的本体性质和理论体系。研读《序志》篇,不仅能够概览《文心雕龙》的总体状貌,且可以掌握《文心雕龙》研究的钥匙,进入其"体大而虑周"之门庭,是辨析其有关歧疑的重要资料和依据。

一

《文心雕龙》研究中,与《序志》篇相关的歧疑,主要是《文心雕龙》一书的本体性质,亦即《文心雕龙》究竟是一部什么样的著作。对此,说法不一。综括而言,有两种不同的见解。一种认为《文心雕龙》是一部"文学理论批评专著"。这是从二十世纪二三十年代逐渐形成的一种通说,有着相当广泛的影响。当代龙学家刘永济、牟世金、周振甫、赵仲邑等多持此说。另一种认为"《文心雕龙》的根本宗旨,在于讲明作文的法则","应当说它是一部写作指导或文章作法"。此说早在数十年前即由著名历史学家、龙学家范文澜先生提出，而从二十世纪八十年代初以来，又由王运熙、贺绥世等学者予以阐发，称之为"文章作法精义""文章学"或"文章写作指导"，指出《文心雕龙》"不是文学概论一类的书籍"。

《文心雕龙》是不是一部文学理论批评专著？笔者以为，辨析这个问题，需要全面、客观地依据原著来认识《文心雕龙》的本体性质，并且把它与其某些局部内容的价值和意义加以区别。王运熙先生曾说："《文心雕龙》原来的核心何在，重点何在，与我们今天认为此书的价值何在，精华何在，二者不是一回事，应当区别开来。"这是非常必要、非常重要的，可谓一语中的，抓住了问题的实质和关键。

什么是"本体性质"？曾有学者提出疑义。所谓"本体"，原是西方哲学家如康德等人所用的概念，意为"世界的本原或本性"，是"自在之物"。我们用以指事物原有的内在诸因素所构成的有机整体。所谓"性质"，则是指事物所特有的本质属性，它对事物的各个组成部分起着主宰作用。就《文心雕龙》而言，它的本体性质主要包括不可或缺的三个方面的内涵：一是其论述的对象范围，二是其作者的主观意图，三是其理论体系的建构。它们相互依存，相互制约，反映着《文心雕龙》全书特有的主旨，是其任何局部内容都不可以取代，也是任何外部条件所不能改变的。它是原生的、本来的、固有的、内在的，是特定历史时代所注定的。至若所谓"其某些局部内容的价值和意义"，则是指《文心雕龙》的有关部分在特定条件下或特定范围内所产生的作用和影响。它是可以因时、因事、因人而异，见仁见智，各取所需，每有所变的。我国古代本没有专门的美学理论，而今之学者却以《文心雕龙》中的有关论述为据，称之为美学理论专著，即为明显之一例。

从《序志》篇来看，它所论述的不是《文心雕龙》某些局部内容的价值和意义,而是对其本体性质全部内涵的总概括。

首先,《序志》篇起笔即说:"夫'文心'者,言为文之用心也。昔涓子《琴心》,王孙《巧心》,心哉美矣,故用之焉。古来文章,以雕缛成体,岂取驺奭之群言'雕龙'也?"这段话,被龙学家们一致认为是贯穿全书的宗旨。它不仅解释了《文心雕龙》一书的名称,而且明确界划了全书论述的对象范围:既讲"文章",又讲"文心";既有"文"的内容,又有"文"的形式。而更为重要的则是这里所谓的"文心"之文、"为文"之文、"文章"之文,均不是特指今之文学作品,或文学理论批评的狭义之文,而是泛指既包括文学作品又包括非文学作品在内的广义之文。《序志》篇中,共用二十三个"文"字,《文心雕龙》全书中约有数百个"文"字,均没有特指文学作品和文学理论批评。即使刘勰在"论文叙笔"中所论的"有韵之文",也并不都是文学作品。有一位今之学者,指责刘勰"对'文'的范围认识不够明确",将"巩固封建政权的各类应用文""滥竽在文学领域,毫不惭怍"。这实在是一种以今律古的苛求。不过,照这位学者的逻辑推论,恰好说明刘勰所论并不只是文学理论批评。

其次,《序志》篇阐明了刘勰写作《文心雕龙》一书的动机和目的:一是他要凭借"智术"和"制作"来"树德建言""拔萃出类""腾声飞实",扬名后世;二是他向往"敷赞圣旨""注经""论文",以发挥"'五礼'资之以成,'六典'因之致用,君臣所以炳焕,军国所以昭明"的"文章之用",力图实现其"摛文必在纬军国,负重必在任栋梁"的抱负;三是他面对当时"去圣久远,文体解散""离本弥甚,将遂讹滥"的文风,极欲"矫讹翻浅,还宗经诰",改变文坛状貌;四是他要"振叶以寻根,观澜而索源",弥补前人论文"各照隅隙,鲜观衢路"之不足,以述"先哲之诰",而有益"后生之虑",从根本上全面、系统地解决文章写作中的问题。在这里,刘勰从其身世、信仰和人生价值观念出发，既言其写作《文心雕龙》一书的深刻的思想根源，又言其"乃始论文"的历史和现实动因，以及其所要解决的重大理论和实践问题。显然这都不是单从文学理论批评这一个方面着眼的。《文心雕龙》全书中，确实论述到了文学理论批评方面的一些重要问题，但却并不是刘勰写作《文心雕龙》一书的主要动机和目的。

第三，《序志》篇明确地揭示了《文心雕龙》全书的理论体系的建构，表现了刘勰治学、为文力求"弥纶群言""深极骨髓""不屑古今""唯务折衷"的科学态度。这一理论体系把《文心雕龙》全书分为"文之枢纽""论文叙笔""剖情析采"三大组成部分。它们紧密联系、不可分割，是个"一动万随"的有机整体。而文学理论批评方面的内容，在这个理论体系中并不占有独立的、特定的、重要的地位。尽管今之某些学者特别强调刘勰把文学作品放在了"论文叙笔"之首；"剖情析采"中喜用文学作品为例；或论及了什么重要的文学问题，但它毕竟都只是《文心雕龙》完整理论体系中的一个局部，从属于"言为文之用心"这一宗旨，是无由超越整体、凌驾于整体之上的。

综上所述，可分明看出，把《文心雕龙》视为一部文学理论批评专著，与《序志》篇所论之主旨，是难以吻合的。它以偏概全，以点代面，事实上是把《文心雕龙》的论述范围、写作目的、理论体系以及其本体性质扭曲了。或许正是由于这种原因，已有些学者改变或发展了自己的观点。如王运熙先生在其《文心雕龙探索》中说"人们一提到《文心雕龙》，总认为它是我国古代最有系统的一部文学理论书籍，其性质相当于今天的文学概论那样。我过去也是这样看的"；"但从刘勰写作此书的宗旨来看，从全书的结构安排和重点所在来看，则应当说它是一部写作指导或文章作法，而不是文学概论一类书籍。"台湾学者王更生在其《文心雕龙读本》中则说:"不幸的是,若干学者太拘牵于西洋所用之名词,说它(《文心雕龙》)是中国最具系统的一部'文学评论'专著,而刘勰就自然成了'中国古典文论专家'。往年,我也不求甚解,跟着别人呐喊,可是近来因为朝于斯,夕于斯,反复揣摩,仔细商量,用力愈久,愈觉得《文心雕龙》乃'子书中的文评,文评中的子书',《文心雕龙》亦绝非'文学评论'或'文学批评'所能范围。"还有的学者对自己的观点也有所修正、补充,虽坚持认为《文心雕龙》"主要是文学理论",却又说:"《文心雕龙》同时也可以说是一部文章学著作。"这种现象表明,近些年来有关《文心雕龙》本体性质的研究,似乎有了一些新的趋势,是很值得关注的。

二

　　《文心雕龙》是不是"作文的法则""写作指导或文章作法"呢?从《序志》篇来看,刘勰所论之"为文之用心",就是今之学者所谓的"作文时的用心","写文章时的用心",或"写作如何运用心思"。两者总体上是完全和谐一致的,比较充分地体现了《文心雕龙》的本体性质。不过,从当今写作学科的建设和发展方面考虑,宜将"作文的法则""写作指导""文章作法"合三而为一,统称之为"写作理论"。这不仅是"名理相因",有较强的概括性,符合《文心雕龙》的实际内容和学术层次的高度,而且也更便于古为今用,密切地与当代写作教学以及写作研究相衔接。我国是一个历史悠久的文章大国,有着数千年的各种文体的写作实践,怎么可能设想没有在这种实践基础上产生的写作理论呢?研究文体,可称为"文体理论";研究美学,可称为"美学理论";研究文学,可谓之"文学理论";还有什么"电影理论""戏剧理论""新闻理论""诗歌理论""散文理论""小说理论"等等,而综合地、全面地研究写作实践活动及其论著,为什么不可谓之"写作理论"呢? 事实上,近些年来已有学者在为之正名了。詹锳先生说:"通过几十年的摸索,我感到《文心雕龙》主要是一部讲写作的书,《序志》篇一开始就讲得很清楚。"卢永璘先生则说:"《文心雕龙》一书的性质应确定为美文的写作理论。"还有学者明确地说《文心雕龙》是一部"文章写作理论巨著"。笔者同意这些观点,认为应当更坚定、更鲜明地说:"刘勰的《文心雕龙》是一部具有中国作风和中国气派的典型的写作理论专著。"这个判断和结论内涵,没有古今之分,也没有广义、狭义之别,一切类型的文章写作的体制、规格和源流,一切文章写作的规律、原则和方法,一切文章写作的风格、鉴赏和批评,都包容于"写作理论"之中,不再有顾此失彼、捉襟见肘之瑕了。

　　进一步说,刘勰在《序志》篇中,全面概括了《文心雕龙》全书的基本内容。它以"言为文之用心"为旨归,分为三大部分:

　　　　盖《文心》之作也,本乎道,师乎圣,体乎经,酌乎纬,变乎骚:文之枢纽,亦云极矣。

　　这实际上是他所提出的指导写作走向正规的总原则。具体是指《原道》《征圣》《宗经》三位一体,旨在说明圣贤的著作是经典,表现了至高无上的"道"。所以要写好文章必须宗经,为文能取法于圣人之经典,就会取得"情深而不诡""风清而不杂""事信而不诞""义贞而不回""体约而不芜""文丽而不淫"的思想和艺术效果。《正纬》《辨骚》两篇,意在说明纬书和《楚辞》的某些内容,虽然与经悖谬,但它们"事丰奇伟""惊采绝艳""有益文章",写作时也应当吸取、借鉴。概括起来说,刘勰指导写作的总原则可以约之为"倚《雅》《颂》""驭楚篇",即倚靠经典著作的雅正文风,吸取纬书、《楚辞》的奇辞异采,来提高写作的思想艺术水平。

　　　若乃论文叙笔,则囿别区分;原始以表末,释名以章义,
　选文以定篇,敷理以举统:上篇以上,纲领明矣。

　　这是讲有韵之文和无韵之笔的写作,自《明诗》至《书记》共二
十篇,分别论述了三十多种体裁的文章,既有文学作品,又有非文
学作品。它虽然叙述了各种文体的源流,解释了其名称性质,评
述了有代表性的例文,但归根结底是要"敷理以举统",即提出各
种文体的写作规范和基本要求。因之,这一部分的内容,不单是
论各种文体的名称、历史和例文的工拙,而且是讲各种文体的写
作要领和方法。王运熙先生称其为"各体文章写作指导",是很有
道理的。

　　　至于剖情析采,笼圈条贯:摛《神》《性》,图《风》《势》,苞
　《会》《通》,阅《声》《字》,崇替于《时序》,褒贬于《才略》,怊怅
　于《知音》,耿介于《程器》,长怀《序志》,以驭群篇:下篇以下,
　毛目显矣。

　　这一部分从《神思》至《序志》共二十五篇,前十九篇是综合
"论文叙笔"中各种文体的基本写作要领,通论文章的写作过程、
写作原理和写作方法,主要包括三个方面的内容:一是写作构思
和谋篇布局问题;二是论写文章的体制、风格问题;三是论练字、
修辞、造句和各种具体的手法技巧。所以有些学者把它看作文术
论、写作论或写作方法统论。接下来从《时序》至《程器》五篇,则
是基于刘勰在为文、治学中所产生的感慨,对前三部分的一些补
充,论述了从事写作必须考虑到的一些主客观因素,即写作与时
代、与自然景物的关系,作者的品德与才识的修养,文章鉴赏的态
度和方法。有学者视之为"杂论"或"杂感",而不把它当作独立的
所谓"批评论",似乎更符合刘勰的原意。《文心雕龙》的最后一篇

《序志》，则是刘勰对自己写作宗旨以及内容体系的概括说明，起着统领全书的作用。

上述《文心雕龙》的各个部分，各个篇章，都围绕着"为文之用心"这个宗旨，既提出了写作的指导思想，又论述了各体文章写作的规格要求、原则和方法；既总结了历代文家写作的实践经验，又征引例文以为证；既阐述了写作不可或缺的客观条件，又强调了写作的主观因素，它与今之写作理论体系是基因相同、血脉相承的。把这样一部著作称为写作理论专著，不是名副其实的吗？

当然，强调《文心雕龙》的本体性质，并不意味着轻视它的某些局部内容的价值和意义。任何一种与之相关的学科，包括文学理论批评，都可以强调它们之间的联系，吸取、借鉴《文心雕龙》中的有关内容，甚或冠以什么什么著作之名称，但切不可混淆其本体性质与其局部内容的价值和意义。众所周知，《史记》是一部史书，其中的某些篇章，具有很强的文学性，且反映着司马迁精辟的文学见解，已有学者把它作为"我国文学理论批评史上重要的一家"，收入七卷本的《中国文学批评通史》之中。但《史记》的本体性质仍是史学著作，而不是文学或文学理论批评著作，这在学术界并没有疑义。与此同理，为什么却无视《文心雕龙》作为写作理论的本体性质，执意说它"主要是文学理论批评著作"呢？

三

《文心雕龙》研究中，与《序志》篇相关的另一重要歧疑，是该书的理论体系问题，它具体表现为篇章次序的排列是否错乱有误。多年前，即有一些学者对此有所质疑，先后指出它"编次错乱"（周振甫语）；"上下颠倒，不合伦次"（郭晋稀语）；"乃浅人改

编"（刘永济语）；"传写者谬其次第"（杨明照语）等。但都未能提
出令人信服的实据。如这种现象出自哪些版本，有哪些"浅人"和
"传写者"，是从什么时候"改编""错乱""谬其次第"的等等，都没
有史料佐证。后有学者对此做了具体分析，指出："如果无据可
凭，又安能证明己说必是，今本必非？"近些年来，又有学者继续质
疑《文心雕龙》的篇目次序问题，认为它"是有所倒乱的"，且主要
以《序志》篇为据来论证。兹择引其三例。

　　其一曰：从《序志》所说"崇替于《时序》"四句来看，很明
　　显，《时序》《才略》《知音》《程器》四篇必然自成一个单元，自
　　成一个系统，中间是决不会插进另外的文篇的。今却在《时
　　序》与《才略》之间插进了一篇《物色》，以致不伦不类，这岂不
　　是明显的倒乱？

这是说，《文心雕龙》所列篇目的《时序》（第四十五）与《才略》
（第四十七）之间，不该有《物色》（第四十六），因为《序志》篇中没
有把它安排在这个位置上。

　　其二曰："摛《神》《性》"，这一句中没有什么问题。"图
　　《风》《势》"，这一句中就有问题了。《风骨》与《定势》的次序是
　　不相连接的，中间隔了一篇《通变》。

这是说，《文心雕龙》所列篇目的《神思》（第二十六），《体性》
（第二十七）依次相连；而《风骨》（第二十八）与《定势》（第三十）之
间，则不该有《通变》（第二十九），按《序志》篇所论，它也是被"插
进"来的。

　　其三曰："苞《会》《通》"，这一句中包含了两个问题：一是
　　《附会》原来不在极远的后面，而是在此处；二是《通变》果然
　　不是夹在《风骨》《定势》之间的。

这是说，《文心雕龙》所列篇目的《附会》（第四十三）原在《通

变》(第二十九)前面,两者很近;《通变》(第二十九)的位置也是被"倒乱"了的。

以上三例说明,这位学者显然是以为《序志》篇所提到的篇目,其次序都是刘勰确定了的;它们紧挨着,其间不能多也不能少;而《文心雕龙》全书五十篇之编排次序,却与此不同,因而认为它"被搅乱"了,应当调整、改变。其实,这是很值得商榷的。

一则,《序志》篇中的"至于剖情析采"一段,确实提到了许多篇目,但它不是为了具体地编排其次序,而是为了概要地介绍"剖情析采"部分的内容框架。而且由于骈文写作的特殊需要,刘勰要做相应的艺术处理。他采取以点代面、以少总多的手法,只言其大概轮廓,因而与《文心雕龙》前面所列五十篇之篇目次序相比较,就有了或省略、或颠倒、或交叉的差异。这种情况在《文心雕龙》全书中不只一处。如《通变》篇中的"诗赋书记",代指的就是"从《明诗》到《书记》所论的各种文体",而《定势》篇所提到的"章表奏议""赋颂歌诗""符檄书移""史论序注""铭箴碑诔"和"连珠七辞"等"论文叙笔"中的篇目,其次序与全书目录所列也大不一致。《封禅》《诏策》《谐隐》《哀吊》等篇省略掉了;《檄移》与《书记》交叉;"章表奏议"在全书目录上分别列第二十二、第二十三、第二十四,此处却提到分别列第六至第八的"赋颂歌诗"前边了。显然,以《序志》《通变》《定势》等篇所论为据,来证明《文心雕龙》篇目次序的错乱,是难免要顾此失彼了。若以此来重排《文心雕龙》全书的篇目次序,那将会混乱到何等程度?

二则,今之学者意欲证明《文心雕龙》的篇目次序是错乱的,但有一个值得特别注意的情况需要研究:《文心雕龙》全书的目录,从《原道》(第一)到《序志》(第五十)都是依次排列的。我们能见到的从古到今的多种版本,除极少数外,均一一标明了篇次序号,并且是完全一致的。这岂不正是《文心雕龙》篇次并未错乱的一个力证吗? 更何况目录所列与篇章内文的编排也是一一对应的呢! 这一点,清末民初之前的学者没有发现异常,提出疑义。但今之学者却执着地说:"今书的篇次,是错乱之后,后人加上篇第的。""如果刘勰著书,篇目本来标明篇第,就不可能错乱了。"令人不解的是,这位学者是怎么得知刘勰著书本来没有"标明篇第"的呢? 他依据的是哪一种版本或哪一种史料呢? 始终未能见其提出实证。

　　查中外龙学研究中,现存的最早版本乃是唐写本残卷。它虽只有从《征圣》(第二)到《杂文》(第十四)等十三篇,以及《原道》的篇尾与《谐隐》的篇首,却也是一一标明了篇次序号的,并且与此后的多种版本所标之序号完全一致。从现代龙学大家范文澜、刘永济、王利器、杨明照等人对《文心雕龙》的研究来看,他们所占有和依据的《文心雕龙》版本的广泛性和权威性,他们治学态度和方法的严谨、精慎,都是一般学者难以企及的。从现在能见到的唐写本,到清末的诸多版本,他们分别地一一审辨,逐字逐句、一笔一画地校正。他们的贡献,是举世公认的。但是在他们的著作中,谁发现《文心雕龙》"编次错乱"的真凭实据了呢? 如果有,早就该公之于世了。在这种情况下,有关学者力图证明《文心雕龙》篇目次序错乱的理据,显得太软弱无力了。有的学者引范老的有关意见为据,来证明"剖情析采"部分的"篇次明显地倒乱"。实则,范老只是就《丽辞》《比兴》《夸饰》《事类》和《练字》等篇的内在逻辑关系,说了一些自己的理解,而未详言其原因。在论及《物色》的篇次时,也只是说:"疑有误也。"如果我们把前人之"疑"以及他们对问题的理解,也作为判断《文心雕龙》篇次是否错乱的实证,那发展下去,我们的龙学研究将会是个什么样子?《文心雕龙》

的篇次目录本是不错乱的,却也不得不错乱不堪了。

　　三则,今之龙学家中确实有人按照自己的理解,调整、改变了《文心雕龙》的篇目次序。仅只是"剖情析采"部分,即有范文澜改动了八篇,杨明照改动了二篇,刘永济改动了七篇,郭晋稀改动了十八篇,而李蓁非先生则改动二十篇,且各据一理,各持一解。其中《物色》一篇,范列第四十四,杨列第四十五,刘列第四十,郭、李列第四十二,谁也没有找准它的其他位置。本来都是想理顺《文心雕龙》的篇目顺序,贯通其理论体系,结果却事与愿违、得不偿失。这种情况充分说明,没有可靠的史料根据,而凭自己对某些片断说法的理解,以为应该如何如何,不仅很难做出定论,而且会节外生枝、相互纠缠、制约、否定,以致使原来并不混乱的问题越来越混乱了。笔者认为,《文心雕龙》全书的目录次序,乃是我们当今认识其理论体系的重要根据,无由被作为全书篇次错乱的对象而加以调整、改变。

　　早在二十多年前,牟世金先生曾说:"如果我们没有足够的理由、充分的证据说明今本《文心雕龙》是错乱的、不是刘勰自定篇次的原貌,那就勿劳今人费神,按我们的理解去断定何者为创作论、何者为批评论,而应根据刘勰自己的意见来区分。"这实际上也是说篇目次序问题。笔者感到,重提这段旧话非常必要。那种靠着想象、推测、假设、怀疑来立论的情况,也不能继续下去了。我们应当珍视《文心雕龙》这一光辉的文化遗产,维护它的原姿原貌。

刘勰“论文叙笔”今辨

约在1498年前,刘勰撰《文心雕龙》50篇,“言为文之用心”,体大虑周,笼罩群言,是为我国古代专门、系统地将文章写作理论刊勒成书之初祖。其“论文叙笔”(即通说之文体论)部分20篇,分别论述有韵之文和无韵之笔,计34类,约占全书篇幅的五分之二,刘勰称之为“文之纲领”,可见其分量之重、地位之要。

但多年来,文心学者们略疏于对“论文叙笔”的研究,使它成为一个颇为寂寥的领域。据《文心雕龙研究论著索引》统计,从1907年至1985年,在全国报刊上发表的关于“论文叙笔”的研究论文,只有50篇,平均每年不到一篇,而在《文心雕龙》中与之相经纬的“剖情析采”,其研究论文则有440篇。①这是一个明显的对比、巨大的反差。

有鉴于此,笔者和有关同仁怀着欲探其究竟的心理,尽可能客观地去研究它、辨析它,渐渐感到,应当强化对刘勰“论文叙笔”的发掘和提炼,故试以为文。

---

① 中国《文心雕龙》学会选编《文心雕龙研究论文集》,人民文学出版社,1990年,第776—802页。

一、"论文叙笔"的主要特点

　　刘勰在《序志》篇中说:"有同乎旧谈者,非雷同也,势自不可异也;有异乎前论者,非苟异也,理自不可同也。同之与异,不屑古今,擘肌分理,唯务折衷。"表明了他求真务实的科学态度,这就自然地使他的"论文叙笔"有了鲜明的特点。

　　首先,刘勰的"论文叙笔"从历史实际出发,梳理、总结了晋宋以前使用的各种文体,使之有了较为完整的总体状貌。

　　刘勰之前,曹丕在《典论·论文》中,提出了"奏议""书论""铭诔""诗赋"等四科八体;陆机在《文赋》中又扩充为诗、赋、碑、诔、铭、箴、颂、论、奏、说等十体;挚虞的《文章流别论》、李充的《翰林论》等,也对文体作了探讨。而刘勰的"论文叙笔"则集前人之大成,做了更为广泛、深入的论述。其"论文"部分为:诗、乐府、赋、颂、赞、祝、盟、铭、箴、诔、碑、哀、吊、杂文、谐、讔,计16类,如加上《辨骚》篇,则为17类。其"叙笔"部分则为:史、传、诸子、论、说、诏、策、檄、移、封禅、章、表、奏、启、议、对、书、记,共18类。而"杂文"一类中,又分"对问""七发""连珠"三项,还提到了典、诰、誓、问、览、略、篇、章、曲、操、弄、引、吟、讽、谣、咏16个细目广书、"记"两类中则分别简述了谱、籍、簿、录、方、术、占、式、律、令、法、制、符、契、券、疏、关、刺、解、牒、状、列、辞、谚24种具体文体,《诏策》中还论及戒、教、命诸体。其名目之多,分类之细,远远超过了前人所论。黄侃《文心雕龙札记》中说它将"所载文体,几于网罗无遗",当不是过誉之辞。

　　值得注意的是,刘勰所论及的文体中,既有文学性文体,又有应用性文体。而后者约为其总数的四分之三。这种现象说明,我国古代文体所包括的范围相当宽泛,而不像现代文体理论中将各种文体界分为文学性文体与应用性文体两大部分,而后再依次逐层囿别区分。历史地看,刘勰的"论文叙笔"充分反映了他所处的时代特点和我国传统文体理论的民族特色。对后世文体理论的研究,产生了深远的影响,其本采是应当分外珍视的。

其次,刘勰的"论文叙笔"建构了一个相对完整的文体研究的论述模式,使之有了基本理论形态。刘勰所论述的主要文体,包括四个方面的内容:一是"原始以表末",叙述文体的起源和流变;二是"释名以彰义",解释所论文体名称的由来及其意义;三是"选文以定篇",选出有代表性的例文以证所论文体的内涵;四是"敷理以举统",归纳所论文体的写作特点和写作要求,作为必须遵循的准则。这四项内容固然有前人为刘勰提供了借鉴,但主要还是刘勰在"弥纶群言"的基础上,有了新的发展。郭绍虞先生曾经指出:一、二两项"同于陆机《文赋》,而疏解较详",三项"同于挚虞《流别》,而论述较备";四项"又略同魏文《典论》、李充《翰林》,而评断较允。所以即就文体之研究而言,《文心雕龙》亦集以前之大成矣"[①]。应当说,这一评价是不偏不倚,唯务折衷的。

值得注意的是上述四项内容,不是刘勰对前人所论的简单组合,而是一个以写作为旨归的有机整体。从"论文叙笔"各篇内容来看,一般是"释名以彰义"在前,内容简要,篇幅最小;其次是"原始以表末",接着是"选文以定篇",这两项往往合并论述,涉及许多具体文章,篇幅最大;最后是"敷理以举统",它所占的篇幅虽不大,但它是全篇内容的"结穴所在",前面的三项内容,都是从不同角度为突出它来服务的。刘勰往往把这项内容称为"枢要""大

---

①郭绍虞:《中国文学批评史》上册,商务印书馆,1947年,第132页。

要""纲领之要"或"大体""本体""体制",可见其地位之显重。因此,王运熙先生认为,应当把"论文叙笔""称为各体文章写作指导,因为其宗旨是阐明写作各体文章的基本要求"①。蒋祖怡先生则说:"《文心》中每一篇论文体的专篇","不单是辨别某种文体的文字","差不多成了一篇篇小规模的分体'文学史'和'写作指导'了"②。这都是深得刘勰文思之言,切中肯綮,不约而同地阐明了刘勰的"论文叙笔"是以指导写作为旨归的。

第三,刘勰"论文叙笔",作为《文心雕龙》全书的一个重要组成部分,具有明确的现实针对性,表现出了积极地扶偏救弊的批判与变革精神。刘勰之前的文家,对其面临的文坛时弊,虽间有所论,但大都是片断的、局部的、偶然涉及的,"各照隅隙,鲜观衢路";"未能振叶以寻根,观澜而索源";"不述先哲之诰,无益后生之虑"。而刘勰写作《文心雕龙》的宗旨之一,则是要纠正讹滥的形式主义文风。他尖锐地指出,当时的文坛是"去圣久远,文体解散,辞人爱奇,言贵浮诡,饰羽尚画,文绣鞶帨,离本弥甚,将遂讹滥"。因此,他"搦笔和墨,乃始论文"。这种有破有立的批判与变革精神,具体地贯穿在"论文叙笔"各篇之中。如《议对》篇,刘勰一方面反对"舞笔弄文,支离构辞,穿凿会巧;空骋其华";另一方面则倡导"理不谬摇其枝,字不妄舒其藻","文以辨洁为能,不以繁缛为巧;事以明核为美,不以环隐为奇"。又如《诠赋》篇,他既强调赋的写作"义必明雅""辞必巧丽""丽辞雅义,符采相胜",又尖锐地批评"逐末之俦,蔑弃其本,虽读千赋,愈惑体要。遂使繁

---

① 王运熙:《文心雕龙的宗旨、结构和基本思想》,转引自中国《文心雕龙》学会选编《文心雕龙研究论文集》,人民文学出版社,1990年,第257页。
② 蒋祖怡:《文心雕龙论丛》,上海古籍出版社,1985年,第59页。

华损枝,膏腴害骨;无贵风轨,莫益劝戒"。这是从"敷理以举统"方面而言的,肯定什么,否定什么,态度非常明朗。在"选文以定篇"中,刘勰也每每表示出自己的褒贬。他所列举的文章虽多是前人之作,但大都有借古喻今的鉴戒或示范作用。如《颂赞》篇,他先是赞誉扬雄的《赵充国颂》,班固的《安丰戴侯颂》,傅毅的《显宗颂》以及史岑的《和熹邓后颂》,"褒德显容,典章一也",随后即批评班固的《北征》、傅毅的《西征》,"褒过而谬体";指陈马融的《广成颂》和《上林颂》"弄文而失质"。在这些正反分明的对比中,不仅阐明了文章的雅郑妍媸,而且充分体现了刘勰力图匡正讹滥文风的批判与变革精神。

此外,刘勰的"论文叙笔",采用了对照比较的研究方法,对有关文体归纳其同,界划其异,揭示了不同文体的特点和具体用法。如《诔碑》篇,将碑、铭、诔加以比较:"碑实铭器,铭实碑文。因器立名,事先于诔。是以勒石赞勋者,入铭之域;树碑述亡者,同诔之区焉。"又如《祝盟》篇,界说祝与诔、哀、颂的联系与区别:"义同于诔,而文实告神。诔首而哀末,颂体而祝仪。"再如《颂赞》篇,区分颂、赋、铭之异同:"颂惟典懿,辞必清铄。敷写似赋,而不入华侈之区;敬慎如铭,而异乎规戒之域。"对刘勰这样的一些论述,虽曾被后人指责为烦琐之弊,但在文体繁多,相互交叉,而又实际通用的情况下,刘勰对他们擘肌分理,使之各得其所,却也不乏审慎辨析之功和精微独到之见。作为一种研究方法,时至今日,仍不失其学术价值和实践意义。

二、"论文叙笔"的主要贡献

刘勰的"论文叙笔",作为"各体文章写作指导",它的贡献主要表现在以下几个方面。

一是阐明了各种文体的具体性能和作用，使之能够分别地适应不同情况的需要，表现不同的实际内容。刘勰论文，尤其重视各体文章（特别是应用性文章）的社会功能。他认为，"文章之用，实经典枝条"，各种礼制和法典都要靠它来制定和施行，而君臣的政绩和军国大事的显耀，也都离不开文章。刘勰继承、鉴用了曹丕把文章视为"经国之大业，不朽之盛事"的观点，而又予以充分地强调和发挥。《章表》篇中说："章表奏议，经国之枢机"，把章、表、奏、议作为治理国家的关键文书来看待。《书记》篇中又说："书"与"记"的范围很广，名称很杂，总管百姓事务的有"谱籍簿录"；有关医药历法星象占卜的有"方术占式"；申明法令和兵法的有"律令法制"；用作朝廷和集市凭证的有"符契券疏"；官员们询问有关事务的有"关刺解牒"；而"万民达志"的则有"状列辞谚"。这24种文体，虽被视为"艺文之末品"，但又被当作"政事之先务"。可见，刘勰是把应用性文体置于很重要的位置来看待的。

刘勰的"论文叙笔"不仅是一般地从总体上体现了他重视各体文章社会功能的观点和主张，而且分别具体阐明了各种不同文体的实际性能和作用，这在各篇的"释名以彰义"中，表现得非常明显：

《颂赞》篇："颂者，容也。所以美盛德而述形容也。""颂主告神，故义必纯美。"

《铭箴》篇："箴者，针也。所以攻疾防患，喻针石也。""箴诵于官，铭题于器。"

《诔碑》篇："诔者，累也。累其德行，旌之不朽也。""又贱不诔贵，幼不诔长。"

《谐讔》篇:"讔者,隐也。遁辞以隐意,谲譬以指事也。"
"大者兴治济身,其次弼违晓惑。"

刘勰每每用一个字来诠释某一特定文体的内涵,虽难免偏解之瑕,但他对各种文体具体性能和作用的概要说明,却是有所本依,大体符合实际的。

刘勰还论及了各种文体应当表现的内容和具体用法,如《奏启》篇中说:"陈政事,献典仪,上急变,劾愆谬,总谓之奏。奏者,进也。言敷于下,情进于上也。"《檄移》篇中说:"凡檄之大体,或述此休明,或叙彼苛虐;指天时,审人事,算强弱,角权势;标蓍龟于前验,悬鞶鉴于已然,虽本国信,实参兵诈。"《章表》篇则更为明确地说:"章表之为用也,所以对扬王庭,昭明心曲。既其身文,且亦国华。章以造阙,风矩应明;表以致策,骨采宜耀。"这样,就把各种文体的具体性能和作用,阐述得相当明确了。在刘勰看来,什么文体表现什么内容,用在什么地方,都应有一定的规范,不能"弃术任心",否则就会"失体成怪"了。

二是确定了各种文体的基本格调,强调作者在不同文体中应当表现出来的情感和态度。刘勰之前的文家,曾论及各种文体的基本格调及其所应表现的情感和态度。曹丕说:"奏议宜雅,书论宜理,铭诔尚实,诗赋欲丽。"陆机说:"诗缘情而绮靡,赋体物而浏亮,碑披文以相质,诔缠绵而凄怆,铭博约而温润,箴顿挫而清壮,颂优游以彬蔚,论精微而朗畅,奏平彻以闲雅,说炜晔而谲诳。"刘勰在《定势》篇中,对此亦有所论:"章表奏议,则准的乎典雅;赋颂歌诗,则羽仪乎清丽;符檄书移,则楷式于明断;史论序注,则师范于核要;箴铭碑诔,则体制于宏深;连珠七辞,则从事于巧艳。"比较地说,他们都重视各种文体的基本格调,而刘勰所论,虽有了更为丰富的内容,但也是概括性的。"论文叙笔"中对各种文体基本

格调及其所表现的情感和态度的论述,则显得具体多了,有了鲜明的独特性。如:

《明诗》篇:"四言正体,则雅润为本,五言流调,则清丽居宗。"

《哀吊》篇:"原夫哀辞大体,情主于痛伤,而辞穷乎爱惜。""必使情往会悲,文来引泣。"

《论说》篇:"凡说之枢要,必使时利而义贞,进有契于成务,退无阻于荣身。自非谲敌,则唯忠与信。"

刘勰认为:"色糅而犬马殊形,情交而雅俗异势。"各种文体有了正确的基本格调,表现了正确的情感和态度,那就不会"穿凿取新""逐奇而失正",形成"文体遂弊"的颓风了。

三是提出了各种文体对文采的不同要求,使各体文章都能做到情理与文采的完美结合。刘勰虽然反对"饰羽尚画""文绣鞶帨"的浮靡文风,但他又极重文采,他和曹丕、陆机、挚虞等文家,虽都是文质统一论者,但他更为明确地提出了"文附质""质待文"的观点,认为"心生而言立,言立而文明",乃是一种"自然之道",因而主张"为情而造文",反对"为文而造情"。这反映在"论文叙笔"中,具体表现为对具有不同内容、不同性能和作用的各种文体,都提出了相应的文采要求。

如在《辨骚》篇中,他虽然批评屈原之作,有"异乎经典"之瑕,但又盛赞它"取镕经意""自铸伟辞","故能气往轹古,辞来切今,惊采绝艳,难与并能。"列举其有关篇章,树立了"朗丽以哀志""绮靡以伤情""瑰诡而慧巧""耀艳而深华"的范式。《诠赋》篇则明确提出:"原夫'登高'之旨,盖睹物兴情。情以物兴,故义必明雅;物以情睹,故辞必巧丽。丽辞雅义,符采相胜。如组织之品朱紫,画绘之著玄黄。"赞美诸多文采艳丽繁富的文家为"辞赋之英杰","魏晋之赋首"。而在《杂文》篇中,更把"渊岳其心,麟凤其采"作为"对问"的"立体之大要";称赞枚乘的《七发》"腴辞云构,夸丽风骇"。《诸子》篇中也标举"百氏之华采",称道"列御寇之书,气伟而采奇";"邹子之说,心奢而辞壮";"《淮南》泛采而文丽"。由此可以看出,刘勰对文学性文体的文采要求,是以繁富华美为贵的。

对于应用性文体的文采,刘勰则要求偏重于质朴、简要,而不尚繁缛的雕饰。《檄移》篇明确提出,檄文的"植义扬辞,务在刚健",既"不可使辞缓",又"不可使义隐","必事昭而理辨,气盛而辞断"。他举例说,隗嚣写的讨伐王莽新朝的檄文,"文不雕饰,而辞切事明","得檄之体矣。"在《章表》篇中,他一方面批评汉初章表,指事造实,求其靡丽,则未足美矣;另一方面则称赞诸葛亮朴实无华的《出师表》,是"志尽文畅"的"表之英也"。《书记》篇更提出了"随事立体,贵乎精要"的要求,指出"意少一字则义阙,句长一言则辞妨。并有司之实务,而浮藻之所忽也"。这是说,书记这类文体的语言应当准确、简要,"少一字"或"长一言"都是缺陷,这本是书记写作中应当处理的日常事务,却往往在浮华的辞藻中被忽略了。

由此可见,刘勰虽然未能明确地将当时的各种文体界分为文学性与应用性两大类,但他所提出的各种文体对文采的不同要求,都已把这两者有所区别的端倪显露出来了。尽管它们都应当"繁约得正,华实相胜",但其主导方面却是"各有司匠"而"不得逾越"的。

四是强调各种文体的通变关系,规范各种文体,使之"确乎正式"。刘勰重视文章的体制,一再倡导"童子雕琢,必先雅制";"规略文统,宜宏大体";"才童学文,宜正体制",并且在各篇的"敷理以举统"中提出了原则和要求。刘勰误以为,各种文体均源出五经,"征之周、孔,则文有师矣"。因而,为了克服"离本弥甚"的文弊,他提出了"镕式经诰,方轨儒门"的主张。但他也并不一味地"取镕经意",而是要在"思摹经典"的基础上,"参伍因革""执正以驭奇",有所变革和创造。这种思想,在"论文叙笔"中表现得也极为明显。《封禅》篇中说:"兹文为用,盖一代之典章也。构位之始,宜明大体。树骨于训典之区,选言于宏富之路;使意古而不晦于深,文今而不坠于浅;义吐光芒,辞成廉锷,则为伟矣。虽复道极数殚,终然相袭,而日新其采者,必超前辙焉。"所谓"树骨于训典之区",就是要仿照经典著作来建立文章的"大体",所谓"道极数殚,终然相袭",就是道理说尽方法用完,终究还是要承袭古人。如果能够"日新其采",有新的创造,那就会超越前人了。显然,这里是既要"通",又有"变"的。《议对》篇则说"故其大体所资,必枢纽经典;采故实于前代,观通变于当今",并且要求作者"洞于礼""练于兵""晓于农""精于律","然后标以显义,约以正辞。"这也是在强调"通"与"变"。在这里,刘勰已经揭示了他在《通变》篇中所概括的我国古代文体发展变化的一条基本规律:"文律运周,日新其业。变则其久,通则不乏。"其学术价值和实践意义,是足堪视为不朽的。

三、"论文叙笔"的主要局限

学术论著的价值和意义,受着它所产生的时代特点以及学者质素等主观条件的制约,往往带有某些局限。一般地说,局限大,价值和意义则小,反之,局限小,价值和意义则大。问题在于,应当怎样实事求是地去判断学术论著的局限。

　　有一种批评意见,认为"刘勰论文以征圣、宗经为标准","盲目地崇拜孔丘和儒家经典"①,"对当代文学已失掉指导作用"②。显然,这个局限性就比较大了,应当审慎地予以辨析。

　　刘勰的"论文叙笔",乃至《文心雕龙》全书中,从头至尾贯穿着征圣、宗经的思想,可以说是无篇不至的神髓,在某些具体问题的处理上,也确有疏失和缺陷,但是不是由此就得出结论,说他不应该征圣、宗经,或者说他是"盲目地崇拜孔丘和儒家经典"呢?

　　第一,刘勰生活的宋、齐、梁时代,产生过较大影响的学术思想,主要是儒、道、佛、玄四大家。道虚无,佛唯心,玄清谈,又只有儒家学说带有一定的唯物色彩,能够与实际社会生活相联系。而且在儒、道、佛、玄四家中,只有儒家才积有较多的学术论著,作为刘勰论文的资料,也只有儒家的思想观点足以抗衡当时讹滥的文风。在这种情况下,刘勰旗帜鲜明地征圣、宗经,崇拜孔丘和儒家经典,应当说是清醒的、自觉的、有选择的,具有积极的意义。试想,如果否定了刘勰的征圣、宗经和对孔丘以及儒家经典的崇拜,那又让他去征什么、宗什么,崇拜什么人和什么家呢? 他又将何以论文呢?

　　第二,刘勰的"论文叙笔",乃至《文心雕龙》全书中,不是专门地宣扬儒家思想,也不是要全面地去评价历代方方面面的学者和他们的论著。他既没有直接说教儒家的封建伦理道德,也无须臧否所有的人物和作品。把刘勰征圣、宗经,崇拜孔丘和儒家经典的内涵归结到一点,就是"情深而不诡","风清而不杂","事信而

----

① 中国《文心雕龙》学会选编:《文心雕龙研究论文集》,人民文学出版社,1990年,第435页。
② 陈思苓:《文心雕龙臆论》,巴蜀书社,1988年,第391页。

不诞","义贞而不回","体约而不芜","文丽而不淫"。从总体上看,这样的征圣、宗经,崇拜孔丘和儒家经典,主要是贡献呢,抑或是局限?

第三,刘勰征圣、宗经,崇拜孔丘和儒家经典,并非泥古不化,言必经典,也没有提出什么清规戒律。他既强调"模经为式",也赞美"效骚命篇"。刘勰批评纬书"其伪有四""无益经典",但由于它"事丰奇伟,辞富膏腴","有助文章",不仅没有否定它,反倒予以"详论",并且成为他论文指导思想的一个重要方面。刘勰的征圣、宗经,崇拜孔丘和儒家经典,只是一种手段,而"有助文章"才是目的。

总之,对刘勰的征圣、宗经,崇拜孔丘和儒家经典,要做具体分析,有什么缺陷,就批评什么缺陷,而不宜笼统地视征圣、宗经为局限,说它"对当代文学已失掉指导作用"。其实,当代文家固然无须去"征"刘勰崇拜之"圣","宗"刘勰信奉之"经",但弃其具体内涵,取其"心核",仅从刘勰征圣、宗经的那份虔诚、那份执着、那份坚定和那份朴素的辩证意识和思维方法来看,当今的为学之人,不是也应该获得一些启发,而有所思考吗? 做学问,著书立说,是不能没有自己的信念和指导思想的。

另有一种批评意见,认为"文体论这些篇章的内容比较芜杂琐碎,对文学的范围还是没有很明确地说清楚"[1];"对那巩固封建政权的各类应用文,他却搜罗无遗,滥竽在文学领域,毫不惭怍"[2]。刘勰的"论文叙笔",确实没有把文学的范围很明确地说清

---

①中国《文心雕龙》学会选编:《文心雕龙研究论文集》,人民文学出版社,
　1990年,第435页。
②陈思苓:《文心雕龙臆论》,巴蜀书社,1988年,第391页。

楚,把"各类应用文""搜罗无遗",也显得"芜杂琐碎",但要求一千五百年前的古人,"说清楚"今人所谓的"文学的范围",岂不是有点苛刻了吗?

第一,刘勰前后,诗文创作日益昌盛,出现了历史上所谓的"文学的自觉时代"。但当时的"文学"是个含义宽泛的概念,既包括狭义的"纯文学",也包括广义的"杂文学"。虽有"文"与"笔"之分,但"文"并不都是"纯文学","笔"也并不都是"杂文学"。因而,文家论文多把它们视为一体。曹丕的《典论·论文》、陆机的《文赋》、挚虞的《文章流别论》等著作,都未能把它们分开。即使在刘勰之后,又过了千百年,明代吴讷的《文章辨体》、徐师曾的《文体明辨》、清代姚鼐的《古文辞类纂》,也还是未能把它们分开。而当代学者王力先生《古代汉语》中的"古文的文体及其特点",仍然沿用姚鼐的文体分类方法。由此可见,综合地将各种文体熔于一炉,乃是我国文体理论研究的一个传统。在这种情况下,要求刘勰把"文学的范围"按照今人从外国搬借而来的文学理论"说清楚",岂不是有违历史实际,而又削足适履了吗?

第二,如前所述,刘勰的"论文叙笔"讲的是"各体文章写作指导",综合地"言为文之用心",而今之文学学者却以己之所需、所爱要求他专门讲文学创作,无由地指责他把"各类应用文""滥竽在文学领域",用今人的话说,这岂不是有"粗暴干涉""学术自由"之嫌了吗? 有意味的是今之公文写作研究学者,却又批评他"未能将公文、公文写作划分出来作为专一的研究对象"[1]。这究竟是刘勰的局限呢,抑或是今人的偏见?

第三,刘勰的"论文叙笔",在今天看来,确是"比较芜杂琐碎"

----

[1]周森甲:《中国现代公文写作原理与方法》,知识出版社,1994年,第32页。

的了。但在近一千五百年前，他将各种文体"搜罗无遗"，且又"溯
发源，释名目，评论前制，后标用法"①，完成了"体大而虑周"的《文
心雕龙》，超越了他的前人，这是很不容易的事。它需要博览群
书，研究历史，考察实际，付出辛劳和功力。其中虽有"不容易分
辨清楚"的地方，亦属微末之瑕，应归之于历史实际使然。不加分
析地以"芜杂琐碎"为局限，而疏于对刘勰"论文叙笔"的深入研
究，那就将掩抑其贡献，因小而失大了。

　　还有一种批评意见，认为"论文叙笔""这一部分都属无关紧
要之作，没有多少理论价值"②，"也没有什么实用价值"③，这又是
一种重文学、轻应用的偏见，几乎把"论文叙笔"全然否定了。既
然"都属无关紧要之作"，"没有多少理论价值"和"实用价值"，那
还研究它干什么呢？

　　一则，且不说刘勰把"论文叙笔"视为"文之纲领"，它乃是形
成《文心雕龙》全书理论体系的"石"，如周振甫先生所指出的那
样："没有文体论，就没有创作论、鉴赏论等，也没有文之枢纽，没
有《文心雕龙》了。"即仅以"论文叙笔"各篇中的"敷理以举统"而
言，概括着各种文体的内容与作用，基本格调与情感、态度，以及
其文采要求的那些"大体""大要"等等，不就是用以指导各体文章
写作实践的理论吗？ 只不过在论者心目中，没有它们的地位
罢了。

————————

①中国《文心雕龙》学会选编：《文心雕龙研究论文集》，人民文学出版社，
　1990年，第72页。
②中国《文心雕龙》学会选编：《文心雕龙研究论文集》，人民文学出版社，
　1990年，第426页。
③中国《文心雕龙》学会选编：《文心雕龙研究论文集》，人民文学出版社，
　1990年，第422页。

　　二则,刘勰的"论文叙笔"中,有些文体是古老而又年轻的,如"论说"之于今之学术论著,"史传"之于今之方志传略,"哀吊"之于今之悼词祭文,"书记"之于今之公务文书,都是息息相通,富有新的生命力的。即使那些已被历史淘汰了的曾专用于封建统治的文体,诸如诏策、奏启、章表、封禅等等,也有名亡而理存的情况。刘勰从中概括出来的某些写作原则、要求、方法和特色,对于今之有关各体文章的写作,也并非毫不相干。牟世金先生虽然坚持把《文心雕龙》当作一部文学理论专著,而不同意把它视为"文章作法",但他仍实事求是地举例说:"《檄移》中要求檄文能'使百尺之冲,摧折于咫书;万雉之城,颠坠于一檄',这样的巨大效果,就更是文学作品所应有的。""《诔碑》中对诔文的写作提出'论其人也,暧乎若可觌;道其哀也,凄焉如可伤'。如以此用于文学创作中的人物描写,就很有可取之处";"《章表》中对章表体的写作,要求'繁约得正,华实相胜',这对任何文章的写作,都是适用的。"①由此可见,"论文叙笔"中的那些早已不存在的文体,也并不是"没有什么实用价值",关键在于能否见微知著,举一反三,得它好处。

　　综上所述,我们概括了刘勰"论文叙笔"的主要特点,肯定了它的主要贡献,辨析了它的主要局限,目的只是为了进一步促进对刘勰"论文叙笔"的研究,珍视传统,爱惜遗产,去粗取精,去伪存真,古为今用。可喜的是,近年来已有诸多学者"拓衢路,置关键","弃偏善之巧,学具美之绩",从文章学、写作学、公文学、应用写作学等各个角度研究《文心雕龙》,理据充实地指出"论文叙笔","具有实际的指导意义","在应用文章的布局谋篇、遣词造句

---

① 牟世金:《雕龙集》,中国社会科学出版社,1983年,第235页。

方面也有很多符合实际的独到见解"，"为应用写作奠定了理论基础"①，并且高度评价"它在漫长的我国古代历史里，是一座最巍峨的公文写作理论高峰"②，这就将使刘勰的"论文叙笔"有望一扫备受冷落的封尘，再现它应有的光彩了。

①李凯源：《中国应用文发展史》，中国商业出版社，1990年，第101页。
②周森甲：《中国现代公文写作原理与方法》，知识出版社，1994年，第32页。

《文心雕龙》文术论今说

《文心雕龙》文术论,在龙学研究中一般称为创作论。它既是全书中最有价值的"精华部分",又是龙学研究中歧异和矛盾较多的症结所在,且久悬而未决。1997年,拙著《文心雕龙创作论疏鉴》初版时,曾涉及了其中的一些具体问题,但未能从总体上抓住关键,予以理论上的辨析。在此试对其范围、性质、要义等基本问题,再做一些反思和论述。

一、《文心雕龙》文术论的范围

《文心雕龙》文术论的范围问题,直接表现为它包括哪些篇章,而其实质则是对《文心雕龙》理论体系的认识和态度问题。在《文心雕龙》中,文术论与文评论(即通称之批评论)都属于"剖情析采"部分,从《神思》第二十六至《程器》第四十九,共二十四篇。究竟哪些篇是文术论,哪些篇是文评论,其说不一,甚或自相矛盾。归纳起来,主要有五种类型。它们大都以《神思》至《总术》之十九篇为基础,联系从《时序》至《程器》之五篇,而有所增减:

一是只增不减。范文澜先生在《文心雕龙注·物色》注中说:"本篇当移在《附会》篇之下,《总术》篇之上。"刘永济先生在《文心雕龙校释·物色》注中也说,《物色》篇"宜在《练字》篇后"。这就使文术论增至二十篇。周振甫、郭晋稀等学者皆从此说。

二是只减不增。中国科学院文学研究所中国文学史编写组编写的《中国文学史》中说:"从《神思》到《隐秀》十五篇是发挥作者对创作过程的见解和对创作的要求。""从《指瑕》到《程器》九篇则着重论述文学批评的方法与标准"。它从十九篇中减掉了《指瑕》《养气》《附会》和《总术》四篇,而归之于文评论部分,但未能说明理由。

三是有增有减。詹锳先生在《刘勰与〈文心雕龙〉》中,将"剖情析采"囿别区分后说:"属于创作论的,有《神思》《情采》《镕裁》《养气》《附会》《总术》《物色》《程器》;属于风格学的,有《体性》《风骨》《定势》《隐秀》;属于文学史和批评论的,有《通变》《时序》《才略》《知音》;属于修辞学的,有《声律》《章句》《丽辞》《比兴》《夸饰》《事类》《练字》《指瑕》。"但他同时又说:"《神思》《体性》《风骨》《通变》《定势》《情采》《镕裁》等大抵属于创作论。""《养气》《附会》《总术》《时序》《物色》《才略》《知音》《程器》,分论作家修养、作家才情以及文学批评等等问题。"这不仅使文术论的篇章有所增减,而且各篇之间也相互交叉、重复了。

四是不增不减。王运熙先生在《文心雕龙探索》中说:"从《神思》到《总术》十九篇为第三部分。这部分一般研究者称为创作论。"在《文心雕龙译注》中谈及《物色》篇时,他又说:"有些研究者认为本篇次应移前,和《声律》至《练字》等论用词造句诸篇放在一起,这种看法缺乏有力的证据,不可从。"

五是亦此亦彼,斟酌增减。牟世金先生在《雕龙集》中说:"从《神思》到《总术》的十九篇属创作论,《时序》到《程器》的五篇属批评论。不过《时序》《物色》两篇处于创作论和批评论之交,这和处于'文''笔'两类之间的《杂文》《谐讔》两篇的情形相仿,也兼有创作论和批评论两方面的内容。"赵仲邑先生则更宽容一些,他在《文心雕龙译注》中说:"《通变》《定势》《情采》《物色》各篇,对于创作和批评都有重要见解,划归创作论或批评论都无不可。"

我们姑且不去一一辨析上述歧异和矛盾的正误或利弊,需要我们特别关注的是:为什么在《文心雕龙》文术论的范围问题上,竟有这么多的歧异和矛盾? 这个问题解决了,有关《文心雕龙》文术论范围方面的歧异和矛盾,或许也就云消雾散了。分别地看,上述歧异和矛盾的产生,固然有多方面的原因,但综合起来看,那就是大都没有自觉地把研究者心目中的文术论与刘勰自定的文术论区别开来。研究刘勰的文术论,当然要有学者自己的见解,但必须从刘勰自定的文术论出发;而不能有意无意地以今律古,以己律人,无视历史实际和刘勰本意。

其实,刘勰自定的文术论范围,以及其全书的理论体系,是很明确的。他在《序志》篇中说:

> 至于剖情析采,笼圈条贯:摛《神》《性》,图《风》《势》,苞《会》《通》,阅《声》《字》;崇替于《时序》,褒贬于《才略》,怊怅于《知音》,耿介于《程器》,长怀序志,以驭群篇:下篇以下,毛目显矣。

这段精粹的话,有三层意思需要强调:一是它用不同的句式,将"剖情析采"所属的二十四篇,加上"长怀序志"一篇,划分为三个部分。后之学者大都在其间加上了分号,基本上达成了共识,界限是很明显的。二是它用以点代面、以少总多的手法,分别概括了文术论和文评论的全部内容,其间有省略和颠倒。这种情况在《文心雕龙》中不只一处。如《通变》中的"诗赋书记"指的就是"从《明诗》到《书记》所论的各种文体"。三是它的目的在于介绍

"剖情析采"的内容,而并非为它所包括的篇章排列次序。不能以它作为编排目录和增减篇章的根据。

据此,可以具体地说,"摘《神》《性》,图《风》《势》,阅《声》《字》,苞《会》《通》",是刘勰对文术论范围的全面概括。它始于《神思》止于《附会》,其间有所交叉、倒置,包括《声律》到《练字》七篇,《通变》到《附会》七篇,以及《神思》《体性》《风骨》《定势》四篇,再加上作为"单列一篇,备总情变"的《总术》,共为十九篇,与《文心雕龙》全书五十篇的目录所列是一致的。至若"崇替于《时序》,褒贬于《才略》,怊怅于《知音》,耿介于《程器》"四句,则是对文评论所含篇章的概括,其间省略了《物色》,但统观"剖情析采"二十四篇,它不是被遗漏,更不是被转移。刘勰并没有在其他地方给它留下位置,而只是为了因应骈文写作的特点,匠心而为之。周振甫、刘永济、郭晋稀、范文澜等几位学者,分别把它列为第三十二①、第四十②、第四十二③、第四十四④,这恰好说明《物色》篇在文术论中没有既定位置。

由此亦可想见,刘勰的文术论是一个具有内在联系的整体,既"笼圈条贯",又"毛目显矣"。在这种情况下,增减、调整它的篇章,有什么积极意义呢?

有些学者为增减、调整文术论的篇章,提出了多种理由,其中最为重要的一条,是文术论的"编次错乱"(周振甫语),"上下颠倒,不合伦次"(郭晋稀语),"乃浅人改编"(刘永济语),"传写者谬

①周振甫:《文心雕龙今译》,中华书局,1986年,第407页。
②刘永济:《文心雕龙校译》,中华书局,1962年,第180页。
③郭晋稀:《文心雕龙注译》,甘肃人民出版社,1982年,第13页。
④范文澜:《文心雕龙注》,人民文学出版社,1958年,第695页。

其次第"（杨明照语）。李蓁非先生又解释说："辗转传抄者特多，而且各随所好，各取所需者也特多。有的人等不及别人抄完全卷，便分割一、两篇先拿去传抄。这样一来，原有的卷帙便不免被搅乱了，复不得原了。篇次的倒乱现象就出现了。"①这是一种很具体的说法，如果真是如此，那当然要审慎地予以考辨，追本溯源，明其究竟。但是笔者查阅了他们几位已出版的"龙学"论著，却没有看到令人信服的真凭实据。如这种现象出自哪些版本，有哪些"浅人"和"传写者"，是从什么时候"改编""错乱""谬其次第"的等等，都找不到史料依据，也得不到进一步查证的线索。我们没有条件遍览从古到今各种版本的《文心雕龙》，仅只从范文澜、刘永济、王利器、杨明照等现代龙学大家对《文心雕龙》的研究来看，他们所占有和依据的《文心雕龙》版本的广泛性和权威性，他们治学态度和方法的严谨、精慎，都是一般学者难以企及的。从现在能见到的唐写本，到清末的诸多版本，他们分别地一一审辨，逐字逐句、一笔一画地校正。他们的贡献，是举世公认的。而在此前，还有诸多学者，如近人黄侃、李详；清人纪昀、黄叔琳；明人曹学佺、王惟俭、梅庆生、杨慎；元人钱惟善等，都曾做过校勘和考证，但是在他们的著作中，谁发现《文心雕龙》文术论"编次错乱"的真凭实据了呢？如果有，早就该公之于世了。

有的学者引范文澜先生的有关意见为据，来证明文术论"篇次明显地倒乱"。实则，范老只是就文术论范围内的《丽辞》《比兴》《夸饰》《事类》和《练字》等篇的内在逻辑关系，说了一些自己的理解，而未言及其原因。在论及《物色》的篇次时，也只是说"疑

---

① 李蓁非：《文心雕龙释译》，江西人民出版社，1993年，第616页。

有误也"①。如果我们把前人之"疑",以及他们对问题的理解,也视为判断《文心雕龙》文术论篇次是否错乱的实证,那发展下去,我们的龙学研究将会是个什么样子?《文心雕龙》的篇次本是不错乱的,现在却真的有点错乱了。

　　还有一个值得特别注意的情况:《文心雕龙》全书,从《原道》第一到《序志》第五十,都是依次排列的。而且从古到今的多种版本,除极少数外均一一标明了篇次序号,并且是完全一致的。这一点,范、刘、王、杨诸家,以及清末民初之前的学者也都没有发现异常,提出疑义。这岂不正是文术论篇次并未错乱的一个力证吗?但还是有非常执着的学者说:"今书的篇次,是错乱之后,后人加上篇第的。""如果刘勰著书,篇目本来标明篇第,就不可能错乱了"②。令人生疑的是,这位学者是怎么得知刘勰著书本来没有"标明篇第"的呢? 他仍未能提出相应的实证,拿不出唐写本以前的任何一个版本。而唐写本,虽只有从《征圣》第二到《杂文》第十四等十三篇,以及《原道》的篇尾与《谐讔》的篇首,却也是毫不错乱地标明了篇次序号的,更何况还有此后的多种版本作为它的旁证呢!

　　早在二十多年前,牟世金先生即曾说:"如果我们没有足够的理由、充分的证据说明今本《文心雕龙》是错乱的、不是刘勰自定篇次的原貌,那就勿劳今人费神,按我们的理解去断定何者为创作论,何者为批评论,而应根据刘勰自己的意见来区分。"③我们感到,重提这段旧话非常必要。那种靠着想象、推测、假设、怀疑来

①范文澜:《文心雕龙注》,人民文学出版社,1958年,第262页。
②郭晋稀:《文心雕龙注译》,甘肃人民出版社,1982年,第9页。
③牟世金:《雕龙集》,中国社会科学出版社,1983年,第171页。

立论的情况，以及其影响，再也不能继续下去了，应当还《文心雕龙》文术论以本来面貌了。

二、《文心雕龙》文术论的性质

《文心雕龙》文术论的性质，是指由《神思》至《总术》十九篇中，诸多内在因素相互联系所形成的本质属性。它不是率意而为的，也不是外部条件的变化所施加的。在龙学研究中，有关文术论性质问题的歧异和矛盾，没有进行过公开、深入的论争。多年来，尽管学者们的见解有所不同，但多是自说自话，互不相干，乃至习以为常、相安无事了。这主要表现在对《神思》至《总术》十九篇的称谓上。

周振甫、牟世金、郭晋稀、赵仲邑等多位现代龙学家，均称之为"创作论"。王元化先生有《文心雕龙创作论》专著，钟子翱、黄安祯二位先生有《刘勰的创作论》长篇论文。

詹锳先生认为："《文心雕龙》下编所讲的是一般的写作理论和写作规律，并不限于文学创作。"因而他只把其中的一部分称之为"创作论"。但他又说："这些写作理论，具体应用到文学创作上来，也是适合的。而且其中有一部分写作理论甚至是只用于文学创作的。"①

王运熙先生认为："应称为写作方法统论。"他说："第三部分称为创作论，我过去也是这样看，现在觉得这种提法不大确切，因为全书中心是指导创作，单把第三部分叫作创作论是不妥帖的。"②

---

① 詹锳：《刘勰与文心雕龙》，中华书局，1980年，第40页。
② 王运熙：《文心雕龙探索》，上海古籍出版社，1986年，第153页。

　　王更生先生在其《文心雕龙研究》中，则把《文心雕龙》全书分为四个部分，称为"文原论""文体论""文术论"和"文评论"。张少康先生也曾用了"文术论"这一称谓，但涵盖面较小。

　　上述各种说法，都各有其立论角度和理据，亦各有其优缺利弊。事实上，它们相互之间，就可以扶偏使正、补缺使完。

　　"创作论"，是一种约定俗成的通说。按其确切含义，理应特指"创作文艺作品"的理论，但亦被用于一般文章的写作。如黄春贵的《文心雕龙之创作论》，即是"对《文心雕龙》中的文章学写作理论进行了全面的系统的阐释，却没有把《文心雕龙》中有关艺术文学创作特点的论述突出来"。笔者亦曾沿用"创作论"之说，如《文心雕龙创作论疏鉴》等，但从严格的科学意义上讲，把它"叫作创作论是不妥帖的"。

　　"写作理论和写作规律"，似乎在补救"创作论"涵盖不全之瑕，但它的内涵又宽泛了一些，未能反映出这一个组成部分的特点。且《文心雕龙》全书既是一部文章写作理论著作，又是一部文学理论著作，把其中的一个部分称为"写作理论和写作规律"，那对全书又该怎样定性呢？

　　"写作方法统论"，较之"创作论"扎实；较之"写作理论和写作规律"具体，既含独到之思，又有补正之义。但"文术论"部分所论却并不只是"写作方法"，其中的理论和规律，如神思论、体性论、情采论、风骨论、通变论等，都不只在"写作方法"的层次上。

　　相对而言，"文术论"之说，就显出了它特有的理论优势和实践意义。

　　一则，"文"与"术"都是《文心雕龙》中本有的"关键词"。"文"，包括文学作品在内的一切文章。如《序志》篇："夫文心者，言为文之用心也。"《神思》篇："文之思也，其神远矣。"说的是对各种各样的文章和作品的用心、构思。"术",则涵盖着原理、原则、要领、方法,乃至理论、规律等等意思。如《神思》篇:"驭文之首术,谋篇之大端。"指的是从事写作必须具备的基本条件,即"积学以储宝,酌理以富才,研阅以穷照,驯致以绎辞";《镕裁》篇:"若术不素定,而委心逐辞,异端丛至,骈赘必多。"指的是写作构思的三个准则和步骤,即"设情以位体","酌事以取类","撮辞以举要";《通变》篇:"非文理之数尽,乃通变之术疏耳。"指的是继承与革新的原则和要求,即"体必资于故实","数必酌于新声";《附会》篇"此附会之术也",指的是谋篇布局的要领和方法,即"附辞会义,务总纲领,驱万涂于同归,贞百虑于一致","扶阳而出条,顺阴而藏迹","首尾周密,表里一体"。至于《声律》《夸饰》等篇,也各有其术,如黄侃在《文心雕龙札记》中所说:"声律待术而后安,采饰待术而后美。"而《总术》篇所谓的"术",如"文场笔苑,有术有门","才之能通,必资晓术"等,则是"总《文心》中诸篇所言之术合而论之";"总会《神思》以至《附会》之旨"。由此可见,"术"具有很强的概括力和适应性,用它来概括"文术论"部分的性质,乃原装原料、原汁原味,这是其他几种称谓均不可与之比拟的。

二则,"文术"(笔术)之说,曾是龙学研究中的专门术语。自陈隋以迄唐宋,《文心雕龙》虽已多有影响,但理论研究罕有显著成就。元明以来,随着版本的日盛,产生了许多校注、序跋和评点,《文心雕龙》研究成了一门学问,逐渐涉及了其理论体系和各个部分的性质问题。如明人曹学佺在《文心雕龙》凌云五色套印本之序中说:"《雕龙》上二十五篇,诠次文体,下二十五篇,驱引笔术。而古今短长,时错综焉。"清人黄叔琳在《文心雕龙辑注》的《例言》中则说:"上篇备列各体,一篇之中,溯发源,释名目,评论前制,后标作法,俱不可删剟者。下篇极论文术,一一镂心钺骨而出之，真不愧雕龙之称，更未易去取也。"范文澜先生在《文心雕龙注》中也说："上篇剖析文体，为辨章篇制之论；下篇商榷文术，为提挈纲维之言。"从曹说到范论，历时三百一十余年，没有出现实质性的歧异和矛盾。它古朴、本色，经过历史的磨砺和检验，与《文心雕龙》原著合卯入扣、浑然一体。为什么竟然把它弃置而不用了呢？

　　三则，"文术论"是《文心雕龙》的核心部分，是指导"才童学文"的"法程"。自《文心雕龙》问世以来，历代学者大都把它视为"写作指南"和"作文的津梁"。它是面向"后生""童子"们的，而不是专门给作家、诗人们讲文学创作理论的。明人冯允中在其刊本的序文中说："学者如不欲为文则已，如欲为文，舍是莫之能焉。"明代出版家张之象在万历七年（1579）的刻本序文中则说："盖作者之章程，艺林之准的也。"清人黄叔琳在其《文心雕龙辑注》序文中也说："刘舍人《文心雕龙》一书，盖艺苑之秘宝也。观其苞罗群籍，多所折衷，于凡文章利病，抉摘靡遗；缀文之士，苟欲希风前秀，未有可舍此而别求津逮者。"这里所谓的"学者""作者""缀文之士"，主要是指初学写作者；这里所谓的"艺林""艺苑"，指的是整个文章写作领域；而所谓的"章程""准的""秘宝"，则是指"为文"的原则、要领和方法。而"文术论"，作为这样一部著作的"中心部分"，则集中体现了全书在"文之枢纽"部分所确立的指导思想；概括了"论文叙笔"部分所论列的三十余种文体的写作"大要"；总结了历代文家的写作经验，既有一般原理，又有具体要求。它涵盖面宽，内容丰富，实用性强。因而，自唐朝到中国来留学的日本僧人遍照金刚所著《文镜秘府论》始，中经宋元明三代诸多文章学著作，直到晚清老儒唐彪的《读书作文谱》、20世纪初姚永朴的《文学研究法》、吴曾祺的《涵芬楼文谈》等著作，都曾征引、鉴用

"文术论"的观点和方法。但它们却并不都是公认的文学创作理论,而是为莘莘学子学文的基础教材。有些学者认为,刘勰用"剖情析采"来概括其创作论,可见他是以论文学创作为主的,或曰"重点是在论述以诗赋为主的艺术文学"。其实,即使如此,也改变不了"文术论"的基因和神质。因为它是在"论文叙笔"基础上的多种文体写作因素的融会,而不是单一的文学创作理论的组合。从文学理论角度去研究文术论,无可厚非,也很有必要,但过分强调"文术论"中的文学创作论,而无视其他,那岂不是要喧宾夺主、以偏概全、逻辑不合、口径错位了吗?

　　"创作论"之说,大抵滥觞于20世纪20年代。那时,黄侃、范文澜师徒二位学者,均把《文心雕龙》视为"文章作法"和"作文的法则"。而有些学者在五四运动和"文学革命"风势的影响下,从文学创作和文学理论角度来解读《文心雕龙》,先后发表《文心雕龙的研究》①、《革命文学的〈文心雕龙〉》等论文②,借以宣扬"文学的革新",为"创作论"之说提供了时代的理论依据。30年代初,我国涌现的文学批评史家,如罗根泽先生等,在西方文学批评理论的影响下,将《文心雕龙》作为"文学批评之伟著",纳入《中国文学批评史》,并以"文体论""创作论"等专章,评介《文心雕龙》全书的内容体系。从此,"创作论"之说逐渐产生了影响,成为数十年来龙学研究中的一种通说。80年代以后,在拨乱反正、正本清源的大背景下,"实践是检验真理的唯一标准"深入人心。在龙学研究领域,王运熙先生著《文心雕龙是怎样一部书》等论文,对龙学研

①杨鸿烈:《文心雕龙的研究》,《晨报副刊》1922年10月24—29日。
②徐善行:《革命文学的——文心雕龙》,《孟晋》"非战专号"1925年第2卷第10期。

究中的通说提出了异议,称《文心雕龙》为一部"文章作法精义";改"创作论"为"写作方法统论"。引起了一系列的反响,相继有一些学者与之呼应。他们的观点和提法,虽不完全一致,却共同触动了龙学研究中习以为常的态势,开拓了龙学研究的新机遇。1996年,王运熙先生将自己的见解纳入厚重的《中国文学批评通史》,这是一个很大的转折和变化,与罗根泽先生所著迥然不同了。在这种情况下,回顾"文术论"之说,尤其感到它不仅是准确的、贴切的、富有表现力的,而且是本土的、传统的、独具民族特色的,为什么偏要用那些并不妥帖的词语,让《文心雕龙》文术论的丰富内涵来削足适履呢?应当为《文心雕龙》文术论恢复名誉了。

三、《文心雕龙》文术论的要义

　《文心雕龙》文术论的要义,是指对其主要内容的综合概括,但各家之说亦多不一致,甚或同一学者在不同的情况下,做了不同的归纳和阐述。大体说来,主要有三种类型,都与对《文心雕龙》本体性质的认识相关联。一是把《文心雕龙》全书视为一部"文学理论著作",认为"它是论述文学创作问题的",因而把文术论的要义概括为以下五点:"文学创作与客观现实的关系";"作品内容与形式的关系";"创作中物、情、辞的关系";"创作中继承与革新的关系";"创作的条件、方法和技巧"[①]。二是把《文心雕龙》全书视为一部"体大思精的写作理论巨著",称文术论为"写作方法论",故将其要义概括为"先谈构思""次谈定体""再谈谋篇""然

[①]钟子翱,黄安祯:《刘勰论写作之道》,长征出版社,1984年。

后是语言""最后谈表现技巧"①。三是认为《文心雕龙》全书"既是一部文学理论著作，也是一部文章学著作"，持论多"唯务折衷"，互有侧重。有的学者将全书要义归拢为十四个部分，其中属于文术论的是"神思论""隐秀论""物色论""体性论""风骨论""通变论""情采论""文术论"等②。有的学者则称文术论为"写作论"，分列其要义为六点："（1）总论《情采》；（2）论准备《神思》《体性》《风骨》《定势》《附会》《通变》；（3）论行文《镕裁》《声律》《练字》《章句》；（4）论修辞《比兴》《夸饰》《丽辞》《事类》《隐秀》《物色》；（5）论善后《指瑕》《养气》；（6）总结《总术》。"③在上述几种不同的概括中，学者们有的侧重于《文心雕龙》本有的体系和内在逻辑，有的则侧重于以现代文学理论或写作理论的内容与之对接，做了较多的引申和加工。可以说是见仁见智、各有千秋，似乎更多了些独抒己见的特色。

　　惟尤需重视的是王运熙先生的意见，他认为《文心雕龙》的"宗旨是通过阐明写作方法，端正文体，纠正当时的不良文风"；而文术论则是"写作各体文章都应注意的写作要求和方法，其中前面几篇着重谈体制风格，后面几篇着重谈用词造句"。又补充说，文术论"大体上先是谈谋篇，讨论文章的整体风格；次是谈用词造句，讨论具体的修辞手段和写作技巧；最后呼应前文，重复强调了谋篇的重要性"④。王运熙先生一强调"宗旨"，二强调"谋篇"，这都是非常重要的，与刘勰所一再要求的"正末归本""务先大体"是

①刘锡庆：《中国写作理论史》，陕西人民教育出版社，1993年。
②张少康：《文心雕龙新探》，齐鲁书社，1987年。
③李蓁非：《文心雕龙释译》，江西人民出版社，1993年，第619页。
④王运熙：《文心雕龙探索》，上海古籍出版社，1986年，第23页。

完全一致的。不过,既然"最后呼应前文"的几篇是"重复了谋篇的重要性",那么把它与"前面几篇"合并,岂不是更能突出文术论的要义吗? 至若合并后的"擘肌分理",那就是又进一层的意思了。据此,我们试在刘勰自定的性质和范围之内,把文术论的要义,概括为三个部分:

(一)《神思》《养气》《体性》《风骨》《情采》五篇,侧重于谋篇的内在因素,即作者的素质和学养。

《神思》与《养气》为第一组。这两篇不只是从文学理论方面讲"神与物游""情变所孕"的一般道理;也不是孤立地讲"玄神宜宝,素气资养"的卫气之方,而是以《养气》"补《神思》篇之未备",解决"驭文之首术,谋篇之大端"的问题。因而,既要有"积学以储宝,酌理以富才,研阅以穷照,驯致以绎辞"的修养,又要有在虚静中养成的"从容率情,优柔适会"的良好的精神状态。

《体性》《风骨》《情采》为第二组。这三篇都是刘勰所谓的"规略文统,宜宏大体"所不可或缺的要素。《体性》主要不是讲"数穷八体"的内涵,而是强调才、气、学、习对风格形成的决定作用。《风骨》在龙学研究中歧异最多,但它决不只是讲"风即文意""骨即文辞";也不只是要求"风清骨峻,篇体光华",而是为了纠正浮靡柔弱的文风,从根本上强调"重气之旨",即气质、个性和思想感情的修养。《情采》也不只是一般地讲情志与文采、内容与形式的关系,而是针对"体情之制日疏,逐文之篇愈盛"的状况,强调"述志为本","为情而造文"。忽视这些诉诸写作主体的内在因素,那就有违刘勰为文之宗旨了。

(二)《通变》《定势》《镕裁》《附会》《章句》五篇,侧重于谋篇的原则、要领和方法。

《通变》与《定势》为第一组。这两篇被有关学者视之为"姐妹篇"。前者不是一般地论述继承与革新的关系，而是以之为据，补救"竞今疏古，风末气衰"之弊，强调"体必资于故实"，"数必酌于新声"；"望今制奇，参古定法"。后者也不是单纯地论述"势"的形成，而是为了遏制"穿凿取新""失体成怪"的"讹势"，既强调"执正以驭奇"，反对"逐奇而失正"；又要求"循体而成势"，"随变而立功"，具有"自然之趣"，防止邯郸学步那样的矫揉造作。这都是很重要的写作原则和要领，至今不失其学术价值和实践意义。

《镕裁》《附会》和《章句》为第二组。这三篇都比较翔实、具体。《镕裁》讲"规范本体"和"剪截浮词"，提出了"草创鸿笔，先标三准"，即"设情以位体""酌事以取类"和"撮辞以举要"；要求"情周而不繁，辞运而不滥"。《附会》讲"命篇之经略"，要求"整派者依源，理枝者循干"；"驱万涂于同归，贞百虑于一致"；"首尾周密，表里一体"。《章句》讲"离章合句"。它与谋篇是局部与整体的关系。如刘勰所谓"篇之彪炳，章无疵也；章之明靡，句无玷也"。

（三）《声律》《练字》《指瑕》《丽辞》《比兴》《夸饰》《隐秀》《事类》八篇，主要论述谋篇过程中的语言运用和修辞手段。

《声律》《练字》和《指瑕》为第一组。这三篇，从不同角度要求语言的音韵美、精练美和准确无误的纯洁美，使"文章岁久而弥光"。

《丽辞》《比兴》《夸饰》《隐秀》和《事类》为第二组。这五篇都是讲修辞手段，分别论述了起兴和比喻、对偶和夸张、含蓄和警策，以及用典等方式方法，虽并不能都直接用于谋篇，却也起着为篇章增采的作用。

最后还有一篇《总术》，它作为文术论十九篇的总结，全面概括了其中所论的各种"为文之术"，但它也是以谋篇为重点，以"昭体"为旨归的。其"赞曰"："文场笔苑，有术有门。务先大体，鉴必穷源。乘一总万，举要治繁。思无定契，理有恒存。"这几句话，即非常明确地揭示了文术论的要义。

通过对《文心雕龙》文术论中有关歧异和矛盾的反思和辨析，我们深深感到，《文心雕龙》研究应该"正末归本"，"执正以驭奇"，实事求是地克服曾经出现过的缺陷。王元化先生在《文心雕龙创作论》中说："根柢无易其固，裁断必出于己。"这是他多年从事龙学研究的验己之言。面对《文心雕龙》研究的现状，是很值得有关学者深味的。特以之为结。

王志彬学术研究铨评

龙学界默默耕耘的学者

詹福瑞

当今学界，仅就名实而论，学者可分三类。有名无实类：名头很大，所谓天下何人不识君者，个人亦作名士状，端平架子，貌似宗师，而究其实，并无多少学问，徒有虚名而已；名实相济类：名由实来，所谓不求名而名自至者，多少年苦干实干，学术上颇有建树，桃李不言下自成蹊，腹有诗书名自华；有实缺名类：默默耕耘，学问甚好，然或处边远，或成果晚出，或所研不入时流，一时不为学界所重。但既有其实，为学术作出贡献，其名终不灭。我以为王志彬先生就属于后一类学者。

王先生是二十世纪五十年代的学者。他在原内蒙古师范学院读书，毕业后留校任教，教写作课一生，研究亦是写作学，著述甚丰，主编、参编写作教材曾获教育部普通高校优秀教材一等奖和内蒙古自治区优秀社科成果奖，知名于写作学界。然在《文心雕龙》研究界，虽然王先生二十世纪八十年代初即随吴调公先生学习《文心雕龙》，开设《文心雕龙》选修课，然学术界知之者不多。九十年代，王先生陆续出版《文心雕龙创作论疏鉴》（1997）、《文心雕龙文体论今疏》（2000）、《文心雕龙批评论新诠》（2002），亦未马上在学术界引起较大反响。2013年，方菲（石羽）先生介绍我读王先生参与策划、他的弟子万奇、李金秋主编的《〈文心雕龙〉探疑》，两位主编对《文心雕龙》研究史的稔熟,对《文心雕龙》研究中存在问题的准确把握,引经据典,对疑点的逐一破解,都使我为之刮目,所以为之作序,肯定了其创新价值。

《〈文心雕龙〉探疑》是王志彬先生主持的《文心雕龙》研究系列之一,此书引起我对内蒙古师范大学《文心雕龙》研究团队的关注。王先生一生生活在内蒙古,工作在呼和浩特,从未离开,也从未想过离开。半个世纪以来,他为少数民族地区培养了一大批人才,包括万奇、方菲这样知名的学者。《文心雕龙》现在虽已是显学,实则仍属冷门绝学,一般读者很难读懂,更何况研究与传播了,所以圈子甚小。王先生像一头老黄牛,默默耕耘于杏坛,为内蒙古这样的少数民族地区,同时也是在为全国文学理论界、写作学界培养了一批又一批教学、研究人才,我深深为王先生的精神所感动。正是这样的学者们,使《文心雕龙》薪火相传。他们未必获得当代的盛名,却可名传后世,可上《文心雕龙》麒麟阁的。

作为《文心雕龙》的功臣,王先生的贡献不仅在传播工作,还在他的《文心雕龙》研究。他的《文心雕龙》"三论",即创作论、文体论和批评论,表面看仍是多少年来《文心雕龙》研究的老话题,实则颇有新建树。

首先,王先生是以写作指导为中心研究《文心雕龙》的,显然视《文心雕龙》为文章学。自20世纪初高校开设《文心雕龙》课以来,就是将其作为文学理论来讲授、研究的。1919年黄侃在北京大学讲授《文心雕龙》,后成书为《文心雕龙札记》。因为出于中西文化交汇之时,黄侃讲《文心雕龙》已经有了"革命性"变化,注重理论的阐释,开近代文学批评之先河。其后黄侃的学生范文澜在南开大学讲《文心雕龙》,写成《文心雕龙讲疏》,并在此基础上修订为《文心雕龙注》。虽为注本,却颇注意刘勰的理论体系及其概念内涵的解释,显然也是把刘勰的著作作为文学理论来注释的。虽然也有学者如王运熙、蒋寅等先生主张《文心雕龙》是文章学,业师詹锳先生1986年亦言"通过几十年的摸索,我感到《文心雕龙》主要是一部讲写作的书",但其声寥寥,所以王先生的研究及讲授立场在《文心雕龙》界不预主流。然不预主流,正是王先生研究《文心雕龙》的价值所在,因为求其实,《文心雕龙》就是一部文章学著作。中国古代文章学的内涵涵盖了今之文学理论的范畴,而又不同于今之文学理论。刘勰《文心雕龙·序志》揭示书名时说:"夫文心者,言为文之用心也。""古来文章,以雕缛成体,岂取邹奭之群言雕龙也?"可知他著此书的目的就是为了写好文章。所以王先生立足于写作讲授、研究《文心雕龙》,准确地把握住了此书的性质。

以文章学的性质研究《文心雕龙》,遵循"言为文之用心"的宗旨,王先生重新梳理了《文心雕龙》的理论体系:第一部分,"文之枢纽",是指导写作走向正规的总原则;第二部分,"论文叙笔",是文体写作理论;第三部分,"剖情析采",通论文章的写作过程和写作方法,包括三方面内容:写作构思和谋篇布局问题,写文章的体制风格问题,练字、修辞、造句和各种具体的手法技巧;第四部分,从事写作必须考虑到的主客观因素。这个写作理论体系,不复杂亦不高深,平实简洁,然既未人为地拔高《文心雕龙》的理论意义,亦未低估其理论价值,对于读者正确了解此书的内容,颇有帮助。

王先生研究、介绍《文心雕龙》还有一大特点:不避难、疑之处,对于此书注释和阐释中的难点、疑点问题都有梳理,并作出自己的判断,显现出他求真求是的治学态度,这在我写给万奇、李金秋《〈文心雕龙〉探疑》序里已经谈及。

刘勰撰写《文心雕龙》意在建言不朽,畏惧在"茫茫往代""眇眇来世"中,自己湮默无闻。《序志》云:"形甚草木之脆,名逾金石之坚,是以君子处世,树德建言。"我每读至此,未尝不掩卷长叹。这是刘勰心之所寄,未尝不是所有著书人心之所寄。王志彬先生能于《文心雕龙》的传播和研究有所建树,其心亦有寄托矣。

2021年元月26日

（詹福瑞,国家图书馆原馆长,首都师范大学文学院特聘教授,中国《文心雕龙》学会原会长,现《文心雕龙》学会党总支书记,北京外国语大学中文学院名誉院长。）

不可忽视的"低音"

——论王志彬先生的《文心雕龙》研究

左东岭

用"低音"一词来评价王志彬先生的《文心雕龙》研究,与其实际业绩相比,似乎有些不符。但此处的"低音"是具有独特内涵的,并无任何轻视之意,而且恰恰相反,我认为极为准确地概括了王先生《文心雕龙》研究的特点与价值所在。

"低音"一词是近年来一位从事历史研究的学者在反思民国学术史时所提出的一个特定概念,他曾解释"低音"的内涵说:

> 最初的设想只是想重访近百年来被新派论述所压抑下去的声音,但是后来我决定将被忽略而仍具有重要性的思维方式、观念等也包括进来讨论。本文所说的"低音"大致是四个层面:一是省视被近代学术及思潮一层又一层复写、掩蔽、遮盖、边缘化,或属于潜流的质素。二是对历史研究而言,"创造性转化"与"消耗性转换"的同一性,以及它对历史研究造成"意义倒置谬误"的现象。它还包括一些无所不在的学术框架,一些无所不在的假设——假设西方是普遍的,中国的历史是个案的。三是方法或视野上面的问题,譬如后见之明之类的思维如何影响我们的史学。四是一些长期以来被

认为具有永恒性,在近代却被长期忽略的主题。①

可知这位历史学家所说的"低音",就是在近代西方学术方法输入之后,建构了中国现代各门类的学科体系及与之相应的理论研究方法,从而形成一种压倒性的主流优势。在这种形势下,既对历史研究造成了"消耗性转换"与"后见之明之类的思维"等一系列的负面影响,同时也覆盖、遮蔽了非主流的研究方法及学者的贡献,从而使其边缘化,也就是所谓的"低音",其负面结果则是常常忽略中国历史传统中那些"具有永恒性"的主题。他之所以要强调"低音"的重要,就是要重新发掘、认识与评价那些被主流遮蔽了的学人的研究成果与理论方法。

正是在这种学理层面上,我将王志彬先生的《文心雕龙》研究称之为"低音"。因为从《文心雕龙》研究界看,自现代学术体系建立以来,形成了两大研究优势:一是对于《文心雕龙》的文献研究与注释翻译,出现了范文澜、刘永济、杨明照、王利器、詹锳等一大批一流学者与重要成果;二是对于《文心雕龙》的理论研究与美学阐释,出现了黄侃、王元化、牟世金、张文勋、罗宗强、张少康等重量级的学者与成果。但是王志彬先生却是从写作学的角度去研究《文心雕龙》的,既没有纠缠于文献版本的考辨,也没有系统性的文学理论的思辨性建构,他甚至不把《文心雕龙》视为文学理论批评著作,可谓是一种非主流的研究套路。此外,从学科的归属上看,国内《文心雕龙》研究的主要学者分属中国古代文学与文艺学两个学科,在20世纪90年代以前,国内有复旦大学、南开大学、华东师范大学与四川大学设立过中国文学批评史的二级学科,几

①王汛森:《执拗的低音——一些历史思考方式的反思》,生活·读书·新知三联书店,2020年,第1—2页。

个掌门人诸如郭绍虞、王达津、王元化和杨明照也都是研究《文心雕龙》的重要代表性学者。王志彬先生所在学科则既非古代文学，也不属于文艺学，而是写作学科，而在如今的一级学科博士点下，却并没有写作学科的位置。加之内蒙古师范大学地处北方边鄙的呼和浩特而非学术中心的京沪之地，王志彬先生本人又行事低调，为人谦逊，也造成了客观上的边缘地位。因此，无论从学术研究的现代趋势还是从学科归属乃至所处地域的角度，王志彬先生可谓都没有能够处于主流的位置，说他的研究属于"低音"，确实是不无道理。

然而，王志彬先生的"低音"仅仅是表面的，或者说是被主流学术所掩盖、遮蔽而形成的"低音"。以前学界用角度独特、富于个性来概括与评价王志彬先生的《文心雕龙》研究，可能大大低估了其学术研究的价值与地位，此一处于"低音"位置的研究方式与学术成果所蕴含的价值意义，需要在反思学术史的眼光下予以重新讨论与认识。我认为，起码在以下三个方面，王志彬先生的《文心雕龙》研究显示了其无可替代的价值。

首先是对《文心雕龙》这部古代经典基本性质的认识。王志彬先生在其《文心雕龙创作论疏鉴》《文心雕龙文体论今疏》《文心雕龙批评论新诠》这三部著作中，都将《序志》篇作为首篇予以介绍论述，其主要目的便是要通过刘勰本人对《文心雕龙》一书内容主旨的表述来阐明该书的性质。为此。他还专门撰写了《〈文心雕龙〉性质问题述评》的学术论文①。文章认为："本文针对多年来学术界对《文心雕龙》性质的不同认识，从《文心雕龙》的写作动

---

① 林杉：《〈文心雕龙〉性质问题述评》，《内蒙古师大学报》（哲学社会科学汉文版），1991年第1期。

因、内容体系以及其对后世的影响等方面，进行综合辨析，论证
《文心雕龙》不是文体论专著或文章学专著，也不是文学理论、批
评专著。《文心雕龙》虽曾被誉为古代文论的'百科全书'，但就其
本体而言，它是一部具有中国特色的典型的写作理论专著。"当
然，本段文字仅仅是作者对自己观点的精炼概括，在其学术著作
与论文中，他列举大量的文献包括刘勰本人的表述，方才得出以
上的结论。尽管这样的结论与现代学术的主流观点有很大差异，
但却是符合实际的。正如作者所说："《文心雕龙》的四个部分，篇
篇不离'为文之用心'这个宗旨，既提出了写作指导思想，又论述
了各体文章写作的规格要求、原则和方法；既阐述了写作的客观
条件，又强调了写作的主观因素，把这样一部著作称为写作理论
专著，不是名副其实的吗？"[1]也许会有人认为王志彬先生是站在
自己所从事的写作专业的角度，才提出了有别于主流学术的看法
的，但如今看来这显然是误解。这不仅有刘勰本人"夫文心者，言
为文之用心也"[2]的话作为内证，而且同时还列举了现代学术史上
老舍、王运熙、李曰刚、裴显生、张寿康等同属"低音"学者的相同
观点作为旁证，支撑起了自己的学术结论。其实，在中国古代文
人的眼中，《文心雕龙》一向被视为写作的指南与教科书，自明代
冯允中、张之象到清代黄叔琳、唐彪，乃至清末民初的姚永朴，无
不认为《文心雕龙》乃是"作文之津梁"。这是因为中国古代的论
文与现代意义上的文论存有较大差异，古人的论文与评文，大都
是为了有利于学习作文，像当时的诗文选本、论诗著作，大都是为
了便于初学者模仿学习，所以与创作结合得很紧密，就连金圣叹

---

① 林杉：《文心雕龙创作论疏鉴》，内蒙古教育出版社，1997年，第18页。
② 刘勰著、范文澜注：《文心雕龙注》，人民文学出版社，1998年，第725页。

评点《水浒传》。也振振有词地说:"旧时《水浒传》,子弟读了,便
晓得许多闲事;此本虽是点阅得粗略,子弟读了,便晓得许多文
法。不惟晓得《水浒传》中有许多文法,他便将《国策》《史记》等
书,中间但有若干文法,也都看得出来。"①他甚至认为读了他的
《水浒传》评点,就能够提高制艺之文的写作水准。而现代学术史
的文学理论却是一个独立的学科,有其完整的体系以及与之相应
的各种理论范畴,而且与创作实践渐行渐远。那么用现代的文学
理论方法去研究古代的文章写作理论,就会进行理论的切割从而
失去一些原本非常重要的东西。王志彬先生似乎早已觉察到这
一点,所以他才会如此说:

> 《文心雕龙》作为将我国古代文论"成书之初祖",体大思
> 精,旨深论宏,笼罩群言,而雄视百代,被誉为古代文论之"百
> 科全书"。历代文家从不同角度、不同层次上,对它进行了多
> 方面的研究,诸如《文心雕龙》之经学、史学、子学、美学、修辞
> 学、创作论、文体论、批评论、风格论、章法论等等,都曾有学
> 者专门著书撰文,而自成体系。但是,这些论著的内容价值,
> 无论多么重要,都只能是"百科"中之"一科",整体中之一部。
> 令人费解的是,某些渊博、睿智的学者,却往往以局部为整
> 体,以"一科"涵盖"百科",将《文心雕龙》"攫为己有"。且往
> 往"与世推移","代有所变",似乎什么学科时兴,《文心雕龙》
> 就可能变成什么"专著"。翻阅一下研究《文心雕龙》性质的
> 历史,我们发现,它由"文体论专著"而"文学理论批评专著",
> 而"文章学专著",现在竟又有学者誉其为"美学专著",或"古
> 代文艺心理学著作"了,从这些角度去研究《文心雕龙》固无

---

① 朱一玄:《水浒传研究资料汇编》,百花文艺出版社,1981年,第254页。

不可,但绝不能断章取义,而无视它的本体。"研究问题,忌带主观性、片面性和表面性",不能"只看见树木,不看见森林"。我们的某些学者,该"反思"一下自己治学的态度和方法了。①

用现代文学观念与理论方法从事《文心雕龙》研究,自然会关注其文学属性,聚焦其审美特征,以彰显其学科属性,这或可称为创造性转化,以适应现代读者的需求,成为现代文学理论建设的思想资源。然而在创造性转化的过程中,消耗性转换也在所难免,"有很多东西在转化的过程中被人们遗忘,或是变成低音。"②于是,就有了王志彬先生所指出的,将"体大思精,旨深论宏,笼罩群言,而雄视百代"的"百科全书"式的《文心雕龙》切割成各种"专著"了。在切割成为"专著"的过程中,最为不幸的是将讨论"为文之用心"这种实践性很强的性质与功能给遮蔽甚至丢失了。而从写作理论角度研究《文心雕龙》的方式,也从带有"永恒性"的常识性地位被挤压到学术的边缘,成为主流之外的"低音"。时至今日,学界确实应该从方法论方面进行深入的反思,以使《文心雕龙》研究回到学术的正途。

其次是王志彬先生从写作理论的角度对《文心雕龙》的研究,凸显了该书最为显要的特性与核心的范畴。他先后出版的《文心雕龙创作论疏鉴》《文心雕龙文体论今疏》与《文心雕龙批评论新诠》,紧扣《文心雕龙》的创作理论、文体理论与批评理论,对五十篇内容进行了新的组织调整、注释说明与理论概括,显示了作者

①林杉:《〈文心雕龙〉性质问题述评》,《内蒙古师大学报》(哲学社会科学汉文版),1991年第1期。
②王汛森:《执拗的低音——一些历史思考方式的反思》,生活·读书·知识三联书店,2020年,第18页。

对于该书的叙述认知与独特创见。尽管其编排的内容选择与次序或尚有商量的余地。比如将"文之枢纽"的五篇总论置于批评论的框架中而不是文体论的体系内，就是可以讨论。因为《征圣》与《宗经》两篇最重要的核心观念就是"尊体"，且不说《宗经》中将一切文体的源头均归之于经书，将经书文体作为所有文章的楷模，从而提出"故文能宗经，体有六义"的理想体貌特征，即使《征圣》篇的"圣文之雅丽，固衔华而佩实"的总体原则，也依然从尊体的角度出发。以前人们理解"雅丽"的内涵，往往视之为内容充实而文采华美，自然也不能说没有道理，但此处的"雅"不是一般意义上的儒家雅正之观念，而是"文体之正"或者说是"正文体"之意。尤其是本篇还提出了"《易》称辨物正言，断辞则备；《书》云辞尚体要，弗惟好异。故知正言所以立辩，体要所以成辞"①。"体要"是《文心雕龙》中最为重要的文体观念之一，它包括文章之体式功能，与之相适应之典型体貌，以及实现其体貌功能的重要写作手段等等。后来"体要"的观念一直贯穿在二十篇文体论中，成为论述文体的重要指导思想与衡量文章是否"得体"的重要标准。因此，我以为将《征圣》《宗经》二篇置于文体论之总体指导原则地位是比较合适的。当然，既然是重新编排组织，便会存在见仁见智的差异，此不足为奇。王志彬先生最为可贵之处是，他的《文心雕龙》研究，并非是纯粹的学究式研究，而是带有鲜明的现实针对性。当年，刘勰创作《文心雕龙》，就是为了纠正齐梁文坛"文体解散""将遂讹滥"的弊端。王志彬先生研究《文心雕龙》也是为了对当代文坛的写作实践进行理论性的探索，而文体论的研究无疑更具有现实的针对性。自从现代文学观念流行以来，受伤害最大的

---

① 刘勰著、范文澜注：《文心雕龙注》，人民文学出版社，1998年，第16页。

乃是对于各种文体的认识与把握。《文学概论》里讲文体,仅剩下诗歌、小说、戏剧与审美性散文,讲写作方法也就是议论、抒情、叙事与说明四种。通用写作成为高校里可有可无的课程,甚至成为被讥笑讽刺的对象,而整个社会的写作能力也在日趋下降。王志彬先生的《文心雕龙》研究,无疑带有很强的目的性与使命感,他要为写作课程找到悠久的历史传统与丰富的思想资源。这从其《文心雕龙文体论今疏》中可以获得有力的证明。王志彬先生除了一以贯之地以《序志》开篇外,将诸种文体分为上、中、下三卷,上卷除了将《辨骚》从总论内移至此卷,还将《祝盟》《檄移》二篇移之中篇,而将《谐隐》《杂文》从后边移至上卷。上卷的内容依次是:《辨骚》《明诗》《乐府》《诠赋》《谐隐》《杂文》。中篇的内容则为:《赞颂》《祝盟》《铭箴》《诔碑》《哀吊》《史传》《论说》《诸子》《书记》。原来位置较为靠前的《诏策》《檄移》则被移至卷下,其依次为:《诏策》《檄移》《封禅》《章表》《奏启》《议对》。王志民先生在本书序言中对此概括说:

　　　　《今疏》在编排顺序上,对《文心雕龙》文体论部分的有关篇章做了调整,分为"以文学性文体为主"的上编和"以一般实用文体为主"的中编,以及"以官廷专用文体为主"的下编。这种科学的编排体系,反映了著者研究之精深和思理之精妙,对读者也起到了引导和提示作用;同其研究"本体论"一样,都有着开山立宗的性质①。

此处所言的"精深"与"精妙",其实质在于有效地进行古今之间的对接。从刘勰对各体的编排次序看,他的确是真正从论文的立场出发的,并没有将朝廷所看重的诏策、檄移置于前列的位置,而是

---

① 林杉:《文心雕龙文体论今疏》,内蒙古教育出版社,2000年,第3页。

将诗赋等文学性文体排在首位。从此一点说,《文心雕龙文体论今疏》的分卷方式与排列次序是合乎刘勰本意的。但是王志彬先生又没有完全亦步亦趋地附和刘勰,而是根据现代读者的需求,将后来还活在文坛上的应用文体排在中卷,而将随着历史发展已经成为僵死的朝廷宫廷应用文体置于末卷。作者研究的宗旨便在于打通历史、折中古今,为当代的写作提供文体参考借鉴。所以在该书序言中说:"刘勰的'论文叙笔'中,有些文体是古老而又年轻的,如论说之于今之学术论著,史传之于今之方志传略,哀吊之于今之悼词祭文,书记之于今之公务文书,都是息息相通,具有新的生命活力的。即使那些已被历史淘汰了的曾专用于封建统治的文体,诸如诏策、奏启、章表、封禅等等,也有名亡而理存的情况。"①我想,任何一门学问,其生命力就在于能否对现实生活继续发挥作用,而最终决定其价值与地位。最近这些年来,人们不断抱怨古代文学研究越来越被挤压到边缘化的位置,从20世纪80年代的显学变成目前的冷门学问。然而,如果《文心雕龙》研究能像王志彬先生这样,令其在现代写作教学中发挥积极的作用,也许会带来主流与"低音"的位置互换。

其三是王志彬先生从写作实践的角度,对《文心雕龙》的文本进行了独特而富有成效的解读阐释。对《文心雕龙》的解读,存在着许多有争议的理解与认识,学界以前对待此类问题大都靠版本搜集、文字校勘与音韵训诂等方面的硬功夫尝试解决,于是就有了大量的校注、集注及翻译等著作的出版,积累了大量的学术成果与研究经验。这些无疑是研究的主流,而且是极为重要的。但是,其中有许多问题并不是仅仅依赖文字训诂就能解决的,它还

---

① 林杉:《文心雕龙文体论今疏》,内蒙古教育出版社,2000年,第12页。

要依靠对文本产生的语境的还原，对相关知识背景的把握，对阐释方法的了解等等，于是便有了《文心雕龙》的经学、佛学、玄学、文学史及艺术史的种种研究。王志彬先生的优势既不在文献考辨，也不在文字训诂，尽管他在研究中也作了最大努力去汲取这些方面的成果，但其自身最大的优势还是从写作实践的角度去理解与阐释文本。比如对《神思》篇中"视布与麻，虽云未贵，杼轴献功，焕然乃珍"的理解，他引述了三种看法：一种是"此言文贵修饰润色"，是黄侃先生的；另一种意见认为这"形象地说明了想象活动就是作家对现实生活素材进行艺术加工"，这是王元化先生的；也有人认为"'杼轴'具有经营组织的意思，是指作家的构思活动而言"。对此，他判断说："毋庸赘述，《神思》篇既然是以论述写作构思为中心，那么在上述两种意见中究以哪一种为上，理应是不言而自明的。"①判断的依据是写作构思，而结论则含蓄否定了黄侃先生的看法，既是非分明，又宅心仁厚，体现了一位学者的良好学风。又如对《镕裁》篇中"设情以位体"的诠释，学界也存在争议，王先生列出了三种不同的说法：或以为"体裁"，或以为"艺术风格"，或以为既指体裁也包含对此一体裁的风格要求。而他自己则折中众说分析道：

　　　　"设情以位体"的"体"，确实含有"体裁"和"艺术风格"或"风格要求"的意思。但从整体上看，"体"的内涵是较为宽泛的，不宜把它单纯地视为"体裁""艺术风格"或"风格要求"。如本篇前此所述，"设情以位体"之"体"，指的是在文体论中被视为"文之大纲"的、具有"式""制""大要""大略"等意义的"大体"。它体现着文章在内容、形式、格调等多方面的原则

---

① 林杉：《文心雕龙创作论疏鉴》，内蒙古教育出版社，1997年，第58页。

和要求。如《祝盟》篇中说:"盟之大体,必序危机,奖忠孝,共存亡,勠心力,祈幽灵以取鉴,指九天以为正,感激以立诚,切至以敷辞,此其所同也。"又如《檄移》篇中说:"檄之大体,或述此休明,或叙彼苛虐,指天时,审人事,算强弱,角权势;标著龟于前验,悬鞶鉴于已然;虽本国信,实参兵诈。谲诡以驰旨,炜晔以腾说。凡此众条,莫或违之者也。"由此显而易见,"体"本身就具有内容和形式等方面的规范性,把"体"所包含的种种内容,仅用现代文学理论中的术语"体裁"和"风格"来涵盖,是远远不够的。否则,就把刘勰强调"位体"的理论和实践意义贬低了。①

关于《镕裁》篇的诠释,学界多认为刘永济先生之解说最得其要旨。但仅言:"'位体',犹言立干也。"②如此解释当然没有问题,可惜稍有笼统含糊之感,一般读者依然无法得其具体内涵。王志彬先生从创作实践的角度,不把"位体"之"体"视为具体的体裁、风格的表述,而是包含了更为丰富的内容,诸如"式""制""大要""大纲"等等,而统归之于"文之大纲"。如此理解是合乎刘勰原意的,其实也就是刘勰所言之"体要"。"体要"不仅仅包含了体式或者说今人所言的体裁,还包括此种体式所具备的文体功用,由此体式与功能所衍生出的体貌,以及达成此种功能与体貌所应采取的重要写法。尽管王先生在此没有引入"体要"的范畴,但其征引的《祝盟》《檄移》的论述文字,正是对此二种文体的标准"体要"概括。这是一种整体性的思维,构思必须要照顾到方方面面,而不是仅顾及一种要素,凡是对创作实践有真实体验的,都会具有如

---

①林杉:《文心雕龙创作论疏鉴》,内蒙古教育出版社,1997年,第167页。
②刘永济:《文心雕龙校释》,中华书局,2007年,第109页。

此的认识。正如王志彬先生所言,如果仅用现代文学理论中的术语"体裁"和"风格"来涵盖,"就把刘勰强调'位体'的理论和实践意义贬低了"。研究《文心雕龙》有许多方式,或考证翔实,或体系严密,或视野开阔,或触类旁通,但从创作实践的角度对其做出将心比心的体验沟通,也具有其无法替代的学术优势与鲜明特色。

王志彬先生的《文心雕龙》研究由于是从写作理论的视角展开的,具有特定的研究目的与读者群体,因而也形成了其自身相应的学术风格,即注释务求其简明,翻译务求其畅达,概括务求其简练,论说务求其实用。他一般不会采用旁征博引的方式去展开论述,而是喜欢集合诸家之说折中评议择其善者而采之,或者以创作理论与经验为依据而独辟蹊径加以申说。以他注译的《文心雕龙》为例,在前言中即声明:

> 本书以《文心雕龙》原文为主体内容,按其篇目顺序,分段排列组合,并辅以题解、注释和译文。题解在每篇之前,旨在概括提示该篇之主要内容和重要歧疑,使读者明确其学术价值、实践意义和存在问题的症结,而不作翔赡的论述和辨析。注释和译文均在每段之后。注释一是给难认的字加注汉语拼音;二是解释僻字僻词、专用字词或多义字词;三是解释古代文化常识。注释注重吸收、借鉴各家的考证和研究成果,力求简洁准确,并验之以写作实践,避免孤立的以词解词和生硬的旁征博引。译文则是将该段原文译为白话文,主要是直译,部分难解的词语则辅以意译,重在贯通前后文意,不做节外生枝的发挥。①

---

① 王志彬译注:《文心雕龙》(中华经典名著全本全注全译丛书),中华书局,2012年,第11—12页。

在此,有一些表述是王志彬先生所独有的,如"使读者明确其学术价值、实践意义和存在问题的症结,而不作翔赡的论述和辨析","注重吸收、借鉴各家的考证和研究成果,力求简洁准确,并验之以写作实践,避免孤立的以词解词和生硬的旁征博引"。概括起来其实就是"简洁准确"与"验之以写作实践"这两个核心要素。然而,这并不意味着王志彬先生的研究缺乏深度与系统性,他只不过是为了自己的学术目的而采取了相应的行文方式与学术风格,将知识的传播与学术的探索融为一体,以达成古为今用的文化传承目的。其实,在他所发表的为数不多的学术论文中,可以清晰感知到其学术的创造力与学风的严谨性,《〈文心雕龙〉性质问题述评》对《文心雕龙》写作理论性质的有力论证,《刘勰"论文叙笔"今辨》对《文心雕龙》文体论内涵与价值的系统论述,《〈文心雕龙〉文术论今说》对文术论性质与价值的反思,都是言之有物、持之有据的高水平文章。这些论文不因为它们发表在普通刊物上而减色,也不因为它们发表较早就失去其应有的学术价值。以《〈文心雕龙〉文术论今说》为例,它不仅通过具体的论述分析从学理上概括出了文术论所包括的篇章与内容,更通过大量的证据探讨归纳了文术论的性质与价值。王志彬先生通览现代学术史,举出了将《文心雕龙》概括为创作理论的种种观点,诸如"创作论""写作理论与写作规律""写作方法统论"等等,他认为,所有这些说法包括自己曾经一再坚持的"写作理论",都不如"文术论"更能概括刘勰的思想。原因为:一则是"'文'与'术'都是《文心雕龙》本有的'关键词'",二则是"'文术'(笔术)之说,曾是龙学研究中的专门术语",三则是"'文术论'是《文心雕龙》的核心部分,是指导'才童学文'的'法程'"。可谓论据可靠,论述充分。尤其是第三点,作者特意指出:"'文术论'作为这样一部著作的'中心部分',则集中体现了全书在'文之枢纽'部分所确立的指导思想;概括了'论文叙笔'部分所论的三十余种文体的写作'大要';总结了历代文家的写作经验,既有一般原理,又有具体要求。它涵盖面宽,内容丰富,实用性强。"其影响自唐代开始一直延伸至晚清近代,是学界公认的公共话语。这样的看法与论证,是令人心服口服的,用作者自己的话说:"它不仅是准确的、贴切的,富有表现力的,而且是本土的、传统的,独具民族特色的。"我以为,这样的文章不仅是具有专业水平的,而且一定会在龙学研究史上拥有持久的学术生命力。一位学者的一生成就既不在学术著作的厚薄,也不在发表论文的多少,而是在于他是否真正解决了学术问题。以此而言,王志彬先生无疑是解决了问题的学者。

　　王志彬先生的《文心雕龙》研究无论从其论述角度、研究方法,还是行文风格方面,均带有鲜明的特点与学术的开创性,值得学界认真总结,并在此基础上继续向前推进。这种推进不仅仅体现在对相关文本的理解诠释及理论方法的完善补充上,而且在对刘勰整体思想观念的把握上,也依然有新的余地可供开掘。《文心雕龙》一书的主要目的与主要内容是关于写作理论的归纳与阐述,这是王志彬先生的核心学术主张,这当然是没有问题的,也是他对龙学研究的重要贡献。但如果进一步追问,这难道也是刘勰本人的最终人生理想与思想观念的全部吗?恐怕尚需继续探索。王志彬先生在概括《程器》篇的内容时,将其分为三个方面:辨正时论对文人的批评,强调文人应兼通文武政事,论文人的政治抱负与穷达进退①。应该说这种概括是全面的,其他龙学专家也基本如此理解。但我每每看到这些,都深深感叹大家并没有完全理

————————

① 林杉:《文心雕龙批评论新诠》,内蒙古教育出版社,2002年,第177—179页。

解刘勰感慨的真正内涵。这牵涉到中国古人的生命观与大文观的问题,此种观念贯穿中国古代千年,它不仅仅是文章写作问题,更是人生价值问题。《程器》篇需要辨明的,主要包括文人之无行与文章之无用,而主旨则是如何实现其人生理想。该文最后一段文字说:"是以君子藏器,待时而动,发挥事业,固宜蓄素以弸中,散采以彪外,梗楠其质,豫章其干;摛文必在纬军国,负重必在任栋梁,穷则独善以垂文,达则奉时以骋绩:若此文人,应梓材之士矣。"①王志彬先生对此解释说:"综观《程器》篇,可知其要旨在于阐述为文要经纶政务,增华邦国,不可'徒以辞人终老'。"②并认为此乃"文以致用"之观念。此论于刘勰之思想庶几近之。"文以致用"当然是刘勰的思想,他之重体要而正文体,均系出自此一目的。但需要注意的是,刘勰心目中的"文"非惟文章之一途,天文、地文与人文通谓之文,礼乐制度、人文教化与经国济世皆为文之内涵,《征圣》篇之圣人"政化贵文""事迹贵文"与"修身贵文",实乃其最具体之体现。而落实在文章上,则如《序志》篇所说:"唯文章之用,实经典枝条,五礼资之以成,六典因之致用,君臣所以炳焕,军国所以昭明。"③从政化到事迹,从事迹到修身,从修身到致用,从致用到文采,这是刘勰"文"之主要内涵,包括了文明、文化、文教、文章、文学的丰富内容。刘勰的底线在于"穷则独善以垂文",而理想则是"达则奉时以骋绩"。从此一点讲,他的人生是失败的,因为"逐物实难,凭性良易"④他没有机会在现实政治舞台上

①刘勰著,范文澜注:《文心雕龙注》,人民文学出版社,1998年,第720页。
②林杉:《文心雕龙批评论新诠》,内蒙古教育出版社,2002年,第179页。
③刘勰著,范文澜注:《文心雕龙注》,人民文学出版社,1998年,第726页。
④刘勰著,范文澜注:《文心雕龙注》,人民文学出版社,1998年,第728页。

实现其礼乐教化的经国济世理想,就只能退而著述,论述"为文之用心"。在全书的结尾,他实在难以按捺自己的失落悲慨之情,写下如此的弦外之音,而这才是其"耿介于程器"的真实内涵。如此的深沉之音,实乃中国古代文人的千古之叹,也是中国古代文人贯穿千年的"文"之观念。古今的时空转移,专业的分工差异,使身处当代的学者已经与古代以治理天下为己任的文人之间产生了巨大的历史鸿沟,因而在阐释他们的观念时不自觉地发生了"消耗性的转换"。因此,学术没有止境,后人应该在前辈学人的肩膀上攀登至更高的学术层面,这才是学术薪火相传的正途。

　　(左东岭,首都师范大学文学院教授、中国诗歌研究中心主任,中国《文心雕龙》学会会长,中国明代文学学会〔筹〕常务副会长。)

论《文心雕龙》的文体批评模式

陶礼天

一、引　言

　　大约撰写完成于南朝齐梁之际的《文心雕龙》，就现代学术和学科体系分类来看，无疑是一部"体大而虑周"的具有"科学"理性精神的文学理论著作，就其中的"文学批评学"内容而言，在继承先秦两汉文学以来以探求作者"情志"为目的、以"知人论世""以意逆志"等为主要方法的文学批评论的基础上，紧密联系文学创作的发展与"事实"，建构起一种蕴涵多种批评模式的新的整体范式，这种范式，以经典批评、文体批评、才性批评、知音批评这四大模式为主要的具体的内容①。本文所论的其文体批评模式，就是

---

① 本文为笔者关于"《文心雕龙》文学批评范式"专题研究中一节。已发表论文有：(1)《〈文心雕龙〉文学批评范式研究》，载〔意大利〕贾西媚主编《〈文心对话〉国际会议论文集》，第75—98页，意大利米兰大学出版社，2017年；(2)《〈文心雕龙〉文学观之现代诠释——兼论中国文学史书写问题》，载陈平原主编《今古齐观——中国文学中的古典与现代》国际会议论文集，第131—172页，香港中文大学出版社，2016年；(3)《论〈文心雕龙〉的经典批评模式》，载《安庆师范学院学报》2016年第5期；(4)《知音与知（转下页）

基于《文心雕龙》的批评范式所蕴含的主要批评模式的分析，并主要着眼于其历史原则与文学史论的内容。

　　进而言之，《文心雕龙》中所说的"文学"（文）和它体现出的文学观念，既与我们现在一般说的"文学理论"的内涵是大体相当的，同时，它也鲜明地体现了中国文化传统中"文学"观念的独特意义；同理，《文心雕龙》的批评，是一种"文学批评"，也体现了"中国文学批评"的原则、理念和方法，形成其特有的批评模式。刘勰根据《周易·系辞上传》所谓"大衍之数五十，其用四十有九"的观念，在逻辑构架上，将《文心雕龙》全书分为上下两篇，又具体分为五大理论板块，即：第一，"文之枢纽"论，上篇前五篇；第二，"论文叙笔"，紧接其后的二十篇，学术界多称之为"文体"论；第三，"剖情析采"，下篇《神思》（第二十六篇）至《总术》（第四十四篇）共十九篇；第四，文学批评论，"文用"论的"后五篇"；第五，全书总序，即《序志》篇。以上就是其《序志》篇所谓"位理定名，彰乎大衍之数，其为文用，四十九篇而已。"[①]这种理论体系特征，体现了刘勰的一种"元理论"性质的整体思维特点，其上述五大理论板块之间和每一理论板块所论述的具体内容的联系，也体现了一种理性思维即具有辩证逻辑的精神，无疑具有其历史的"科学性"。这里我

（接上页）昧：论〈文心雕龙〉的知音批评模式》，载《文史哲》2015年第5期；（5）《论刘勰的才性批评模式——〈文心雕龙〉文学批评范式研究之一》，载张健、郭鹏主编《古代文论的现代诠释》论文集，第170—190页，北京大学出版社，2015年。

①范文澜注：《文心雕龙注》，据《范文澜全集》本（第四卷和第五卷），河北教育出版社，2002年，第632页。下文所引《文心雕龙》文，均据此本（并参考其校文），引文或重新增加标点符号，一般仅于文中直接标明篇名，非必要者，不再加注。

们说的元理论,乃是就"元理论"这一概念的一般意义而言的,就是指试图将不同时期建立的用以解释(文学)不同现象的"各种理论",综合概括为一个具有新的原则的更为"普遍的理论",用刘勰自己在其《序志》篇中的话来说,就是"弥纶群言",既"照隅隙",更"观衢路",力求"振叶以寻根,观澜而索源"。《文心雕龙》的文学批评,所体现的这种"元理论"的精神,既具有"理论化文学批评",又具有"实用文学批评"等多重特点①,这体现了刘勰要系统论述"'文'之学"的理论诉求,所以我认为这体现为一种"文学批评范式"。之所以借用美国托马斯·沙米日·库恩(ThomasS.Kuhn)的"范式"这个概念进行论析②,是本于刘勰《文心雕龙》"弥纶群言"而"体大虑周"的特点来考虑的。我们通过从全书着眼研究《文心

①〔美〕M. H. 艾布拉姆斯:《欧美文学术语词典》,中译本,朱金鹏、朱荔译,北京大学出版社,1981年,第64—67页。其关于"文学批评"词条解释说,有理论化文学批评(theoreticalcriticism)和实用文学批评(practicalcriticism),理论化文学批评的宗旨,"是在一般批评原理的基础上,确立一套统一的批评术语、对作品加以区分归类的依据,以及评价作家和作品的标准。"实用文学批评"注重对具体作家与作品的讨论"。

②〔日〕野家启一:《库恩——范式》,毕小辉译,河北教育出版社2002年版。该书《绪论》说:"……(范式)无论如何它确实使用了在日常用语中所指的'对事物的看法'乃至'思维的框架'这种意思……库恩当初赋予'范式'的意思是'范式是指在一定时期内可以向研究者群体提供的典范性问题及解法的普遍公认的科学业绩',即是有严格限定的专业术语。可是在以后的二十年间被扩大为'对事物的看法'或者'世界观'并加以广泛传播……"按:在汉语中,范式和模式的内涵比较一致,本文用批评范式指刘勰《文心雕龙》对文学的整体的系统的批评原则和方法,批评模式指刘勰《文心雕龙》对文学的某一方面问题比如作家或作品论等等采用系列的一贯的批评原则和方法,并蕴涵其整体性的文学批评之中。

雕龙》的文学批评,归纳其针对文学研究不同内容、不同层面的问题,是如何通过一系列的原则和方法进行的,从而总结其较为具体的文学批评"模式",即经典批评模式、文体批评模式、才性批评模式、知音批评模式,它们相互作用,共同构成《文心雕龙》文学批评的整体性的"范式",其所蕴涵的四大模式之间的逻辑关系,体现为作者—世界—作品—读者之间的整体联系。

本文所谓《文心雕龙》文体批评模式,主要是指从文学的发展历史出发总结某类经典作品的文体特点,作为这类文体写作的批评原则和方法。刘勰《文心雕龙》把"文"包括的所有文体分为有韵之"文"和无韵之"笔"两大类,共讨论了三十三大类的文体,不少文体下面又讨论其衍生出来各种下属的文体类别。文体批评模式不仅体现在二十篇文体论中,也体现在全书其他各篇之中。它主要体现为四种原则和方法,这就是其《序志》篇所说的"原始以表末,释名以章义,选文以定篇,敷理以举统",我们可以用"原、释、选、敷"四字来概括。在今天看来,这四种方法围绕的中心和具体分析内容,实际就是一种文学史论,同时,也是一种文体批评——当然其原来的主要目的在于"敷理以举统"以指导创作,是创作论而不是批评论,但转而言之,也可以视为批评论。这种文体批评最为重要的方法就是"选文"批评方法,而且其"选文"的批评方法,本质上也是一种"经典批评",体现了一种"经典"批评的原则和方法。

本文所总结归纳的《文心雕龙》四大批评模式是系统的,整合在一起的,相互作用,相互影响,故统称为批评范式。为什么说"原、释、选、敷"的方法,主要就是一种文学史论、是一种文体批评模式呢?因为"选文"是一种优秀作家作品的具体的文学历史过程的体现,所谓"原始以表末"——实际上就是一种历史批评,在具体论述中，其"原始以表末"与"选文以定篇"是紧密结合在一起的；"释名以章义"——实际上是源于儒家（以及先秦诸家之"名学"）的一种"正名"批评，目的也是为具体的文体及其后来衍生发展进行正本清源；"敷理以举统"——是一种从历史分析中进行归纳的批评方法，是一种文学理论的总结和升华，其目的就是为具体文体的创作树立规范。当然，我们今天把《文心雕龙》二十篇"论文叙笔"（文体论），视为一种分体的文学史论，这是从我们今天的文学史学的角度去看问题的。从《文心雕龙》具体批评分析看，文学史研究从某种意义上说，是一种历代文学作品的"精华录"；同时，文学史从某种意义上说也是一种文学批评史，文学史的书写不能离开文学批评，因为文学史不是流水账的纪录，它贯彻着历史主义的源流正变原则。鉴于上述考虑，在此扼要讨论两个问题，一是《文心雕龙》文体批评的文学史观和历史批评原则与方法，二是其文体批评的"选文"原则和方法。

顺便说明，以免引起无谓的争议：我们说《文心雕龙》具有"科学"性或者说"科学精神"，具有很突出的"逻辑"性，尤其是具有"辩证逻辑"的理性精神，都不能离开历史来认识，"科学""逻辑"作为学术来说，本身是历史的，同时其概念本身也是历史的。我们这样说，不是说《文心雕龙》都是正确的论述，其不足、其历史的局限性当然是存在的，例如其文体批评中的重要内容——文体的分类与比较，就有不够"科学"与不完全符合"逻辑"之处。

二、文体批评的历史原则与方法

先就文体批评的角度，讨论《文心雕龙》的文学史观及有关批评原则和方法问题。《文心雕龙》的"论文叙笔"部分，历来被视为文体论。《梁书·刘勰传》说刘勰"撰《文心雕龙》五十篇,论古今文体,引而次之"①。这应是把《文心雕龙》视为两个部分,一是"论古今文体",主要是上篇;二是"引而次之",除包括上篇外,也应该包括下篇"剖情析采"的创作论等内容,从总体上论(各种文体)作品的创作等问题。可是《南史·刘勰传》就把"引而次之"这句话删除了,应该主要是为了文字简省的缘故,但也可以说明《南史》作者对"引而次之"这句话的重要性认识不足②。因为《梁书·刘勰传》中"引而次之"这句话,确实可以理解为上篇对各种文体"依次"论述并于下篇各篇(从《神思》至《程器》二十四篇)"依次"分析其创作的种种问题等,故不应该被忽略,它反映了几乎是同时代的学者对《文心雕龙》这部文论著作的认识。总之,这说明在很长的一段历史时期,《文心雕龙》是被人们视为论古今各种文体作品及其写作问题的。"古今"就是历史发展的过程,要讨论古今历史发展过程中各种文体的发展,其实质就蕴涵一种分体的文学史论——不是文学史而是文学史"论",就包含着批评。

　　因此,我们研究《文心雕龙》的文体批评模式问题,首先是它

①（唐）姚思廉撰:《梁书·刘勰传》,中华书局,1973年,第710页。按:《梁书·文学传》包括《刘勰传》,都是姚思廉的父亲姚察所撰,完成于陈朝。《梁书·文学传》后论明确说"陈吏部尚书姚察曰"云云,是其证据。参见梅运生:《魏晋南北朝诗论史》第六章《刘勰的诗学巨著〈文心雕龙〉》(上)第一节《刘勰与〈梁书·刘勰传〉》,安徽师范大学出版社,2016年,第249—266页。又按:从"引而次之"这句话和《文心雕龙》五十篇各篇所论主题看,《文心雕龙》(今传本)的篇目次序的排列,大要而言,其间具有一定的逻辑关系,不能按照现代文论和个人的见解对其篇目次序加以调整,也没有任何版本的或其他文献上的调整依据。

②（唐）李延寿撰:《南史·刘勰传》,中华书局,1975年,第1871—1872页。

的文学史观和文学史的批评原则和方法,除去其"文之枢纽"所论述的文学本体论、本源论和发展论外,《文心雕龙》对此问题的进一步阐述,还主要包括:"通变"的历史论,"时序"的社会论,"物色"的自然论,"才略"的才性论,"程器"的功用论等内容。其实,关于文学史观问题,刘勰在"文之枢纽"论中已经交代了其"纲领"性的意见,但纲领毕竟是纲领,还需要具体的更进一步的阐述,才能把问题深入剖析清楚。从文学批评出发,统观《文心雕龙》全书,我以为要强调这样几点:首先,第二十九篇《通变》是含有关于其文学历史发展观的专门阐述;其次,在"文用"论四十九篇中的"后五篇"——《时序》《物色》《才略》《知音》《程器》这五篇,属于较为集中的文学批评论,其间体现出的历史批评观念和方法,与《通变》篇一样,是一种直接的"原理性"阐述分析;又次,在下篇讨论创作论、文术论诸篇中——虽然从今天的文学批评的眼光看,关于作品之文本论述的文术论部分主要属于一种"文本批评",但都贯注了其文学史观,处处体现着刘勰强烈的历史批评意识;最后,"论文叙笔"二十篇是其文学史观主要的落实和体现,是其文学史论的主要的具体篇章内容。正如我们一再强调的:研究《文心雕龙》的文学批评必须统观全书,才能完整地把握其"批评范式"。下文主要再对"通变""时序""物色"三论展开分析。

第一,"通变"论——历史批评论。刘勰"论文叙笔"的一个重要的历史文化贡献就是在儒家之道的思想原则指导下,论述了中国传统文学的各体优秀作品的历史谱系,他从"论文"(《序志》所谓"经典枝条")的研究领域,有力地也是有效地延续了中国文化传统的命脉和精神,这是刘勰《文心雕龙》文学史论的杰出贡献。其《通变》篇说:

　　夫设文之体有常,变文之数无方,何以明其然耶? 凡诗赋书记,名理相因,此有常之体也;文辞气力,通变则久,此无方之数也。名理有常,体必资于故实;通变无方,数必酌于新声;故能骋无穷之路,饮不竭之源。然绠短者衔渴,足疲者辍途,非文理之数尽,乃通变之术疏耳。

从中至少应该把握如下三点认识:

　　其一,在刘勰看来,文体之"体"是相对稳定的,因为一种文体形成规范后,其"名理"(一定体式、体制和规则)就需要作家去学习,去掌握,否则就不可能写出符合这种"明理"的文体作品;而"文体"之"文"是因人而变的,否则也就不是新作,所以说"通变"的规律,也是一种为文之"术"(规则和方法)。其哲学理论基础是《周易》的通变观,也是一种常变观,体现了儒家的"经权"观的基本精神。

　　其二,刘勰从"文质"和"雅俗"两个维度去通观历代文学的发展,所谓"规略文统,宜宏大体"。这里的"文统",一般注家多解释为具体文章的写作要领,这是其最基本的"本义",其主要内涵就是"文质"和"雅俗"两个"大体",具体地讲,包括对"诗、赋、书、记"等文体的"名理"的把握和"文辞气力"的"无方之数"的内涵,但这只是一个方面;另一个方面,这里的"文统",也还包括历代文学创作的具体作品从"文质"和"雅俗"两个维度所形成的历史性的统绪——具体文体的典范作品构成的文学史系列的谱系及其作品特点,这是比较接近后来中国传统文学批评中的"文统"概念的实际内涵的。但必须强调一下,刘勰这个"文统"论,只是从"文体的文学论"这一具体层面蕴涵有唐宋直至清代桐城派等古文家所说的"文统"意思,也就是说,其《通变》篇所说的"文统"论,在文学观念上又与强调"古文"写作的"文以载道"(儒家之道)的"文统"论有着本质上的不同。

其三,刘勰的文学史观总体而言,是《周易》的"日新"论,即主张文学要随着时代的发展而发展,而不是退化论、保守论、循环论,也不是什么进化论。其《通变》篇说:

> 摧而论之,则黄、唐淳而质,虞、夏质而辨,商、周丽而雅,楚、汉侈而艳,魏、晋浅而绮,宋初讹而新。从质及讹,弥近弥淡,何则? 竞今疏古,风味(末)气衰也。
>
> 赞曰:文律运周,日新其业。变则其(可)久,通则不乏。趋时必果,乘机无怯。望今制奇,参古定法。

从上引第一段看,我们确实可以认为刘勰的文学史观是退化论和保守论,但我们结合上引的"赞曰"一段和全书特别是"论文叙笔"二十篇看,我们会发现其实他的主要意思是"日新"论。这种好像矛盾的论述如何理解呢? 合理的解释:一是"从质及讹,弥近弥淡"仅仅是从"文质"和"雅俗"的角度看的,这在刘勰看来是符合文学发展的历史事实的,而他对作家关于"文质"和"雅俗"关系的处理是"通变"的原则——所谓"斯斟酌乎质文之间,而櫽括乎雅俗之际,可与言通变矣"。可见刘勰理论之通达。二是他是针对"近代"和当代(主要就是南朝宋齐时期)文学创作的讹滥文风来立论的,其《通变》篇所谓"今才颖之士,刻意学文,多略汉篇,师范宋集,虽古今备阅,然近附而远疏矣"。

第二,"时序"论——社会批评论。如前所说,"文用"论之"后五篇"——《时序》《物色》《才略》《知音》和《程器》属于文学批评论,有人不解这五篇为什么放在一起,并从现代的文学创作论出发,认为至少《物色》篇是应该属于创作论,于是出现调整《文心雕龙》下篇篇次的论析,其最初始于范文澜的《文心雕龙注》。这并不是不可以这样分析,因为《物色》篇确实论述了创作论中的"心物"关系问题——而这实际上是文学创作论的中心问题,但这样调整没有任何版本依据,而且解释也是过于现代的。其实这"后五篇"集中在一起,有其共同性的论述中心,这就是文学批评及其原理的分析,文学批评自会涉及创作问题,而且这是《文心雕龙》以及中国传统文学理论与批评的特色。大体而言,可以这样理解"文用"论后五篇:《时序》篇——是从文学与社会现实、时代发展等关系的角度去论述文学的创作发展的,简要地说,是属于社会论的批评,也是今天文学社会学要研究的主要内容;《物色》篇——是从中国文学尤其是诗赋创作最重要的抒情传统出发看问题的,可以说是属于文学批评中的自然"风景"论;《才略》篇——是批评历代作家,主要从才性角度进行的批评;《知音》篇——是讨论"知音"的批评原理问题,提出了"六观"的方法;《程器》篇——可以简要地称之为"文德"论,主要目的是要谈作家应有的理想和责任,这也就是讨论文学的功用。刘勰从儒家的观念出发,要求作家应该"摛文必在纬军国,负重必在任栋梁,穷则独善以垂文,达则奉时以骋绩",但其全文主体部分的内容是论述文士(并对比武人)的品德瑕疵的情况,其目的还是要求作家应该把"文德"与才性统一起来,所以该篇"赞"文说:"瞻彼前修,有懿文德。"

　　《时序》篇论述了"蔚映十代,辞采九变"的文学发展过程,其主要观点是说文学创作的"古今情理",是随着时代发展和社会现实情况而发展变化的,所谓"故知文变染乎世情,兴废系乎时序,原始以要终,虽百世可知也",这是一种自觉的历史批评。其中主体部分是对中国"十代"文学发展从"文质"等方面的具体分析,最有价值。

　　第三,"物色"论——文学的体物批评论或风景批评论。《物色》篇其中有云："自近代以来,文贵形似,窥情风景之上,钻貌草木之中。吟咏所发,志惟深远,体物为妙,功在密附。故巧言切状,如印之印泥,不加雕削,而曲写毫芥。故能瞻言而见貌,即字而知时也。"这是全书唯一明确提出"风景"这一概念的专篇,也是较早在文论的论著中使用"风景"的概念,所以说"物色"论可以视为文学"体物"批评论或称之为文学"风景"批评论。《物色》篇讨论的是文学与自然(自然环境、文学的地理)的关系以及如何运用赋比兴的表现方法加以创作的问题,如该篇提出对后来中国文学批评产生深远而广泛影响的"江山之助"论,就是一个文学创作与地理(自然的和人文的地理)关系的论题,今天我们可以把它作为"文学地理学"研究的一个重要的基本问题来进行阐释,文学风景(景观)研究,是文学地理学研究的中心问题之一。《物色》篇论云:

> 且《诗》《骚》所标,并据要害,故后进锐笔,怯于争锋。莫不因方以借巧,即势以会奇,善于适要,则虽旧弥新矣。是以四序纷回,而入兴贵闲;物色虽繁,而析辞尚简;使味飘飘而轻举,情晔晔而更新。古来辞人,异代接武,莫不参伍以相变,因革以为功,物色尽而情有余者,晓会通也。若乃山林皋壤,实文思之奥府,略语则阙,详说则繁。然则屈平所以能洞监《风》《骚》之情者,抑亦江山之助乎!

中国文学抒情传统一个最大的特点,就是以景写情,借景抒情。情景交融是中国文学自《诗经》和《楚辞》以来最突出的艺术特点,《物色》篇也是以此来作为典范进行讨论的。这种传统在创作方法上就是"赋比兴",尤其是"比兴"的运用,这里也涉及具体的"通变"问题。当然《物色》篇和《文心雕龙》其他各篇一样,可以有更为丰富的讨论,发掘更多的理论资源,但这是另一个论题。

前文已经强调过,我们在此是从文学批评学的角度看问题的。

另外,关于"才略"论和"程器"论这两个方面的内容,笔者已在论述《文心雕龙》才性批评模式一文中有较为集中的阐述①,限于篇幅,此处从略。

三、文体批评的"选文"原则与方法

首先,《文心雕龙》文体批评模式的核心原则和方法是"选文"批评。"论文叙笔"二十篇文体论具体篇章的主体内容,如前所说,每篇所论文体是在"原始以表末"的历史发展论中,首先通过"释名以章义"对所论文体及其衍生文体的名目进行"正名"批评,再接着通过精心选择历代作家作品构成鲜明的一种分类的文体作品发展史,并由此来论析一种具体的文体(体类)的规范、体制、体式乃至创作原则等。在具体的论述中,也充分运用了经典批评、才性批评以及知音批评等原则和方法。

例如《明诗》篇,先从"释名以章义"为开端说:"大舜云:'诗言志,歌永言。'圣谟所析,义已明矣。是以'在心为志,发言为诗',舒文载实,其在兹乎!诗者,持也,持人情性;三百之蔽,义归'无邪',持之为训,有符焉尔。人禀七情,应物斯感,感物吟志,莫非自然。"接着从最早见于历史传闻记载的"昔葛天乐辞",论述到"宋初文咏",分析了历代诗歌创作的发展情况,并结合时代、社会现实情况等予以深入分析。如其论建安文学说:

　　暨建安之初,五言腾踊,文帝陈思,纵辔以骋节;王徐应

---

① 参见拙文《论刘勰的才性批评模式——〈文心雕龙〉文学批评范式研究之一》,见前注。

刘,望路而争驱;并怜风月,狎池苑,述恩荣,叙酣宴,慷慨以任气,磊落以使才;造怀指事,不求纤密之巧,驱辞逐貌,唯取昭晰之能:此其所同也。

可见,其"选文"批评有时列举优秀作家,同时也列举优秀作品,有时仅列优秀作家,或仅举优秀作品,且善于从总体上分析一个时代的或一个"文学发展阶段"的总体特色,又能把这种总体特色的分析与作家作品的个性特色结合起来进行批评。《明诗》篇最后总结四言诗和五言诗创作要求、文体特点并加以比较分析说:

> 故铺观列代,而情变之数可监;撮举同异,而纲领之要可明矣。若夫四言正体,则雅润为本;五言流调,则清丽居宗;华实异用,惟才所安。

所谓"铺观列代"是一种文学史的描述和分析——实际上这就主要表现为一种特别的"文学史"——各种文体作品的"精华录";所谓"撮举同异"就是关于具体作家作品的分析和比较,这也就上升到"敷理以举统"的高度。这个"统",主要包括其《通变》篇所说的"规略文统,宜宏大体"的内涵。

其次,文体的分类和异同比较,是《文心雕龙》文体批评的实用的可操作性的方法,一种文体通过历代优秀作家作品的分析归纳,"敷理以举统",总结出创作的原则和基本要求来,由此就有了批评的依据,创作中符合这种"理"与"统",就是好的作品,至少是合乎规范的作品;否则,就不是好的作品,可能是"破体"甚至是讹滥之作,其理易明,勿用赘言。在此需分析说明的是《文心雕龙》"论文叙笔",如何进行文体分类又"析出"多少种文体呢? 我们知道,分类的本身就是异同比较的过程,也就是文体批评的基本实践。

　　《文心雕龙》究竟论述和涉及多少文体？罗根泽先生曾经根据郭绍虞先生《中国文学批评史》中对《文心雕龙》文体统计所制作的图表，加以"补充改正"，制成新表①，其对《文心雕龙》的文体统计比较可靠，为了说明问题，在此抄录如下（改为正文表述，原括号改为破折号），仍分为"文笔"两大类：

　　文

　　诗——四言，五言，三六杂言，离合，回文，联句；（1+6种）

　　乐府——三调，鼓吹，铙歌，挽歌；（1+4种）

　　赋；（1种）

　　颂，赞——风，雅，诵，序，引，纪传后评；（2+6种）

　　祝，盟——祝邪，骂鬼，谴，咒，诰祭，祭文，哀策，诅，誓，契；（2+10种）

　　铭，箴；（2种）

　　诔，碑——碣；（3种）

　　哀，吊；（2种）

　　杂文——对问，七发，连珠，典，诰，誓，问，览，略，篇，章，曲，操，弄，引，吟，讽，谣，咏；（1+19种）

　　谐，隐——谜语。（2+1种）

　　统计之前，我们有必要在此讨论一下计算的原则：首先，文体总名可以算一种"文体"，因为总名下虽然列举了各种衍生的或具体的文体名，但毕竟刘勰也没有穷尽，比如"杂文"应该还有其他的具体体式等，出于这样的考虑，我们不妨把总名和分类的具体文体放在一起计算（其实有重复计算的情况存在）；其次，罗根泽

---

①罗根泽：《中国文学批评史》（第一册），上海古籍出版社，1984年，第219—220页。

先生所列不同文体的具体名称还有重复,我想郭先生和罗先生可能是这样理解的——即它们的总名不同,也决定其小类(从属类、衍生类)的具体文体写法不同,所以应该单独算一种。比如"杂文"中有"引",而"论、说"中也有"引","颂、赞"中也有"引"等;又次,如果总名的文体与具体论述的分类文体完全重复,那么不重复计算。如"笔"类的"章、表"中又有"上书,章,奏,表,议"5种,其中"章、表"完全重复,则计算时剔除;最后,我们在此的统计,只是为了说明问题,比如说"春秋""诸子"究竟算不算一种"文体",在此不予考虑。下面均按照这个原则计算,"文"类部分中,大类有16种,大类与小类合计有73种。

笔

史传——尚书,春秋,策,纪,传,书,表,志,略,录;(1+10种)

诸子;(1种)

论,说——议,传,注,赞,评,序,引;(2+7种)

诏,策——命,诰,誓,令,制,策书,制书,诏书,戒敕,戒,教;(2+11种)

檄,移——戒,誓,令,辞,露布,文移,武移;(2+6种)

封禅;(1种)

章,表——上书,章,奏,表,议;(5种)

奏,启——上疏,弹事,表奏,封事;(2+4种)

议,对——驳议,对策,射策;(2+3种)

书,记——表奏,奏书,奏记,奏笺,谱,籍,簿,录,方,术,占,式,律,令,法,制,符,契,券,疏,关,刺,解,牒,签,状,列,辞,谚。(2+29种)

"笔"类部分,按照上述原则统计,大类有17种,大类和小类合计有90种。与"文"类合计,大类共为33种,小类共为163种。"有

韵之文"的文体中,以"杂文"文体所包括的小类文体最多;"无韵
之笔"的文体中,以"书,记"两种文体所包括的小类文体最多。

如果我们在此把上文统计,按照另一种原则统计——即除文
类中的《诔碑》篇把诔、碑、碣合计为三种和《谐隐》篇中把谐、隐、
谜语合计为三种外(因为这两篇更为特殊),其他大类中有包含小
类者,仅按照小类计数;大类中没有包含小类者,仅计算大类——
那么,刘勰《文心雕龙》"论文叙笔"部分,共论及的文体为131种
(文类56种,笔类75种)。

其实,这种根据上述罗根泽先生修订的统计表而统计出来的
结果,还是不准确的,逻辑上尽管已经做出了分层级(分类属)的
分列,但这种层级还需要更为严密的论析,因此这种统计也还存
在混乱和不科学的情况。例如《诠赋》篇中所列"赋"之一体,而文
中所论却也包含小的类别。另外,是否应该统计"文之枢纽"所涉
及的文体? 如果统计"文之枢纽"所涉及的文体,那么遇到的问题
是更为复杂的,还需要进一步的仔细讨论。例如,"八卦"符号是
否也可以视为一种"文"体,因为是"人文之元",如果说"文学"起
源时属于口语,比如"啊",可能是最早的"诗",那么作为早期准文
字的"符号",姑且可以算作一种文体。当然八卦符号肯定不是最
早的人类用来达意的符号,因为已经很理性化,很有条理性,有其
"法式",可以视为文字之前所有达意符号的一种代表。《易》的爻
辞、彖(彖传)、象(象传)、文言这四者均不同,是否可以单独计算,
各作为一种文体;至于如离骚、九章、九歌、九辩等等,后代有所拟
作,也可以分别算作一种文体(其中与"论文叙笔"中所论及的文
体有重合)。如此等等,那么从"文之枢纽"这部分论述中,还能够
拈出可以增补的多种文体。如果这样统计,那么《文心雕龙》上篇
部分"论古今文体"大大小小、包含不同层级,就超过上文统计的

162种了。

关于《文心雕龙》文体批评和文体的分类,还需要另作专文研究。至于《文心雕龙》文体的分类原则和方法,可以借用生物学"界、门、纲、目、科、属、种"这种分类方法进行分析归纳,也就是说用更加严密的层级分别来对其进行罗列、比较和统计,才更为科学,更符合逻辑。其实,刘勰在具体"论文叙笔"的"论""叙"过程中,本来就是分层级进行论述的,刘勰确实是有明确的逻辑自觉和理性思辨的大文论家。虽然说,我们应该更好地对《文心雕龙》的文体分类做出严密层级的分析统计,但问题是非常复杂的,也为本文篇幅所不容,暂做如此分类和分析,主要是为了说明本文所论述的问题。无论是上面统计出的哪一种结果,都远比现在一般笼统地说《文心雕龙》论叙33种文体(体类)要详细得多,这有助于我们对其文体批评模式的认识和把握。

四、文体分类批评与文学观及其批评实践

行文至此,我们有必要讨论一下:对《文心雕龙》中的"文笔"论中分类出来的几乎包括一切所谓"文"的各种文体,究竟应该如何从文学角度加以认识的问题。

《文心雕龙》"论文叙笔"中,这162种或131种文体,都是文学吗? 美国当代学者乔纳森·卡勒(Jonathan Culler)在《文学理论入门》一书中说:"文学就是一个特定的社会认为是文学的任何作品,也就是由文化权威们认定可以算作文学作品的任何文本。"[1]

---

① 〔美〕乔纳森·卡勒:《文学理论入门》,李平译。译林出版社,2008年,第23页。

我们认为这个观点基本是可以成立的。英国特雷·伊格尔顿《二十世纪西方文学理论》的《导论》部分更是明确提出反本质主义的观点,他说:

> 文学根本就没有什么"本质"。如果把一篇作品作为文学阅读意味着"非实用地"阅读,那么任何一篇作品都可以被"非实用地"阅读,这正如任何作品都可以被"诗意地"阅读一样。如果我研究铁路时刻表不是为了发现一次列车,而是为了刺激我对于现代生活的速度和复杂性的一般思考,那么就可以说,我在将其读做文学。①

他认为,文学并不是如昆虫存在的意义般存在着,同时构成文学的价值判断是历史地变化着的,因为这些价值判断本身与种种社会意识形态存在密切关系,不仅涉及个人趣味,而且涉及某些社会群体赖以行使和维持其对其他人的统治权力的种种假定。"纯文学"的概念也是建构出来的,"根本就没有'纯'文学批评判断或解释这么一回事情。"②他认为"美",属于主观的判断,"美文"或"纯文学"一词,"是意义暧昧的:它指一类普遍受到高度尊重的作品,同时它却不一定要你必须认为这类作品中某一具体作品是'好'的。"③又说:"我们也许正在把某种'文学'感作

---

① 〔英〕特雷·伊格尔顿:《二十世纪西方文学理论》,北京大学出版社,2007年,第8页。
② 〔英〕特雷·伊格尔顿:《二十世纪西方文学理论》,北京大学出版社,2007年,第14—15页。
③ 〔英〕特雷·伊格尔顿:《二十世纪西方文学理论》,北京大学出版社,2007年,第10页。

为一个普遍定义提供出来,但事实上它却具有历史的特定性。"①
这种理论观点,虽然是现代的新观点,但对于我们来说并不陌
生,例如二十世纪初章太炎先生《国故论衡·文学总略》中的一些
观点。笔者并不完全赞成反本质主义的思想观念,因为这不符
合辩证逻辑。事物都有其"本质"属性,而且完全从读者的角度
去否定文学是具有一定的"本质"特征,也是一种主观的"过度诠
释"。当然我不是说英国人特雷·伊格尔顿的观点与章太炎先生
的观点完全一致,实质上甚至可以说他们的思路是相反的。因
为章太炎先生的论析是从客观性的角度看问题,而特雷·伊格尔
顿(也可包括持类似观点者)是从接受者(读者)所谓"文学感"角
度发论的。"文学"这个概念内涵是具有社会性和历史性的,至少
我们一般人大概都不会把铁路列车时刻表作为文学来看待。因
此,我也不完全赞同乔纳森·卡勒和特雷·伊格尔顿的论述以及
许多的观点,此不待言。

　　章太炎先生《国故论衡·文学总略》的观点,乃是我国二十世
纪初学界的一种代表性的观点,其中闪耀着这位国学大师的思想
光辉,启人深思,但我们对其关于文学本质的认识还是应该予以
辩证的分析。《国故论衡》最早于1910年在日本东京出版,其《文学
总略》最初名《文学论略》。章太炎先生不仅从语言文字学的立场
出发,主张"文学者,以有文字著于竹帛,故谓之文;论其法式,谓
之文学",而且还对当时所谓"纯文学"观念的有关立论加以驳斥,
这在当时"西学东渐"的时代浪潮中是一种非常的卓见。如他认
为(下文所引,本为一大段,为更为清楚把握其论,特根据其辩驳

---

① 〔英〕特雷·伊格尔顿:《二十世纪西方文学理论》,北京大学出版社,2007
年,第9页。

的问题分为诸小段）：

　　……或言学说文辞所由异者：学说以启人思，文辞以增人感。此亦一往之见也。何以定之？凡云文者，包络一切著于竹帛者而为言，故有成句读文，有不成句读文，兼此二事，通谓之文。

　　局就有句读者，谓之文辞。诸不成句读者，表谱之体，旁行邪上，条件相分，会计则有簿录，算术则有演草，地图则有名字，不足以启人思，亦又无以增感，不得言文辞，非不得言文也。

　　诸成句读者，有韵无韵则分。诸在无韵，史志之伦，记大傀异事则有感，记经常典宪则无感，既不可齐一矣。持论本乎名家，辨章然否，言称其志，未足以动人。《过秦》之伦，辞有枝叶，其感人顾深挚，则本之纵横家，然其为论一也。不可以感人者为文辞，不感者为学说。且文曲变化，其度无穷。陆云论文，先辞后情，尚洁而不取悦泽，此宁可以一概齐哉？

　　就言有韵，其不感人者亦多矣，《风》《雅》《颂》者，盖未有离于性情，独赋有异。夫宛转依隐，赋之职也。儒家之赋，意存谏诫。若《荀子·成相》一篇，其足以感人安在？乃若原本山川，极命草木，或写都会、城郭、游射、郊祀之状，若相如有《子虚》，扬雄有《甘泉》《羽猎》《长杨》《河东》，左思有《三都》，郭璞、木华有《江》《海》，奥博翔实，极赋家之能事矣，其亦动人哀乐未也。其专赋一物者，若孙卿有《蚕赋》《箴赋》，王延寿有《王孙赋》，祢衡有《鹦鹉赋》，侔色揣称，曲成形相，嫠妇孽子读之不为泣，介胄戎士咏之不为奋。当其始造，非自感则无以为也，比文成而感亦替，斯不可以一端论。

　　又学说者，非一往不可感人。凡感于文言者，在其得我

心。是故饮食移味、居处缊愉者，闻劳人之歌，心犹怛然。大
愚不灵，无所愤悱者，睹眇论则以为恒言也。身有疾痛，闻幼
眇之音，则感慨随之矣。心有疑滞，睹辨析之论，则悦怿随之
矣。故曰：发愤忘食，乐以忘忧。凡好学者皆然，非独仲尼
也。以文辞学说为分者，得其大齐，审察之则不当。

既辩驳如上后，他总结说："如上诸说，前之昭明，后之阮氏，持论
偏颇，诚不足辩。最后一说，以学说文辞对立，其规摹虽少广，然
其失也，只以彣彰为文，遂忘文字。故学说不彣者，乃悍然摈诸文
辞之外。惟《论衡》所说略成条贯，《文心雕龙》张之，其容至博，顾
犹不知无句读文，此亦未明文学之本柢也。"①其条分缕析，极具理
性辩证意义。至于他一方面认为《文心雕龙》所论之"文学"已经
"其容至博"，符合他的"文学"之内涵分析，但另一方面又认为《文
心雕龙》就其"文"的内涵来说，仍然仅限于有句读的"言辞"为
"文"，所以说"顾犹不知无句读文，此亦未明文学之本柢也"。此
说还可以讨论，且置不论。章太炎先生《文学总略》还有很多周密
的论述，这里也不再赘引。自二十世纪"纯文学"论输入我国学界
并广为接受之后，研究《文心雕龙》者，多把其"论文叙笔"中的如
章、表、奏、议等等，视为"应用文体"，而不划入"文学"，因而认为
刘勰《文心雕龙》的文学观为"杂文学观"，或者称之为"大文学
观"，读章太炎先生上述"或言学说文辞所由异者"之辨正，可以解
惑矣。在我看来，中国古代文学批评包括《文心雕龙》，不是预设
什么是文学的文体（持一种"文学文体"论），而是认为任何文体皆

①以上引章太炎《国故论衡》之《文学总略》，据章太炎撰，庞俊、郭诚永疏证
《国故论衡疏证》，中华书局，2011年，第340—377页。引见第340页、第
361—366页。

可以为文学(可以概称之为"文体文学"论),故我在《〈文心雕龙〉文学观之现代阐释——兼论中国文学史书写问题》一文对此作了辨析①。从"文体之文学"论分析,刘勰在《文心雕龙》中所论之"文"——又分为文笔二类——再有论"有韵之文"十篇和"无韵之笔"十篇,意图在于将所有"言辞"包括在内,无论是从辩证逻辑还是从形式逻辑来看,极具理性和科学的精神。

　　我们今天大概同意这样一种观点:一个作品是不是文学,第一,要认可不同文化传统的"文学"的观念;第二,可以考虑特定社会中的读者的"文学感"的存在;第三,要认可其为历史性的存在。"文学"之为"文学",至少还是在特定的时代、特定的文化传统中存在一些共同的约定俗成的内涵,存在一种具有客观属性意义上的所谓"文学性",也就是说,当作家创作出作品之后,作品本身是一种"客观存在",至少作品是一种用文字书写的"言",指向一定的"意",有一定的"法式"。黄侃先生《文心雕龙札记》补充其老师章太炎先生的观点说:

　　　　窃谓文辞封略,本可弛张,推而广之,则凡书以文字,著

----

① 参见拙文《〈文心雕龙〉文学观之现代诠释——兼论中国文学史书写问题》中的第三节《"文体之文学"论与"文学之文体"论》,见前注。按:该文中关于文体批评的论述部分,就是根据本文内容删改所成。笔者以为:关于文体论研究有一明显弊端,就是预设并坚持一种"文学文体"论(包括对《文心雕龙》的研究和有关文学原理、文学概论等教材或论著中的论述),而我认为应该秉持的是"文体文学"论,任何"文体"都可以是"文学"的,或被认为是"文学"的,不可以预先把不是诗歌、散文、戏曲、小说等文体作品,视为非文学作品,或者预先视为杂文学、应用文。例如书信这种文体属于应用文体,但这种书信体可以创作成"最文学"的作品,是故小说等可以有书信体,而且书信本身就可能是非常好的"文学"。

之竹帛者,皆谓之文,非独不论有文饰与无文饰,抑且不论有句读与无句读,此至大之范围也。故《文心·书记》篇,杂文多品,悉可入录。再缩小之,则凡有句读者皆为文,而不论其文饰与否,纯任文饰,固谓之文矣,即朴质简拙,亦不得不谓之文。此类所包,稍小于前,而经传诸子,皆在其笼罩。若夫文章之初,实先韵语;传久行远,实贵偶词;修饰润色,实为文事;敷文摘采,实异质言;则阮氏之言(按:指遭到章太炎先生批评的阮元《文言说》等文章和观点。),良有不可废者。即彦和泛论文章,而《神思》篇已下之文,乃专有所属,非泛为著之竹帛者而言,亦不能遍通于经传诸子。①

上引黄侃先生所论,虽然是从"文学之文体"的范围的广狭角度思考问题的,但实际上贯彻了一种历史分析的态度,又结合《文心雕龙》具体内容予以解释,我们认为这是较为通达的能够站住脚的观点。

最后,承接上文,顺便讨论一下关于章太炎先生说的文学无关乎"有文饰无文饰"的问题,由此角度略论《文心雕龙》文体批评的实践问题。

在刘勰看来,一切"文"和"言文",皆有文饰,其开篇《原道》就已经做出了精彩的论述。汉代董仲舒曾说:"所闻'《诗》无达诂,《易》无达占,《春秋》无达辞'。从变从义,而一以奉人。"②周桂钿译为:"听说'《诗经》没有确切一致的解释,《周易》没有确定统一的占卜,《春秋》没有通用不变的说法'。根据变化,依从道义,两

---

①黄侃:《文心雕龙札记》,中华书局,1962年,第8页。
②(汉)董仲舒:《春秋繁露·精华第五》,张世亮、钟肇鹏、周桂钿译注,中华书局,2012年,第97页。

者兼从，一概因人而异。"这里把"达"，译解为"确切一致"等意思。
"达"字，涉及"标准"的意思。按《论语·卫灵公》所谓"子曰：辞达
而已矣。"旧注基本都说这句话的意思是：言语文辞要能表达意思
即可，而"不烦文艳之辞"①，也就是《论语·雍也》中记载孔子所谓
"文质彬彬"之意，既不要"文不胜质"也不要"质不胜文"，这也就
是说，既要有"相应的文"也要有"相应的质"，其内涵也有言辞要
能够"很好地表达"的意思，这个"很好地"的意思包含"确切、正
确、准确"的意思，而不能暧昧甚至错误。所以这也涉及"言意"关
系问题，"辞达"即是从一般标准的意义上讲，也是不容易的，所以
孔子还是主张一定的言辞要加以"修饰"。《文心雕龙·乐府》说：

> 乐府者，"声依永，律和声"也。钧天九奏，既其上帝；葛
> 天八阕，爰乃皇时。自《咸》《英》以降，亦无得而论矣。至于
> 涂山歌于候人，始为南音；有娀谣乎飞燕，始为北声；夏甲叹
> 于东阳，东音以发；殷整思于西河，西音以兴：音声推移，亦不
> 一概矣。

这是对最早口传文学到用文字记录下来的解说，都是传说、神话
而已。但有一点值得注意：南音是指大禹巡视南方时，涂山之女
等候他而作的歌，曰："候人兮猗！"（意思是"在等候人啊！"）北声
是指有娀氏有二美女，喜爱燕子，燕子北飞而不返，于是作歌曰：
"燕燕往飞！"（意思是"燕子飞回来吧！"）东音、西音也大概类此。
这是根据《吕氏春秋》的记载，属于传闻、附会而已②。《吕氏春秋》
并非儒家经书，刘勰也不见得就信为史实，这只是他对中国（乐

---

①（魏）何晏注，（宋）邢昺疏：《论语注疏》，《十三经注疏》整理本，北京大学出
　　版社，2000年，第248页。
②范文澜：《文心雕龙注》之《乐府》篇注第5条附录，《范文澜全集》第四卷《文
　　心雕龙注》（上），河北教育出版社，2002年，第91—92页。

府)文学史的"理论建构"而已。在等候人啊！燕子飞回来吧！这两句诗歌在后人看来可能就不是诗歌作品,只是两句日常的口语而已。但我们即使在今天也仍然可以觉得这两句是诗歌,甚至是很好的诗歌。

可见,刘勰确实是把文学看作凡"言"皆为"文"。至于说"文采",这两句诗歌也可以说是有文采的。《文心雕龙·书记》篇如上统计有30种从属类"书""记"两体的文体,其文中说:

> 券者,束也。明白约束,以备情伪,字形半分,故周称判书。古有铁券,以坚信誓,王褒《髯奴》,则券之谐也。

我们知道,"券"作为一种文体,是实用性质的,不过是古代的盟誓、约定条文而已,类同于今天合同文书。可是,西汉著名辞赋家王褒写的谐趣性的作品《髯奴》(即《僮约》,又题《责髯奴文》)[①],在历史上一直被视为一篇很好的文学作品,全文幽默风趣,又具有嘲讽意味,今天读来也令人感到发笑有味。可见刘勰的文体批评不仅体现了其文学史观,其具体的文学史论更是其文学观的批评实践。

五、简短的结语

文体批评模式,是《文心雕龙》文学批评范式的主要内容之一,探讨《文心雕龙》的文体批评模式,要将其放在刘勰对文学批评所作出的总体建构的"范式"中予以分析,其内容是很丰富的,

---

① 该文收入(清)孙星衍编辑《续古文苑》,范文澜注《文心雕龙注》之《书记》篇注第47条附录该文,可参阅。参见《范文澜全集》第五卷《文心雕龙注》(下),河北教育出版社,2002年,第433—434页。

本文仅仅是围绕其"文学史论"这一中心展开的论述,这是要特别再次声明的。无论是经典批评还是才性批评、文体批评以及知音批评的原则和方法,都具有贯彻全书的精神和一贯的立场,从而又环环相扣,复合共生,圆融而成,构成一种"圆照之象",具有"范式"性。这种"圆照之象",是刘勰最为强调的一种精神、方法、追求和态度,是《文心雕龙》文学批评的根本理念,体现了六朝文学批评的时代特点和最高水平,也成为六朝乃至其后一种文学研究的规则。

附录：

深切怀念龙学家王志彬先生

中国《文心雕龙》学会顾问王志彬先生不幸于2020年元月8日仙逝,当我这几天修订这篇旧文作为纪念志彬先生文集中的一篇时,不禁心中默默怀念他,把我自己与王先生一起合影的照片从电脑里找出来看了又看,慨叹我们又永远地告别了一位好老师,我们的学会又永远地告别了一位令人尊敬的长辈学者！慨叹时间过得太快,转眼之间,王先生已经离开我们一周年了,但他的"立言"永在。仅以此小文献上心香一瓣,深切缅怀王先生。

回忆与王先生的相识过程,对我而言,还实实在在地有一个先闻其声再识其人的过程。犹记1998年春,我在北京大学即将撰毕关于《文心雕龙》研究的博士学位论文,准备答辩毕业期间,在海淀图书城忽然见到《文心雕龙》研究又出版新著,是林杉著的《文心雕龙创作论疏鉴》,翻阅方知林杉就是王志彬先生。其后又不断读到王先生的《文心雕龙》研究论著,但始终没有机缘拜识。2007年夏天,在《文心雕龙》学会第九次年会上受多位前辈学者所命,我开始担任中国《文心雕龙》学会秘书长工作。2015年夏在云南大学召开的学会第十三次年会上，学会理事会讨论决定委托万奇教授具体负责两年后在内蒙古师范大学召开学会第十四次年会。会议如期于2017年8月4日至8日在内蒙古呼和浩特市宾悦酒店举行，这次年会由中国《文心雕龙》学会、内蒙古师范大学文学院、学术期刊社以及内蒙古写作学会等单位联合主办。会议之所以决定在内蒙古师范大学举办，其中一个重要原因就有表彰他们那里为《文心雕龙》研究作出重要贡献的意思。因为内蒙古师范大学文学院多年来在王先生的辛勤培育下，已经成长起来一支以王先生为带头人、万奇教授等为主干力量的《文心雕龙》研究团队，已经为《文心雕龙》研究及其与写作学结合研究做出很多重要的业绩，有领军人物，有研究特色。因为担任学会秘书长的缘故，每次年会，我一般会在会议报到的前一天到达，以便安排有关会务。记得这次年会，我是3号晚到达内蒙古师范大学，随即我就跟万奇教授说，希望第二天找人带我去拜访王先生和师母。4号上午由万奇教授和朱吉勒老师陪同我一起到王先生家。王先生和师母早已在家等候，我们到达后受到王先生和师母热情接待，相谈甚欢。王先生主要跟我们回忆了他学习和研究《文心雕龙》的经过，他说在方法上主要是受教于吴调公先生教导的八字真言：居今探古，见树见林。这两句话也写在他出版的《文心雕龙》研究著作的"内容简介"中，应该早已广为学界所知吧。临别时，王先生赠送给我四本《文心雕龙》研究著作，每本扉页上都盖有"林杉赠书"的印章，这四本书是：《文心雕龙创作论疏鉴》《文心雕龙文体论今疏》《文心雕龙批评论新诠》和《文心雕龙》（译注），前三种（下文简称"三论"）是内蒙古教育出版社分别于1997年、2000年和2002年出版，后一种是中华书局2012年出版。告别王先生，感觉收获满满。年会开幕式上王先生到会作了精彩的大会发言，使与会专家关于他对《文心雕龙》是一部写作理论专著的认识和八字真言的研究方法有了更为深刻的体会。

　　我的书架上除了插有上述王先生赠送我的四本龙学研究著作外，还有一本我后来网购的王先生用白话文译的文白对照本《文心雕龙》，因为我要完成《文心雕龙研究史》的增补部分，即二十一世纪这二十年的龙学研究史，担心对王先生的评述有遗漏而特意购买的。这五本书，约计一百五十多万字。关于王先生的龙学研究成就、方法和特点，可永雪和万奇两位教授为其《文心雕龙创作论疏鉴》所作的序文中已经总结得很好。我这里挂一漏万，简要谈几点体会：第一，关于《文心雕龙》是一部写作理论还是文学理论著作，我赞同王先生的理解。我曾反复说过，从现代学术与学科分类来说，《文心雕龙》无疑属于文学理论著作，但我们同时也可以说它是一部写作理论著作（或者类似的说法），盖此乃是一个一而二、二而一的问题，无可争议。另外，从不同层面和角度说《文心雕龙》是一部子书，是一部古典文艺美学著作等，都有可以成立的理据。古代目录学著作著录《文心雕龙》，曾先后入子部和集部，以入集部为多，但在集部中归类又有不同，有入总集类、别集类、集部之文史类、文评类等不同，至明清时期，大要以入集部文评类为共识，这其中也反映了前人对"文""文学"概念的认识。中国古代"文话"类著作，今天也完全可以归入中国古代文学理论著作类别中。从中国古代文化学术传统和我们的本土文化立场看，今天所谓的"应用文"（实用文）都属于"文学"的范围。例如，表是一种所谓应用文（体），萧统选入《文选》的诸葛亮的《出师表》和李密的《陈情表》，我们大概不能否认其为文学作品，同时从应用文写作学角度说，大概也无法否认其为应用文类的作品。前人有所谓读《出师表》，如不落泪其人必不忠；读《陈情表》，如不落泪其人必不孝。撇开伦理文学的意义外，之所以落泪与其作品本身文辞优美、感情真挚等"文学性"直接相关，当然也与其作品令人读后的"文学感"有关涉。我们还是应该把二者结合起来。王先生在《文心雕龙》译注本的"前言"中，讲得很通达。第二，王先生的"三论"之著，具有很高学术价值，尤其是其从写作学的角度进行研究，取得重要成绩；在方法上，王先生反复讲"居今探古，见树见林"；在其研究目的上，又有着强烈的"古为今用"的自觉意识，这正是其取得成功的保证。第三，王先生的《文心雕龙》译注，力求做到"本分"，实实在在地努力将《文心雕龙》每篇文本的原意解释清楚，这都能体现出其难能可贵的治学品格。对学术界有争议的问题，"三论"中专门列出每篇研究的"疑点辨析"，平等对话，尊重他人，又时出己见。

最后，我还想特别强调一点，就是王先生撰写的这五本《文心雕龙》研究著作，主要是用来作为教材或教学参考书使用的，在《文心雕龙》于大学教育和专业培养方面，以及《文心雕龙》研究的普及工作方面，取得的实际成就更为突出，这也是一种"古为今用"。据王先生著作的有关后记介绍，"三论"中有不少所得，是教学相长的结果，这是令人由衷敬佩的。作为教师尤其是大学教师，不仅是知识的传授者，而且还应该是知识的生产者，所以大学教师必须要坚持做好学术研究，坚持做到终身学习，在这一点上王先生就是榜样。

2021年元月11日深夜于京西南樊村

（陶礼天，首都师范大学文学院教授、文学地理学研究中心主任，中国《文心雕龙》学会副会长。）

纪昀评《文心雕龙》小议

戚良德

清人对《文心雕龙》有着多方面的整理和研究,众多著名学者,如钱谦益、冯舒、何焯、卢文弨、纪昀、赵翼、章学诚、郝懿行、顾广圻、刘熙载、孙诒让等,从校勘到评点,均在"龙学"上留下了自己难以磨灭的足印。尤其是对《文心雕龙》的不少评语,虽还较为简略,但已是进入刘勰的理论世界而欲探幽发微了。其中最为著名的当然是借黄叔琳《文心雕龙辑注》一书而风行的纪昀的评语。

祖保泉先生曾指出:"清朝人对《文心雕龙》研究很重视,取得了重要的研究成果,如《文心雕龙》黄叔琳的辑注和纪昀的评语,就是重要成果之一。《文心雕龙》黄注纪评合刊本,成了现代人研究《文心雕龙》的起点,例如在校注方面,范文澜、杨明照、周振甫诸先生的《文心雕龙》校注,都以黄注本为底本;在古代文学理论研究方面,今人撰述,时或提及'纪评'。"①这确乎是符合事实的。王更生先生则指出:"自1731年黄氏《辑注》问世,迄1925年范文澜《讲疏》发行,其间将近二百年,都是黄《注》纪《评》独领风骚的

---

① 祖保泉:《〈文心雕龙〉纪评琐议》,《文心雕龙学刊》第二辑,齐鲁书社,1984年,第255页。

时光。"①应该说，这也是不算夸张的。

　　与黄注多遭"讥难"不同②，对纪昀的评语，吴兰修在《文心雕龙辑注》跋语中给予很高的评价。其云："昔黄鲁直谓论文则《文心雕龙》，论史则《史通》，学者不可不读。余谓文达之论二书，尤不可不读。或曰：文达辨体例甚严，删改故籍、批点文字，皆明人之陋习，文达固常诃之，是书得无自戾与？余曰：此正文达之所以辨体例也。学者苟得其意，则是书之自戾，可无议也。虽然，必有文达之识，而后可以无议也夫！"③显然，吴氏对纪评的推崇可谓无以复加，颇有以其为是非之准绳的味道。

　　但饶有趣味的是，近人张日田却对纪评不以为然。其谓《文心雕龙辑注》云："自古统论学术者，史则有《史通》，诗则有《诗品》，文则有此书；惟经、子二部无专书。余近纂《史微内外篇》，阐发六艺百家之流别。既卒业，复取八代文章家言肇治之，因浏览是编，证以《昭明文选》，颇多奥窔。而所藏本乃纪文达评定者，凭虚臆断，武断专辄，不一而足。继而又得此册，虽非北平原椠，尚无纰缪；以视纪评，判若霄壤矣。"④吴兰修对纪评近乎顶礼膜拜，张日田却谓其"凭虚臆断，武断专辄"，一褒一贬，也真是"判若霄壤"了。

　　其实，纪评确有自己的特点，相对于黄注的注重释事，纪评注重对《文心雕龙》许多篇章的整体把握，并时涉理论内涵的阐释和发掘，这在"龙学"史上具有不可替代的价值和意义。正如祖保泉

①王更生：《民国时期的"〈文心雕龙〉学"》，《日本福冈大学〈文心雕龙〉国际学术研讨会论文集》，台北文史哲出版社，2007年，第384页。
②戚良德：《百年"龙学"探究》，上海古籍出版社，2019年，第85页。
③（清）黄叔琳注，（清）纪昀评《文心雕龙辑注》，中华书局，1957年，第442页。
④杨明照：《文心雕龙校注拾遗》，上海古籍出版社，1982年，第740—741页。

先生所说:"纪氏对《文心雕龙》既赏其辞章,又评其义理,因而'纪评'所涉较广,可以说理论、批评和鉴赏,兼而有之。"祖先生认为:"就'纪评'整体看,缺点固然不少,但仍有可取之处,它仍不失为《文心雕龙》研究史上的一块里程碑。"①因此,我们需要对纪评进行认真的分析。

　　纪评最值得关注的乃是其对《文心雕龙》一些篇章的整体评述。《文心雕龙》五十篇,纪昀对其中十八篇作了总评,具体情况是:总论五篇,每篇皆有总评;文体论部分,四篇有总评,分别为《祝盟》《史传》《诸子》《封禅》;创作论部分,七篇有总评,分别为《通变》《情采》《声律》《丽辞》《指瑕》《附会》《总术》;《时序》之后,于《才略》有总评;最后的《序志》有总评。由此不难看出,纪昀最为重视的是《文心雕龙》的总论部分,其次是创作论部分。从其具体评论来看,总论五篇之中,其最为重视的是第一篇《原道》;创作论之中,其最为看重的则为《通变》。这些信息,可以透出纪昀之着眼点;通过这些最重要的评论,则可以看到其对《文心雕龙》的基本理解和把握,当然也可以了解其本人的文论主张。

　　在整个纪评之中,为人引用最多的应属《原道》之总评了。其曰:"自汉以来,论文者罕能及此。彦和以此发端,所见在六朝文士之上。文以载道,明其当然;文原于道,明其本然,识其本乃不逐其末。首揭文体之尊,所以截断众流。"②这段话确乎颇能反映纪昀之眼光及其对《文心雕龙》的基本认识。首先,认为刘勰以

---

①祖保泉:《〈文心雕龙〉纪评琐议》,《文心雕龙学刊》第二辑,第261页、第270页。

②(清)黄叔琳注,(清)纪昀评《文心雕龙辑注》,中华书局,1957年,第23—24页。

"原道"之论开篇,超乎六朝文士之见,从而充分肯定了《文心雕龙》之非凡的价值,此与清人对《文心雕龙》的大量赞美可谓异曲同工,但显然更为具体,更具本原意义。其次,纪昀进一步说明了刘勰"原道"论本身的高明之处,那就是与"文以载道"相比,有着"明其当然"与"明其本然"之区别,认为刘勰之论乃抓住了根本问题。此说从表面看是对的,"原道"确属探本之论,但探的是什么本,纪昀并未深究,而是简单地以之与中国文论史上流行的"文以载道"说进行比较,这就走上了错误之路。从逻辑上来看,"文以载道"说属于六朝之后的文论主张了,谓刘勰之论较之此说更为高明,这与前面所谓"所见在六朝文士之上"有什么关系? 然而,纪昀所谓"当然""本然"之论,似乎又是为了进一步说明前面的观点,所以其逻辑实则是不通的。当然,作为评点,原非系统论述,所以也可以认为"文以载道"几句与前面之论无关,而是另为新说;但如此一来,前面的评述便为泛泛之谈,也就不清楚刘勰"所见在六朝文士之上"者是什么了。更重要的是,刘勰之"道"与后世"文以载道"之"道"并不一样,所谓"原道"和"载道",也并非一个层面上的问题。简而言之,"文以载道"者,文章以周公、孔子之道为内容也;刘勰所谓"本乎道"者,乃谓无论《文心雕龙》之作还是一般的文章写作,均遵循自然之道的精神也。因此,纪昀所谓"当然""本然"之别,其实是不得要领的;则所谓"识其本乃不逐其末",实则属于似是而非之说。

　　可见,纪昀对"载道""原道"的一番辨别,听起来似有其理,实属望文生义之解,缺乏对刘勰"原道"论的准确认知。正因如此,纪昀后面对《原道》的中心论点"道沿圣以垂文,圣因文而明道"二语的理解,所谓"此即载道之说",也显然是错误的。这并不奇怪,《原道》乃《文心雕龙》之本,不是可以一望而知的。由此亦可看出，以《文心雕龙》之博大精深，初步阅读之后的简单评点，有时是靠不住的，诚如章学诚所言："以专门之攻习，犹未达古人之精微，况泛览所及，爱憎由己耶？"①即使高明如纪晓岚，也难免理解有误，这是无须责怪的，却也不必讳言。与"当然""本然"之辨密切相关，纪昀所谓"首揭文体之尊"而"截断众流"，此说则颇有不明之处。一是与前面的联系问题，若谓此论承上而言，则既然本末之说并不成立，那么源流之论亦无所附丽。二是其中"文体"的概念，指的是什么？《梁书·刘勰传》有"论古今文体"②之说，这里的"文体"具有文章体裁和文章风格等多重含义，纪昀似有取于此，但其所谓"文体"，应主要指文章本身而言；所谓"文体之尊"，大约是说刘勰对文章地位的肯定，指的是《原道》开篇之言："文之为德也，大矣！"③以此而言，纪昀之论当然是正确的。

另一条比较长的纪评，便是《通变》之总评了，其曰："齐梁间风气绮靡，转相神圣，文士所作，如出一手，故彦和以'通变'立论。然求新于俗尚之中，则小智师心，转成纤仄，明之竟陵、公安，是其明征，故挽其返而求之古。盖当代之新声，既无非滥调，则古人之旧式，转属新声，复古而名以'通变'，盖以此尔。"④纪昀首先研究了刘勰"通变"论提出的背景，那就是所谓齐梁绮靡文风，不仅盛行，而且"转相神圣"，结果"文士所作，如出一手"，即失去了创新性。以此而言，纪昀认为刘勰提出"通变"之本意，在于提倡创新，

①（清）章学诚著、叶瑛校注：《文史通义校注》，中华书局，2014年，第342页。

②（唐）姚思廉：《梁书》卷五十，中华书局，2011年，第710页。

③（梁）刘勰：《文心雕龙·通变》，引自戚良德辑校《文心雕龙》，上海古籍出版社，2015年，第3页。

④（清）黄叔琳注，（清）纪昀评《文心雕龙辑注》，中华书局，1957年，第285—286页。

这一对"通变"之义的理解是完全正确的。其次,纪昀研究了刘勰提出的"通变"之路径。他认为,在当时绮靡文风盛行而又缺乏新意的情况下,如果要求在那样的基础上创新,那不过就是"小智师心"而已,结果只能是"纤仄",亦即文风的纤细狭窄,不会有阔大的境界和创造性,所以刘勰采取了"求之古"的策略,亦即相对于当时的"滥调"而言,"古人之旧式,转属新声"。纪昀这番道理,大约相当于流行服饰的循环,十年前的旧衣服,可能被当成新的款式了。纪昀把这个模式叫作"复古而名以'通变'",即是说,实际上为复古,但采取了创新之名义。那么,纪昀之说是否是刘勰"通变"之本义呢?应该说并非如此,但又不完全错,而是有一定道理。对"通变"篇名二字的理解,纪昀是完全正确的。在近百年"龙学"史上,《通变》篇经常被认为是论述继承与革新的关系,这并不符合刘勰的想法,因而是远远比不上纪昀之认识的。

　　问题在于,刘勰所谓"通变"真的只是名义上的创新,而事实上是复古吗?不能不说,纪昀之所以会有这样的看法,不完全是他的想当然,而是有着《通变》之根据。刘勰明确说过:"练青濯绛,必归蓝茜;矫讹翻浅,还宗经诰。"①这不是复古又是什么呢?问题的复杂性在于,"征圣""宗经"原本是《文心雕龙》的枢纽论,是刘勰"论文"的基本主张;如果"宗经"便意味着复古,那整部《文心雕龙》就成复古论了。事实上,无论"征圣"还是"宗经",刘勰从中找到的是为文的法则,而不是要回到过去。所以,关键还是要看刘勰所谓"通变",具体的要求是什么。刘勰说:"斟酌乎质文之间,而櫽括乎雅俗之际,可与言通变矣。"这是大的原则,在这个原

---

① (梁)刘勰:《文心雕龙·通变》,引自戚良德辑校《文心雕龙》,上海古籍出版社,2015年,第185页。

则指导下,要做到"凭情以会通,负气以适变",从而写出"采如宛虹之奋鬐,光若长离之振翼"的"颖脱之文",最终达到"文律运周,日新其业"的目的①。这哪里是复古呢? 这是真正的创新论,所谓"凭情",所谓"负气",其实颇类纪昀所谓"师心"(当然未必是"小智"),其结果都不可能是复古,而只能是每一位作者的创新。所以,"复古而名以'通变'"之说,一半是纪昀对《通变》有关论述理解不当,一半是他自己的想当然而已,《文心雕龙》是不存在这样的理论倾向的。

　　正因如此,纪昀对《通变》所举"此并广寓极状,而五家如一"的文章实例,认为"此段言前代佳篇,虽巨手不能凌越,以见汉篇之当师,非教人以因袭,宜善会之"。②此评同样出现了理解的偏差。一方面,刘勰确实"非教人以因袭","宜善会之"是完全应该的,以此而言,纪昀的理解是正确的。但另一方面,刘勰所举例子,又决非"前代佳篇"。刘勰明明谓之"五家如一",断言其"莫不相循",这哪里符合"参伍因革,通变之数"呢? 更不必说离"凭情以会通,负气以适变"的要求相去甚远了,所谓"文律运周,日新其业",那些"五家如一"的因循之作,只能是"庭间之回骤","岂万里之逸步哉"③?

　　上述《原道》与《通变》的两则总评,较为典型地体现出纪评的特点:一方面不乏眼光和高见,另一方面又时有错觉和谬误。至于纪昀对《文心雕龙》许多具体问题的随手之评,总体而言也都具

---

① (梁)刘勰:《文心雕龙·通变》,引自戚良德辑校《文心雕龙》,上海古籍出版社,2015年,第185页、第186页。

② (清)黄叔琳注,(清)纪昀评《文心雕龙辑注》,中华书局,1957年,第288页。

③ (梁)刘勰:《文心雕龙·通变》,引自戚良德辑校《文心雕龙》,上海古籍出版社,2015年,第186页。

有这样的特点。从评述的理论倾向来看,纪评的一个显著特点是重视文章写作,尤其是重视文章的艺术之美,用刘咸炘的话说是"未脱诗家科臼",这体现了清代诗歌创作及诗论繁荣的背景特点。纪昀评《物色》之"赞曰"有云:"诸赞之中,此为第一,正因题目佳耳。"①对此,刘咸炘谓:"此篇之赞,较诸篇为轻隽,颇似司空《诗品》。纪公独取此篇,盖未脱诗家科臼。六代文章,无美不备,后人但取轻隽而厌其烦奥,此《知音》篇所谓深废浅售也,纪公亦此面目。"②这是一个颇为有趣的说法,"深废浅售"之评未必恰当,但《物色》篇之赞语确乎诗意浓郁,谓之"颇似司空《诗品》"是很有道理的,纪昀独取此篇,则其看重《文心雕龙》者何在,便是值得注意的了。即以其《物色》之评语而论,对其赞语的欣赏只是一个方面,其他如谓:"'随物宛转,与心徘徊'八字,极尽流连之趣,会此方无死句。"③这里的"流连之趣"一语,还真有点"但取轻隽"之意了。又如评"自近代以来,文贵形似;窥情风景之上,钻貌草木之中"而谓:"此刻画之病,六朝多有。"④实际上,刘勰这里的"文贵形似"之论,近世多数研究者是以其为肯定之说的,但纪昀却谓之"刻画之病",事实究竟如何呢?从《物色》所论来看,刘勰总结《诗经》的写作特点是"以少总多,情貌无遗",所谓《诗》《骚》所标,并据要害",所谓"善于适要,则虽旧弥新矣",所以对"近代以来"的模山范水之作,所谓"吟咏所发,志惟深远;体物为妙,功在密附",刘勰是颇有些不以为然的,他认为:"四序纷回,而入兴贵闲;物色

①(清)黄叔琳注,(清)纪昀评《文心雕龙辑注》,中华书局,1957年,第403页。
②刘咸炘:《文心雕龙阐说》,《推十书》(增补全本)戊辑,上海科学技术文献出版社,2009年,第972页。
③(清)黄叔琳注,(清)纪昀评《文心雕龙辑注》,中华书局,1957年,第400页。
④(清)黄叔琳注,(清)纪昀评《文心雕龙辑注》,中华书局,1957年,第401页。

虽繁,而析辞尚简",唯有如此,方能做到"味飘飘而轻举,情晔晔
而更新",才能达到"物色尽而情有余"①之效果。因此,纪昀以"窥
情""钻貌"之说为六朝"刻画之病",应该说是符合刘勰之意的。

可以看出,纪昀对《物色》之把握其实是非常到位的,并无"深
废浅售"之偏颇。尤其是纪评《物色》之最后两句"然则屈平所以
能洞监《风》《骚》之情者,抑亦江山之助乎"而谓:"拖此一尾,烟波
不尽。"②此八字之评,堪称画龙点睛,亦入木三分地体现出纪晓岚
的审美趣味。所谓"烟波不尽",确乎相当准确地抓住了刘勰此论
的功效。所谓"抑亦江山之助乎",作为《物色》之结语,看似有意
无意,实则相当准确地提示了屈原之所以成功的一个重要因素,
有着无尽的意味;同时,所谓"江山之助",更留给后人一个说之不
尽的重要话题。实际上,《文心雕龙》之后,文章须得江山助之论
可谓屡见不鲜。以此而论,谓之"烟波不尽",真是惟妙惟肖,充分
体现出纪昀之才气。但另一方面,作为"论文"之作的评语,"烟波
不尽"的说法显然过于浪漫,可谓"轻隽"之至,毋宁是诗歌评语。
因此,刘咸炘谓之"未脱诗家科臼",也真是言之不虚了。

【附记】

十五年前,当我编辑《文心雕龙学分类索引》一书时,惊异于
林杉(王志彬)先生在内蒙古"龙学"发展中的重要地位和影响,便
在书中"学科综述"一项下,专列"林杉与龙学"一题。该书出版后
的某日,我校文学院的孙之梅教授突然找到我说,她受恩师王志

---

① 刘勰:《文心雕龙·物色》,引自戚良德辑校《文心雕龙》,上海古籍出版社,
2015年,第264页、第265页。
② (清)黄叔琳注,(清)纪昀评《文心雕龙辑注》,中华书局,1957年,第402页。

彬先生的委托，向我表示感谢。我半天没有反应过来，不知道素未谋面的王先生何以要感谢我，直到孙老师说明情况，我才明白个中缘由。但我始终觉得，是王先生对"龙学"的贡献决定了"林杉与龙学"之专题的产生，如果要感谢，那也应该是我感谢王先生才对，只是王先生深居简出，我一直没有找到这样的机会。直到2013年，我有幸奉命组织中国《文心雕龙》学会成立三十周年纪念会，首先想到的便是邀请王先生和他的弟子们参会。令人遗憾的是，由于身体原因，王先生未能出席会议，但王先生的高足万奇先生率领一众同门与会，为此次会议、也为"龙学"学会增添了重要的生力军。四年之后的2017年，学会终于在内蒙古召开年会，我有幸见到了仰慕已久的林杉——王志彬先生。令我尴尬的是，我奉献给先生的只是紧紧地握手，而先生则不仅再次向我表示真诚的感谢，而且赠予我一把精致的电动剃须刀——万奇兄解释说，王先生希望我们都永远年轻！此情此景，历历在目，那把剃须刀，我也一直在使用。岁月倥偬之间，王志彬先生辞世已是十月有余。早在今年六月份，万奇兄便来信说，将于王先生逝世周年之际，编辑一本《王志彬纪念文集》，这自然是一件很有意义的事情。未能写出专文纪念王先生，实感惭愧！谨以此小作，为先生逝世周年之祭，相信先生开辟的内蒙古"龙学"事业一定会更加兴旺发达。王先生安息！

庚子年九月十三日

（戚良德，山东大学儒学高等研究院教授，《中国文论》〔丛刊〕主编，中国《文心雕龙》学会副会长。）

北国"龙学"的一面旗帜

——王志彬先生与"《文心雕龙》学"

朱文民

刘勰的《文心雕龙》一书,问世初期"不为时流所称",后经沈约举荐,当朝人萧绎著《金楼子》一书就有征引。其后学林诸公莫不称赞。其书版本众多,应用、引录及品评者多到不易统计。历代的研究者相互累积,共同开发,形成一门独立的学科——"《文心雕龙》学"。由于该书博大精深,可谓中国传统文化的大系统,借用现代电子科技的学术名词,就是一个高度浓缩了中国传统文化的芯片。对这个"芯片"的解读,即使是学林博学硕儒,也只是以自己学识所长,各见其所见,各言其所能言。正因为如此,"龙学"界不管承认与否,还是有门有派,其中,"文学批评理论派"长期占着话语主导权,"写作理论派"是仅次于"文学批评理论派"的一支队伍。这支队伍的成员,就面上说,散见于全国各地,从点上说,最集中的地方是内蒙古师范大学,旗手就是"写作理论派"的创立者——王志彬先生。

一、王先生的"龙学"研究

我对"《文心雕龙》学"的学习和理解,认为应该分为两大块,如果用哲学语言说,则是内涵和外延①。鉴于这种认识,王志彬先生的“龙学”研究也可以分为两大块来阐述。

内涵部分:

(一)理论研究

研究王先生对于“龙学”内涵部分的研究成果,首先涉及《文心雕龙》一书的性质问题。关于《文心雕龙》性质的认识,我在前面用“即使是学林博学硕儒,也只是以自己学识所长,各见其所见,各言其所能言”来形容目前学术界对“龙学”的研究状况。2015年3月,上海的朋友为林其锬先生举行“庆祝林其锬教授八十岁生日”学术研讨会,在这次会议上,我曾经说:现在由于学科分得过细,导致学术人物的知识结构往往是少胳膊缺腿,难以拥抱像刘勰这样一位学术通人及其著作;往往只能根据自己的学识能力谈一点自己的理解,对刘勰及其《文心雕龙》的研究,仍然处在盲人摸象阶段,甚至碎片化。我曾经在拙著《刘勰传》里说:“《文心雕龙》的立体多棱和博大精深,成为中华民族的一座文化宝库。文论家开门一望,看到的是文学理论;写作理论家开门一望,看到的是写作理论;文章学家开门一望,看到的是文章学理论;兵学家开门一望,看到的是兵学理论;哲学家开门一望,看到的是哲学理论,等等。”②而王先生“置《文心雕龙》于写作学视野中来考察,其见解与一般‘龙学’家的看法自然不同,做到了师心独见,锋颖精密。”③在这众多不同定性中,王志彬先生坚持自己的认

①朱文民:《牟世金先生与“文心雕龙学”》,戚良德编《千古文心——牟世金先生诞辰九十周年纪念文集》,凤凰出版社,2018年,第81页。

②朱文民:《刘勰传》,三秦出版社,2006年,第268页。

③万奇:《居今探古:论王志彬对〈文心雕龙〉的研究和应用》,戚良德主编《中国文论》第五辑,第131页。

识，认为"《文心雕龙》的各个组成部分，各个篇章，都围绕着'言为文之用心'这个宗旨，既提出了写作的指导思想，又论述了各体文章写作的规格要求、原则和方法；既总结了历代文家写作的实践经验，又征引例文以为证；既阐述了写作不可或缺的客观条件，又强调了写作的主观因素，它与今之写作理论体系是基因相同，血脉相承的，把这样一部著作称之为写作理论专著，不是名副其实的吗？"①王先生的话，凿凿有据。我在拙著《刘勰传》中，关于《文心雕龙》性质的认识，列举了"文学理论专著""文章法则著作""子书""典型的写作理论专著""哲学要籍""美学专著"等六种说法。其实，除了这六种说法之外，还有很多说法。例如"文章学概论"②，"是我国第一部文章学概论专著"③，或者"文章学专著"④，"文章学巨著"⑤，"文体论专著"⑥。在这六种说法中，"典型的写作理论专著"是王先生的观点，这一派的人数，仅次于"文学理论专著"派。当然，判断真理，不能单纯以人数为据。"文学理论专著"这一派，其远祖当是纪晓岚。"文章作法"这一派，领军人物主要有范文澜、詹锳、王运熙、罗宗强等人，文章作法属于文章学。陈望道先生说："用文字传达思想的制作，就是文章。"⑦这说明文章就是泛指一切语言的成文作品。蒋羡璧下的定义是："文章学是研

①王志彬著，钱淑芳、岳筱宁点评《回眸文心路》，内蒙古教育出版社，2009年，第268页。
②赵兴明：《〈文心雕龙〉是一部文章学概论》，《河北师范大学学报》1989年第3期。
③张寿康主编：《文章学概论》，山东教育出版社，1984年，第12页。
④贺绥世：《〈文心雕龙〉是一部古代文章学专著》，《写作》1983年第2期。
⑤叶朗：《中国美学大纲》，上海人民出版社，2017年，第226页。
⑥李曰刚：《文心雕龙斠诠》，台湾中华丛书编审委员会，1982年，第1159页。
⑦陈望道：《陈望道全集》（第四卷），浙江大学出版社，2011年，第5页。

究前人写作经验指导文章写作的学问。"①可是张寿康先生认为："文章学是研究文章的内部规律和读写文章的规律的学科,具有特定的研究对象,具有学科的专门特点。""研究对象是反映客观存在的真实事物的文章(包括散文和通讯报告),不包括诗歌、小说、剧本几类文学作品。"②这样划分,文章学派与写作理论派重叠的内容很多,所以,我认为文章学的概念大于写作学概念,写作理论派可以归并到文章学这一派中,因为都是总结前人的写作实践和阅读经验,上升为文章学理论,并用以指导各类文字成品的阅读和写作。鉴于此,我在拙著《刘勰传》里说:"综合各家学说,从目前来看,定《文心雕龙》为文章学专著,歧义相对小一些,或许更合刘勰本意。"③当然,这只是讨论而已。王先生对于《文心雕龙》性质的认识,可谓下了功夫,他在《〈文心雕龙〉性质问题述评》一文中,利用排除法,历数了各种界定之后,最后徘徊在"文章学"和"写作学"之间,他说:"以今反证于古,一般地称'《文心雕龙》是一部文章学专著'是未尝不可的。但是,在现代文章学发展过程中所出现的分歧,使上述判断受到了干扰,影响了它的准确性,甚至产生了自相矛盾的现象。"④什么干扰呢? 就是文章学的内涵问题,即哪些文体属于文章的问题。文章学的研究者认为文章学应该"专指没有艺术虚构的记叙、说明、议论、抒情等一般文章","不包括诗歌、小说、剧本几类文学作品"⑤。张积礼先生也说:"文章

---

① 蔺羡璧主编:《文章学》,南开大学出版社,1985年,第1页。
② 张寿康主编:《文章学概论》,山东教育出版社,1983年,第4页。
③ 朱文民:《刘勰传》,三秦出版社,2006年,第268页。
④ 林杉:《〈文心雕龙〉性质问题述评》,《内蒙古师大学报》(哲学社会科学汉文版),1991年第1期,第70页。
⑤ 张寿康:《文章学概论》,山东教育出版社,1983年,第4页。

学就是专门研究除文学作品以外的文章成品及其'制作'的内部规律和方法的一门社会学科。"①这些主张对不对呢？我看仅是一家之言，讨论而已，并非定论。王先生引用了《辞海》的定义："今通称独立成篇的、有组织的文字为文章。"王先生接着说："它显然没有文体方面的限制，是包括文学作品和非文学作品两大类在内的。这正符合我国古代文论中所涉及的文章的含义……刘勰在《文心雕龙·情采》中则说'圣贤书辞，总称文章'……可见刘勰把一切经典著作以及由此而'派生'出来的多种多样的文体，都视为文章，其含义也是广义的。"②关于"文"和"文学"概念问题的争论，章太炎和弟子鲁迅也不一致，章太炎说："古者凡字皆曰文，不问其工拙优劣，故即簿录表谱，亦皆得谓之文，犹一字曰书，全部之书亦曰书。《文心雕龙》于凡有字者，皆谓之文，故经、传、子、史、诗、赋、歌、谣，以至谐、讔，皆称谓文，唯分其工拙而已。此彦和之见高出于他人者也。"③鲁迅认为他老师的观点过于宽泛④。我认为章太炎的解读符合刘勰本意，不仅批评了萧统及桐城派，我看也应该包括上面说的把"诗歌、小说、剧本几类文学作品"排除在文章学之外的人。"文学"这个概念，虽然初见于《论语》，所指也不是今日的内涵。后世虽然多有变化，须知我们现在是在研究和讨论《文心雕龙》的性质，这就需要回到刘勰那个时代，去判断刘勰

①张积礼：《文章学"概念"辨析》，《兰州大学学报(社科版)》1986年第3期，第76页。
②林杉：《〈文心雕龙〉性质问题述评》，《内蒙古师大学报》(哲学社会科学汉文版)，1991年第1期，第70页。
③《章太炎讲授〈文心雕龙〉记录稿两种》，黄霖编《文心雕龙汇评》，上海古籍出版社，2005年，第167—168页。
④许寿裳：《亡友鲁迅印象记》，上海文化出版社，2006年，第29页。

如何使用文章和文学概念的。刘勰说:"虞、夏文章,则有皋陶'六德',夔序'八音',益则有赞,五子作歌。辞义温雅,万代之仪表也。商、周之世,则仲虺垂《诰》,伊尹敷《训》,吉甫之徒,并述诗颂。义固为经,文亦足师矣。"①可见刘勰使用的文章概念是包括诗歌的。刘勰只是以"文"与"笔"分类,无可分别者则别为一类。如有韵之"文"的则如《对问》《七发》《连珠》等归于杂文;无韵之"笔"的则如谱、籍、簿、录、方、术、占、式等附与书记一类中,这就没有文学和非文学之别了。至于小说这个概念,刘勰那个时代尚未形成一种相对稳定的文体,刘勰没有列出,只是提到《青史子》。

文章学学科建设者中张寿康、张积礼二位先生把文学类作品,尤其把虚构类的作品排除在文章学之外是不妥的。明代之前,小说大都是以笔记的形式面世,那么"笔记"算不算文章呢?我认为是应该算的。即使清代的《聊斋志异》这部小说,内中有虚幻,也有纪实。例如卷二的《地震》篇,应是作者的亲历记。《文心雕龙》把史传纳入其中,《史记》有没有虚构成分呢?是有的。《鸿门宴》故事应是后人想象的故事,《三国志》的《隆中对》应是后人根据情势编造的,能说没有虚构成分吗?小说这种文体,不管后来怎样变化,无非就是讲故事,"二十四史"中的人物"列传"和帝王"本纪",都是人物故事。自从《汉书》把小说这种文体列入子部,历代延续,直至清代《四库全书》未变,我看是不妥当的,应该列入史部。蔺羡璧先生说:"文章学是研究前人写作经验指导文章写作的学问。"既然如此下定义,小说、诗歌、戏剧的写作经验就不值得研究和写作课上讲授吗?不值得总结并用以指导写作吗?难道还得再另行建立一门文学写作课吗?其实,张寿康先生承

---

① 林杉:《文心雕龙批评论新诠》,内蒙古教育出版社,2002年,第131页。

认,"文章起源殷代,肇源《书经》……以记事为职的《春秋》……这些记言记事的文章集子,为后世文章的发展奠定了基础,应该视作文章的源头。"①这说明张先生承认文章学包括史传文学。一方面主张《文心雕龙》是"我国第一部文章学概论专著",另一方面又在自己主编的《文章学概论》中把刘勰主张的文学性文体排除在外,以至于有意归顺文章学的王志彬先生,只得另立门户,竖起大旗,上标:写作学。而且认为:"刘勰的《文心雕龙》是一部具有中国作风和中国气派的典型的写作理论专著。这个判断和结论,没有古今之分,也没有广义、狭义之别,一切类型的文章、体制、规格和源流,一切写文章的规律、原则和方法,一切文章的风格、鉴赏和批评,都包容于'写作理论'之中,似乎不再有顾此失彼、捉襟见肘之瑕了。"②是的,王先生说得对。一门学科的建立,其内涵是创立者规定的,王先生心胸宽阔、博大,容得下千军万马,容得下各路大军。"写作理论",既然理论化了,就是一种"学",这种写作学,我看不妨与文章学合并,构成文章写作学,既与"《文心雕龙》学"相呼应,也与《文心雕龙》书名相呼应,更是符合刘勰"《文心》之作也""言为文之用心也"的自我定性。其实,张寿康先生只是在具体实践上把"文章"一分为二,造成自相矛盾了。他说:"'五四运动'以前的很长时期,文章这个概念是包括诗歌、散文、小说等文学作品的。到了'五四运动'前后,文学作品才逐渐脱离文章,独立出去。这样,过去的文章就一分为二:一是文学,一是我们现在说的文章,当然这二者当中也有交错的现象……文章是直接为社

---

①张寿康:《文章学概论》,山东教育出版社,1983年,第20页。
②林杉:《〈文心雕龙〉性质问题述评》,《内蒙古师大学报》(哲学社会科学汉文版),1991年第1期。

会、工作和生活服务的。"①从历史上看,"文章"之谓,有的人主张包括文学作品,有的人主张不包括文学作品,这种分合演变问题,在王凯符主编的《古代文章学概论》一书也有反映。如果按照张寿康先生的界定,则还得设立"艺术文章学"(艺术文章学又可再分为"诗学""词学""小说学""戏剧学""影视学"等等)"学术文章学""实用文章学"或者"应用文章学",或者分为"古代文章学""现代文章学"等等;而写作学也得细分为:"文艺写作学""学术写作学""应用写作学"或者"实用写作学"等等。

应该指出的是,与此相庆,还有一个大学中文系课程设置的问题。中文系不仅有写作课,有的高校也设有文章学课,不免重复。其实,有些大学的写作课,就是讲文章学。如果重复,就有无谓地耗费学生学习时间之嫌疑。当然,也应该考虑到写作课,已经形成一种"学"了,叫作写作学,把《文心雕龙》的性质,定为写作学不是也很好吗!应当说,文章学是近现代才形成的。例如早期的论著有陈望道的《作文法讲义》,龚自知的《文章学初编》,夏丏尊、叶圣陶的《文心》《文章讲话》,蒋祖怡的《文章学纂要》等,都是侧重于写作的。夏丏尊、叶圣陶的《文心》书名,显然是取自《文心雕龙》。新中国成立后出现的几部《文章学》《文章学概论》《文章学导读》之类的教材,还应该不断地完善自己,也要搞"改革开放"以壮大自己。"文学理论批评"之谓,也是近现代才形成的,而且是舶来品。"因为我国往昔对作品多谈'品鉴',无所谓批评,这种西方习见的名词,用到我国的传统著作上,总觉得有点不对劲。"②如果回归到刘勰那个时代,刘勰说《文心雕龙》是"言为文之用心";

①张寿康:《文章学论略》,《北京师院学报》1986年第4期。
②王更生:《重修增订〈文心雕龙〉导读》,台湾华正书局,2004年。

姚察、姚思廉父子说:"《文心雕龙》五十篇,论古今文体。"这是当事人和当时人旁观者的看法。姚察父子和现代人李曰刚"文体论专著"的看法相似,显然是以偏概全,因为刘勰不仅仅是"论文体"(严格说,论文体只是《文心雕龙》中《明诗》至《书记》篇的主要任务)。正如王志彬先生所说:"显然是言之过重了。把《文心雕龙》中的任何一个部分分割出来,进行孤立研究,突出强调,都是难究其实,难得其全的。"①还是刘勰"言为文之用心"的说法最全面,所以,我们有充足的理由说《文心雕龙》是一部文章学或者写作学专著。"文学理论批评专著"之谓,实在难以概括刘勰所论述的所有文体及其作法。也许这种主张的人,感到破绽自露,又说刘勰的文学观是"杂文学"或者"泛文学观",把文学性文体排除在外的狭义文章学主张者,也是犯了以偏概全的毛病,正如王更生所言:"总觉得有点不对劲。"王先生给《文心雕龙》的定性,大有反"垄断"和反潮流之勇气,大有正本清源之功。

其次,王先生认为:"刘勰征圣,宗经,崇拜孔丘和儒家经典,并非泥古不化,言必经典,也没有提出什么清规戒律。"主要是"文能宗经,体有六义","只是一种手段,而'有助文章'才是目的"。面对学术界有人认为经书已经失去了对现代的指导意义,王先生认为"不宜笼统地视征圣、宗经为局限","仅从刘勰征圣、宗经的那份虔诚、那份执著、那份坚定和那份朴素的辩证意识与思维方法来看,当今的为学之人,不是也应该获得一些启发,而有所思考吗? 做学问,著书立说,是不能没有自己的信念和指导思想的。"②

---

①林杉:《〈文心雕龙〉性质问题述评》,《内蒙古师大学报》(哲学社会科学汉文版),1991年第1期第67页。
②林杉:《文心雕龙文体论今疏》,内蒙古教育出版社,2000年,第10—11页。

王先生的这个体悟非常有价值。他告诉我们为人处世要有道德准则,学术研究也要有学术准则,这些都需要有正确的信念和指导思想。试想一个人如果没有正确的"三观"和积极的信仰,那将是危险的。试想,刘勰那个时代作文不是要"宗经",难道你还要求刘勰去"宗"马列主义吗?! 每一个时代的人,都有自己时代的"经",关键是学习王先生体悟出来的那个"理"。

再次,在继承和发展的问题上,王先生提出了一个"名亡理存"的观点。这个认识,可谓立论高远。我说他"立论高远",就在于他避免了历史虚无主义的错误,对待历史文化遗产,采取了扬弃而不是抛弃。正确地实践了继承和发展的辩证理论。他在《文心雕龙文体论今疏》中说:"有些文体是古老而又年轻的,如论说之于今之学术论著,史传之于今之方志传略,哀吊之于今之悼词祭文,书记之于今之公务文书,都是息息相通,具有新的生命力的。即使那些已被历史淘汰了的曾专用于封建统治的文体……也有名亡而理存的情况。刘勰从中概括出来的某些写作原则、要求、方法和特色,对于今之有关各体文章的写作,也并非毫不相干。"① 这就克服了一些人实际行着的狭隘的功利主义。

王先生研究学问,善于总结学科的规律和特点。例如,他研究《文心雕龙》的批评论,总结出六个结合的特点:一是批评论与创作论的结合、二是鉴赏与批评的结合、三是批评标准与批评方法的结合、四是肯定与否定的结合、五是分散与集中的结合、六是批评与现实的结合。王先生说:"上述六个方面的'结合',全面、深刻地阐明了《文心雕龙》批评论中诸多问题的辩证关系;反映着刘勰的世界观、文学观和方法论,标示着《文心雕龙》批评论所达

---

① 林杉:《文心雕龙文体论今疏》,内蒙古教育出版社,2000年,第12页。

到的理论高度,在一定程度上,解析了'文与道''文与质''文与人''文与时''文与物',以及'通与变'等重大原则问题。时至今日,它所论及的某些具体内容,虽已衰微了,失掉生命力了;惟其神质、内核,却犹如常青之树,足资作为珍贵的民族文化遗产,予以承继和鉴用。所谓'思无定契,理有恒存'者是也。"①

最后,王先生对《文心雕龙》中的基本概念也有自己的见解。如《定势》篇的"势",王先生认为:"刘勰要'定'的'势',不是'法度''标准';不是'姿态''体态''姿势''气势';也不是'趋向性''机动性''客观规律性'等等,而是各种不同类型的文体的基本格调。"②王先生的理解,扣住了刘勰"循体而成势"的逻辑脉络。王先生还读出了刘勰在《定势》篇透露的定势方法:"首先,刘勰提出了'形生势成'的客观规律。""其次,刘勰提出了'各以本采为地'的主张。这主要是为了防止'雅俗而共篇'的'讹势'"。再次,"刘勰提出了'执正驭奇'的原则。这主要是防止'逐奇失正'的'讹势'而发的"③。等等。

(二)文本译注

王先生对《文心雕龙》文本的译注,主要体现在上述言及的"三论"中。"三论"是作者为学生开设《文心雕龙》专题课的教学纲要。旨在辩证地吸取、借鉴《文心雕龙》之精华,提高写作理论研究的学术品位和实用价值,进而为建立具有中国特色的写作理论体系提供必要的参考和依据。其三书的体例相同。对《文心雕

---

① 林杉:《文心雕龙批评论新诠》,内蒙古教育出版社,2002年,第8页。
② 林杉:《文心雕龙创作论疏鉴》,内蒙古教育出版社,1997年,第149页。
③ 王志彬著,钱淑芳、岳筱宁点评《回眸文心路》,内蒙古人民出版社,2009年,第351—354页。

龙》的每篇文章都分为"原文译注""内容提要"和"疑点辨析"三部分。"原文译注"采取分段句译方式,以便于读者解疑和阅读;句译后为词语注释,均由著者综合各家之说,择其善者而从之,不再引经据典,考其源出何处。"内容提要"部分,均立足于写作理论研究和写作实践中的有关问题。简述中力求忠于原著要义,并前后相参以证之。"疑点辨析",主要是对《文心雕龙》研究中不同见解,辨正然否,在辨析中表明自己的观点,对不能决明者,存疑待考。

由于《文心雕龙》"三论"分别出版,作者可能考虑到刘勰"文体论""创作论""批评论"既有专章论说,又散见于全书各章中,所以三书有重复收编现象,如《体性》《情采》既收在《文心雕龙批评论新诠》中,也收在《文心雕龙创作论疏鉴》中。《序志》篇三书皆收。三书的共同特点是调整了《文心雕龙》通行本的篇目排列次序,目的是为了能够分别体现三部分各自的内在联系和前后呼应,这就是有学者评论的不仅"三论"之间有严密的体系性,每一"论"自己也有"严密的体系性""敏锐的问题意识"和"客观辩证的研究方法"①。

据"三论"的责任编辑黄妙轩先生说:王先生的《文心雕龙》'三论',从约稿到出版,历时十四年,横跨两个世纪"②。如果从二十世纪五十年代中期读本科时开始阅读《文心雕龙》的个别篇章,到"三论"出版,再到中华书局"三全本"(全本全注全译)《文心雕龙》出版的2012年,可以说,王先生对《文心雕龙》,朝思暮想伴随了六十多年,可谓终生雕龙。

---

①白建忠:《50年开拓与耕耘——内蒙古地区"龙学"研究概览》,《中北大学学报(社会科学版)》2009年第6期。
②黄妙轩:《做书半辈子》,内蒙古教育出版社,2011年,第121页。

　　"三论"出版之后,在学术界产生了积极的影响。

　　据黄妙轩说:"2006年8月,王志彬先生(林杉系笔名)的《文心雕龙创作论疏鉴》重印,我向王志彬先生致贺,同时也暗自欣喜,像这样的学术著作重印是很不容易的,所以打算写点什么,一来是为出版社宣传一下此书,二来是纪念一下这一事件(我做编辑二十余年责编的这一类书重印还是第一次)。"①

　　我撰写《刘勰志》的时候,在上海、济南、北京等地,已经购买不到王先生的《文心雕龙创作论疏鉴》,时间拖到2003年冬季,不得已,向王先生寻求帮助。王先生回信说:"拙著之创作论部分,于1997年出版,印数甚少,我手头已无存余,只得暂将我自用的一册奉寄,好在出版社还要加印一点。"②王先生在送给我的书上签名盖章,名之曰:"补赠。"一个"补"字,显得很有讲究。

　　2009年初,《中国图书商报·阅读周刊》公布了"30周年最具影响力的书"500种提名书目,王先生的《文心雕龙创作论疏鉴》(文学类)入选,这是内蒙古自治区唯一入选的书目。王先生的"三论"也得到了内蒙古学术界和出版界的高度肯定,《文心雕龙创作论疏鉴》获"内蒙古自治区社会科学优秀成果荣誉奖","内蒙古自治区图书编校质量优质奖";《文心雕龙文体论今疏》获第二届"内蒙古图书奖","内蒙古师范大学社会科学优秀成果一等奖";《文心雕龙批评论新诠》获"内蒙古自治区图书编校质量优质奖"③。作者、学校、出版社和责任编辑,皆分享了荣誉。

---

①黄妙轩:《做书半辈子》,内蒙古教育出版社,2011年,第121页。
②王志彬先生2003年12月12日致朱文民信件。
③白建忠:《50年开拓与耕耘——内蒙古地区"龙学"研究概览》,《中北大学学报(社会科学版)》2009年第6期。

"三论"的读者对象是面向大众。因为"三论"的初稿就是给学生上课的讲稿,所以译文流畅、典雅;注释言简意赅。注释属于训诂学方法之一,《文心雕龙》一书中,有丰富的训诂学思想和实例,请看刘勰在《文心雕龙·论说》篇关于注释的主张:

> 若夫注释为词,解散论体,离文虽异,总会是同。若秦延君之注《尧典》,十余万字;朱普之解《尚书》,三十万言。所以通人恶烦,羞学章句。若毛公之训《诗》,安国之传《书》,郑君之释《礼》,王弼之解《易》,要约明畅,可为式矣。

鉴于刘勰的上述主张,反观王先生的"三论"注释,可谓"要约明畅",是否"可为式矣",那是后人的体味问题。依我看,是可以在众多的译注本中看成可读性较强的读本之一。王先生的"三论"应中华书局要求,改造为《中华经典名著全本全注全译丛书·文心雕龙》,该书调整"三论"的体例,一是将句译改为段译,改造后是注释在前,译文在后;二是将"内容提要"和"疑点辨析"压缩、合并为"题解"冠于篇前,这样编排,更符合阅读顺序,相比"三论"可谓锦上添花。据说该书现已印刷七八次,发行了五六万册,成为畅销书。正如王先生说的:"我想,这或许是我倾心研读《文心雕龙》,最值得念想的一种奉献了吧?!"①是的,作为一位倾心于"龙学"研究的人,其劳动成果,成为畅销书,发行量如此之大,能不高兴吗!其发行量,在当今的"龙学"界,只有陆侃如、牟世金先生的《文心雕龙译注》可与之比肩。

空口无凭,现在将王先生译注上面刘勰关于注释要求的一段话,抄录如下,一见究竟:

---

① 内蒙古师范大学文学院教师风采:http://wxy.imnu.edu.cn/info/1052/1722.htm。

【译文】"若夫注释为词"三句:至于注释经典的文词,是分散了论文的整体,分别地看它与论文体例不一样,但汇总在一起就与论文相同了。如秦延君注《尧典》,写了十余万字;朱普解说《尚书》,用了三十万言。所以渊博通达之人厌恶它的烦琐,羞于以注释章句为学。

【注释】解散论体:指注释是分散的,不完整的论文。离文:指分散的注释。总会:指把分散的注释汇总在一起。秦延君:名秦恭,西汉文人。朱普:字公文,西汉文人。通人:指博古通今的学者。羞学章句:羞于以注释经书的章节句读为学问。《汉书·扬雄传》《后汉书·班固传》,分别有扬雄、班固"不为章句"之说。

【译文】"若毛公之训《诗》"句:如大小毛公的训解《诗经》,孔安国为《尚书》作传注,郑玄注释《礼记》,王弼解说《易经》,都简要、明白而又通畅,可以作为注释的范式了。

【注释】毛公:指大毛公毛亨和小毛公毛苌,西汉文人,相传是他们为《诗经》作了注解,汉代称其为《毛诗故训传》。训:训诂,即解释古书文字的意义。安国:孔安国,字子国,西汉文人。郑君:指郑玄。式:法式、范式。①

王先生堪称是刘勰训诂思想的忠诚实践者,可用"信达雅"来形容。

外延部分:(一)有关刘勰生平家世的研究。这方面,王先生在"三论"每一部书的后面附录了《梁书·刘勰传》,并做了注释。

---

① 文中的"译文"和"注释"四个字及其符号【},是笔者为了便于区别阅读而添加的。王先生的译文和注释是用宋体作为译文,仿体作为注释以示区别的。

作者声明是"录自周振甫《文心雕龙今译》"。在我看来,周振甫的注释有几处错误,王先生没有发现,因而错的责任在于周振甫。例如注释⑧和注释⑨。(注释⑧之不妥处,将在下文另行说明)注释⑨解释"太末"说:"太末,今浙江衢县。"这个注释是不妥当的,我曾经亲赴古太末县地盘考察。刘勰任职的太末县地盘很大,治所在今浙江龙游县境内。初置太末县的时间为秦代,刘勰当政的太末县区域范围以今之龙游县为中心,约为今浙江省衢州市的柯城区、衢江区、龙游县、江山市、常山县、开化县和丽水市的遂昌县全部,金华市婺城区一小部分,江西省玉山县一部分和广丰县一小部分。衢县(该县今已撤销)仅是太末县的一小部分,且不是古太末县治所驻地。

在"中华经典名著全本全注全译丛书《文心雕龙》"的《前言》中,对刘勰生平有涉猎,但是多取前人之成说。有两处可商榷。第一,第10页正数第5和第6两行中的"临川王萧绩"和"南康王萧宏"人名错位,应调换,此当属于笔误(据说后来加印时改了)。"刘勰曾转任车骑将军夏侯详的仓曹参军,管理仓廪。""夏侯详"之谓,似乎应为"王茂"①。此时的车骑将军到底是谁人,学界有争论,此处最保险的办法是模糊处理,不出现具体人名。总之,王先生对刘勰生平着墨有限,他的功力在文本译注。

(二)对"龙学"史的研究。这方面王先生没有专门的著作,其研究体现在"三论"的"疑点辨析"中。疑点辨析,必须了解"龙学"史上每一个观点的提出者和提出的历史背景,辨析也必须对刘勰原著《文心雕龙》具有烂熟于心的真了解。例如,《序志》篇的疑点辨析,涉及历代文人对《文心雕龙》一书的定性之研究,早在1991

---

① 朱文民:《刘勰传》,三秦出版社,2006年,第305页。

年王先生就发表了《〈文心雕龙〉性质问题述评》一文,尤其举到袁州本《郡斋读书志》:《文心雕龙》"评自古文章得失,别其体制,五十篇"。等等。受篇幅限制,恕不一一论析。

王先生的"三论",不易分出伯仲,只得等量齐观。我在撰写《刘勰志》的时候,原则上对于主要"龙学"家及其"龙学"专著的介绍,只选一部代表性专著作重点介绍,但是王先生的"三论"我选不出哪一部是重点、是代表作。如果从一些人的功利思想出发,就该选介《文心雕龙创作论疏鉴》为代表,但我不是一位功利主义者,把王先生的"三论"平等看待,一起记录在《刘勰志》这样一部省级官修志书中了。我平等看待,是就其学术价值而论,如果考虑到当时的学术氛围,则《文心雕龙文体论今疏》更有不凡的识见。纵观整个"龙学"研究史,《文心雕龙》之文体论,受着狭隘功利主义的影响,研究的论著远少于其他,是被冷落的一个环节。迄今为止,《文心雕龙文体论今疏》是唯一一部专门研究《文心雕龙》文体论的专著,不仅填补了这一领域的空白,而且也有反潮流的意味。

《文心雕龙》"三论"及其之后的中华书局"三全本"《文心雕龙》,是王先生治学的最高成就,是最"切合教学需要之著作"[1],不仅是内蒙古本土"龙学"研究的顶峰,也是学术界的名著。

二、大家风范和将帅气度

作为一位大学教师,首先是他的教学和育人。王先生亲自教授的本科生恐怕难以计算,而亲自指导的研究生有名号可计者35

---

①黄妙轩:《做书半辈子》,内蒙古教育出版社,2011年,第133页。

人,这是及门弟子,其私淑弟子更多。王先生的教学和研究的内容是写作学,最终总结出写作的规律:"物我交融转化律""博而能一综合律""法而无法通变律"。这三条规律的发现和阐释,被写作学界评论为"立论有据、论述坚实、验之以古今中外的文章写作,信而不爽","富于独创性、开拓性","奠定了我国科学写作学的理论基石","在国内第一次全面、系统地阐述了写作活动的基本规律"①。不难看出,王先生总结出来的这三条规律,无不源自《文心雕龙》②,可谓受益大矣,深得《文心》之真谛。

王先生在内蒙古师范大学朝夕于斯六十六年,超过一个甲子。王先生宠辱不惊,泰然若之,不跟风,不害人,以实事求是坚守做人的底线,在他的身边渐渐形成了两个集团:"学生团"和"作家群"。这个"学生团"是他的工作班子,这是他的私淑弟子石羽(郭是海)形容的,"作家群"是笔者感觉到的。

2007年,内蒙古教育出版社出版了《杏坛春秋——王志彬教授从教五十周年纪念文集》,内中有石羽(郭是海)写的一篇《我与志彬师的故事十章》,第一章就说在王先生周围有一个"学生团",仿如一个星系,王先生不仅是他们"修炼学问的楷模,更是他们立世做人的楷模。这位长者在七十多年的人生履历中,严谨、敬业、不息地追求和探索;磊落、坦荡、宽容和善待着所有的同行者。面对这样的长者你不能不怀着宗教般的情绪仰望而跟从,不能不陡增荣耀之心、羞耻之心,因而不息地自励、自强、并且自省和

---

① 王志彬著,钱淑芳、岳筱宁点评《回眸文心路》,内蒙古人民出版社,2009年,第162—163页。
② 万奇:《居今探古:论王志彬对〈文心雕龙〉的研究和应用》,戚良德主编《中国文论》第五辑,2019年,第136—137页。

自责……这个'学生团'的共通之处——大家都是出于志彬师的私淑弟子"①（文民按：其实也有及门弟子）。正是王先生的品格和学识具备帅才所特有的凝聚力，才成为整个写作学理论派的核心人物。举凡古今历史，要想成就一番事业者，必须有一班人马，有一个具有磁石般凝聚力的人物为核心，正是王先生的品格和气度，被大家自然而然地拥为旗手。

　　据郭是海说，王先生从不评头论足、臧否他人。在这个团队中，总是尊重每一个人的个性，关心着每一个成员的工作、学习、家人和生活。他的研究生白建忠在他写的文章中记录了这样一个故事：在一次学术会议的最后时间，与会者到草原去游览观光，并要求参加者多带一点服装，以抵御昼夜温差造成的寒冷。白建忠不相信，但在夜间篝火时，冻得瑟瑟发抖，被王先生发现了，王先生立即把自己身上的衣服脱下来给了白建忠。虽然白建忠执意不穿，怎奈老师硬是穿在了他的身上。白建忠说："我觉得我穿上的不仅仅是一件外衣，更是浓浓的关怀，拳拳的爱护，切切的体贴。"②

　　王先生对他人的关怀，我也体味到了。我与王先生虽然神交已久，真正见面，却是2017年夏季《文心雕龙》学会在内蒙古师范大学举行的年会上。会前，王先生了解到我和贾锦福教授的抵达时间，安排弟子到火车站迎接，入住宾馆不久，王先生让弟子送来了他为我准备的剃须刀，随后王先生与夫人陈珍女士一起来到我

的宾馆房间看望我。我知道王先生有心脏病,却不顾自身病疼,赶来看我,令我确有受宠若惊之感,寒暄几句之后,为了节约见面的时间,我来不及让座,立即决定把王先生引到贾锦福教授的房间,心想这样可多人一起见面,以减少王先生的负担。当我把王先生引到贾锦福教授的客房时,怎奈贾锦福教授激动地说不出话来,以至于控制不住情绪,泣不成声。那一年,王先生八十五岁,贾锦福先生八十三岁,是与会年龄最大的学者。

21世纪初,贾锦福先生增订他编著的《文心雕龙辞典》,在市面上买不到王先生的"龙学"大著,只得从山东跑到内蒙古师范大学去拜访王先生,请求帮助,王先生设宴招待,还请来了内蒙古教育出版社为王先生大著——《文心雕龙》"三论"做责任编辑的"文化大厨"黄妙轩作陪,从此两位学人结下了友谊。这次《文心雕龙》学会在内蒙古师范大学召开年会,按照贾锦福先生的身体状况是根本不能到会来的,他因心脏病,在北京做过大手术,后来又因为中风,患有半身不遂,贾锦福是带着轮椅由他的夫人和儿媳(儿媳是医生)陪护着来参加会议的,目的就是见一见老朋友王志彬先生。贾锦福坐了一天一夜的火车,终于见到了老朋友,结果因为中风导致的语言障碍,激动得一句话也说不出来,以哭声结束了这次会面,没有想到这次见面,竟然成了二位先生最后的一次晤面。

会议进行到第二天,王先生想到我们塞内的人,可能对塞外气候变化了解不够,准备不足,就又托付他的学生给我和贾锦福先生送来了崭新的薄羊毛背心,以抵御不测的气候变化。这说明王先生不仅关心他的学生白建忠,也一样关心着他的朋友。现在我每次拿起剃须刀刮脸,看到王先生送给我的毛背心,就想起王先生,心中格外难过,因而著录于此,以示纪念。更感谢是"龙学"

把我们的关系凝聚得如此密切。像王先生这样一位关心他人胜过关心自己的学人，在他的身边工作，其安全、幸福是可想而知的。

"作家群"之谓，显然是王先生平时爱好散文写作结交的文友，同时，这个作家群也成了王先生教学的助手。王先生时常请这个"作家群"中的一些作家给学生讲授创作的经验。这种教学方法，加深了学生对王先生讲授的写作理论的理解，也提高了学生的创作欲望，是一种非常值得提倡的教学方法。这个作家群的形成，也是王先生的学识、道德、气度形成的凝聚力使之然。

王先生的气度，不仅容得下身边每一个人的个性、特点，他还喜欢听到读者和文友对他大著的批评意见。王先生的《文心雕龙》"三论"是"龙学"界的名著。但是名著也并不都是白玉无瑕，因为没有瑕疵的著作几乎找不到，尤其是第一版。王先生的"三论"在一些个别观点上除了有商榷的余地之外，在常识性和技术层面上也有值得再版修改的地方，这包括中华书局本在内。因为我每发现自己的作品有硬伤，心中就有窝囊之感。鉴于自己的感受，总希望文友的著作白玉无瑕，但是这又不现实，退而求其次，总希望把不必要的差错减少到最低限度。鉴于这个心愿，我曾经写信给王先生提出"三论"中附录的《梁书·刘勰传》注⑧有商榷空间。王先生注说："车骑仓曹参军：在临川王府里做参军，掌管车骑仓库的事。参军，王府属官。仓曹，仓库部。"我说：刘勰"迁车骑仓曹参军"的不是临川王府，此时临川王是中军将军，而刘勰迁任的是"车骑将军府"。同时指出，这个错误根源是周振甫的《文心雕龙今译》书前的《梁书·刘勰传》注⑧。其实周振甫的《文心雕龙注释》中的《梁书·刘勰传》注⑥也搞错了，把梁武帝的六弟萧宏，说成是梁武帝的"第六子"。当然，王先生的"三论"还有几处

值得商榷,例如《文心雕龙文体论今疏》第54页倒数12行【注释】
"河间:指河间王刘德,为汉景帝之第三子,死后加号'献',世称河
间献王。"严格说,应该"死后谥号'献',史称河间献王。"还有几个
作家的"字"搞错了。例如同书的274页正数第2行:"卫觊(jì),字
伯儒。"应为:"字伯觎。"《文心雕龙创作论疏鉴》的第43页中间一
段末注"祢衡:字正章",应为"字正平"。除了《梁书·刘勰传》注⑧
之外,我发现的这几处,因为没有找到王先生资料的来源,也就没
有直接告诉王先生(因为我觉得王先生治学一向严谨,当是有所
本,或许是我不知罢了)。这主要是史学常识问题。这个问题在
搞文学研究的人群中,具有相当的普遍性。除了周振甫外,还有
杨明照等人。例如杨明照对《宋书·刘秀之传》中那句"刘秀之,字
道宝,东莞莒人,司徒刘穆之从兄子也"理解有误,因而把刘勰家
族世系表画错了。

　　前面提到我为王先生的大著指瑕的问题,这容易看出被指瑕
者的气度。王先生接到我的信函之后,回信说:"我很愿意听到各
方面读者和文友的批评,您对《梁书·刘勰传》注⑧所提出的意见,
我以为是言之有据的,得便时,我将再做思考,辨析各家之说,以
便把问题说得更准确、更符合实际。"①这看起来是小事,却显示了
王先生的气量和学风,不仅容得下身边人的个性,也容得下读者
和文友的不同意见。反观我曾经历的一次指瑕效果就相反。即
早年"龙学"圈内的一位教授,出版了一本谈《文心雕龙》的传播和
影响的书,内中硬伤和技术性的小毛病很多,尤其是前后矛盾等
现象,我说不少于上百处,发邮件告诉他,希望他再版时注意修
改,不想他回信说:该书是急就章,也难免。后来听说还在别人面

---

①王志彬先生2003年12月12日致朱文民信件。

前诋毁我。

从以上几个事例说明三个问题：第一，使用二手资料，是有风险的，需要小心；第二，名人的观点和成果，一是要重视，二是也不可轻信，需要细心研究；第三，虚心听取不同意见，需要气度和良好的学风。

我们研究前辈的学术历程和学术成果，为的是总结前人的经验和教训，以利于后辈学子少走弯路，在治学的道路上走得更快些，学术成果更多一些，更好地为祖国服务，舍此就失去意义了。

据说早年王志彬先生的"龙学"大著，曾经寄给《文心雕龙》学会的某一位负责人，如石沉大海，我估计是门户之见所致。是金子总要发光，当《文心雕龙》学会成立三十周年纪念大会的时候，会议承办方的山东大学，向王先生及其弟子发去了邀请函。从此，研究"龙学"数十年的塞外团队，终于归队，旗手王志彬先生也在2017年的学会年会上被聘为学会顾问，而王先生的得意弟子万奇教授，也被学会选为副会长，其他几员大将也成为学会的理事。王志彬先生的"龙学"成果不仅多次获奖，成为畅销书，而且也被有识者列为"龙学"界的十二位大家之一而载入史册。王志彬先生虽然已经作古，令我们痛惜和怀念，但是自古至今长生者不曾有，志彬先生以米寿之年去刘勰那里报到，刘勰当会张开双臂欢迎，高兴地说："文果载心，余心有寄"矣！并视之为知音，后人也会觉得王先生是"龙学"的功臣。

在王先生逝世一周年的时候，谨以此为祭。

（朱文民，莒县刘勰《文心雕龙》研究所所长，中国《文心雕龙》学会原理事。）

论《文心雕龙创作论疏鉴》的独创性

——谨以此文纪念王志彬先生逝世一周年

陈亚丽

《文心雕龙创作论疏鉴》是王先生多年来潜心研究"龙学"的结晶,是他个人的科研工作成果,同时也是"龙学"研究领域令人瞩目的丰硕果实。此书在写作理论方面有突出贡献,富有独创性。

一、挑战前人,独树一帜

《文心雕龙》,作为中国古代一部系统的文论巨著,一直被后人奉为圣典。对它的解释、翻译、研究等学术成果,不胜枚举。通行的今人版本就有范文澜《文心雕龙注》、詹锳《文心雕龙义证》、杨明照《文心雕龙校注》及《文心雕龙校注拾遗》、周振甫《文心雕龙注释》、王利器《文心雕龙校证》等。《文心雕龙》的系统性在众多古文论当中堪称典范。对于这样一部已有众多研究成果的皇皇巨著进行研究并有新的发现,实属不易。

翻开《文心雕龙创作论疏鉴》的目录,读者会惊奇地发现,《文心雕龙》原有的顺序已经被王先生做了大胆的调整。这种调整结构的举措,充分显示出王先生挑战古人的非凡气魄。研究"龙学"的学者,成千上万,但鲜有像王先生这样,将《文心雕龙》的顺序做重新整合的。对古人的研究思路做出调整,需要勇气,更需要学识。《文心雕龙创作论疏鉴》将原文位列"第五十"的《序志》篇放置到第一篇,又把位列"第四十四"的《总术》篇,提前到第二篇,并冠之以"导论"。从《序志》和《总术》两篇的具体内容来看,这种调整,恰到好处,适得其所,收到了"名副其实"的客观效果,使这两篇文章能够更加有效地发挥其应有的作用。

王先生除了将《序志》《总术》编为"导论"之外,还把《神思》《情采》等五篇编为上编;把《通变》《章句》等五篇编为中编;《事类》《指瑕》等八篇编为下编。这种编排思路明显反映出王先生的研究思路,完全是按照写作活动的运行规律来安排的。了解写作活动一般规律的人都会发现,《文心雕龙创作论疏鉴》上编主要讲述写作的构思、写作者的修养、文风等内容;中编主要讲对材料的处理(包括剪裁、安排结构、对文章语言形式的修饰);下编主要讲修辞及文章的修改。这样一种思路,完全符合现代写作活动的自然规律,使《文心雕龙》这部鸿篇巨制在理论与实践的结合上又前进了一大步。

重新调整篇目的次序,表面看是形式问题,实质上体现了作者对写作规律的透彻把握,是作者认识水平的突出体现。另外,也表明了作者敢于向古人挑战的胆识。

除了对《文心雕龙》的顺序做出了科学的调整之外,王先生还指出了这部被后人奉为经典的著述的不足。这是在"龙学"研究界少见的。在《文心雕龙创作论疏鉴》的《神思》篇,王先生直截了当地指出:

　　《神思》篇也并非毫无缺点。其一,它论述"神与物游"

"神用象通"，原则上是正确的，但它所谓的"物"和"象"，主要是指自然景物，而把实实在在的社会生活忽略了。其二，他强调"并资博练""博而能一"也是有实际意义的，但它所谓的"博"则主要是指多读书，而没有给直接的社会实践以应有的位置。其三，它论及"思表纤旨""文外曲致"，虽承认且存在，却又认为是"言所不追"的，采取了"笔固知止"的回避态度，这就有点消极的不可知论的味道了。刘勰受历史的局限，对写作领域中的一些精微之处没有认识；但随着社会的进步，许多写作中的奥秘，都一一破解了。从发展上看，那种无可奈何的"其微矣乎"的喟叹，是不必要的。

王先生这段"指瑕"，不是简单地指出问题表面的正确与否，而是在对问题的客观、深入的分析基础上，从深层次推论出刘勰观点中的不足。这一方面体现出作者科学、严谨的治学态度；另一方面，更体现出作者的挑战精神，不迷信、不盲从，即便是对早有定论的"古人""大家"。

从王先生在书后所列出的书目，可以看出"龙学"的研究成果相当丰厚。作者对前人的研究成果，同样也没有丝毫的迷信，而是客观、公正地对待。

比如在《总术》篇，作者在"疑点辨析"部分就"总术"的内涵做出的分析。作者首先将五种不同的见解一一罗列出来，然后加以分析。出人预料的是，作者没有同意其中任何一种意见，而是提出了自己对这个术语的理解："总之，'术'可以说是写作规律、原则、体制和方法的一个统称。""并非某一特定的、具体的'术'，而是《文心雕龙》所有篇章中，特别是创作论十九篇中所言之'术'的总称。"笔者非常赞同王先生的这一观点。

作者随后又进一步阐明了得出这个结论的深层缘由。作者详细分析了《文心雕龙》各篇中关于"术"的内涵，并且高屋建瓴地指出："《练字》《章句》《丽辞》《声律》《夸饰》《隐秀》等篇，也各有其'术'。"这一论点，新颖独到，颇有深度。通过这一论点的分析，表现出作者治学的严谨态度和开阔思路。为了搞清楚一个术语的内涵，作者可以不厌其烦地对全篇的相关内容进行考证，直到得出自己认为最为科学的结论为止。

王先生在研究中，从不简单地苟同前人的定论，而是抱着一种科学的态度，从《文心雕龙》文本本身出发，用篇与篇互相参照的方法，去深入探索，从而得出自己的全新观点。这一特点贯穿全书的始终。

二、深入浅出，贴近实践

读过这本书的人都会感觉到，这本书有极强的理论性，引经据典，透彻剖析，与其他上乘的"龙学"著作相同。此书还有一个与其他著述不同的地方，就是此书处处表现出对读者的观照，具有极强的实用性。此书每一篇都从"原文译注""内容提要""疑点辨析"三个方面去解析。作为全书的结构形式线索，它集中呈现出作者处处从读者的阅读角度去考虑问题的特征。

首先，在"原文译注"里，不但有逐字逐句的解释及现代汉语的翻译，而且连读者有可能不认识的字，作者都给出了汉语拼音，这明显是要帮助读者真正掌握、学会相关内容，而非自顾自单纯地搞研究，为学术而学术。关注《文心雕龙》的人都会发现，有些著述的解释，仍然是让人读不懂，更使这部巨著被蒙上神秘的面纱。而王先生此书则揭开了《文心雕龙》的神秘面纱，让读者感觉到这部巨著并非可望而不可即，真正缩短了读者与《文心雕龙》之间的距离。"原文译注"对文中难以把握的词，作者做了专门的解释，为读者真正扫清文字障碍，且确实能够帮助读者去顺畅地阅读原文。特别是对于读者有可能产生疑问的地方，都给予准确、明了的解释，颇有雪中送炭的意味。

其次，在"内容提要"里，作者或者把原文中论述的话题之重要意义、作用、准则等剖析出来，或者将原文中的精华提炼出来，排列开来，让读者一目了然。比如在《镕裁》篇，在"内容提要"部分，作者就将"裁辞"的方法提炼出来了。作者说，"综观全文，刘勰提出的主要裁辞方法有以下几点"，接着作者将有关的三种方法展示出来，即"变通以趋时""修短有度""适分所好"，这三个方面如果不是作者专门指出，读者是不容易自己体会出来的。作者这种"及时雨"式的提示，确实能够帮助读者去理解原文的深刻内涵，让读者能够从更深层次去感受《文心雕龙》的神韵。

再次，在"疑点辨析"里，作者经常是将原文中重要而又有争议的语句，进行专门的分析。作者常常把对同一问题的不同解释一一展示出来，然后对那些不同的解释进行逐一的解析。在解析过程中，不是简单地给出结论，而是对那些观点给予细致的分解、剖析，甚至推理，把得出结论的过程或者依据也如实展示出来。这使读者不仅知其然，更知其所以然。

总之，在《文心雕龙创作论疏鉴》里，是从理论的高度与广度去着眼，而最终又落实到读者的"致用"上，将理论与实践紧密地、自然地结合到了一起。

三、精益求精，严谨客观

在《文心雕龙创作论疏鉴》中，作者是在分析前人观点的基础上逐渐树立自己的观点，让人感受到的不仅是学养的深厚，更有治学态度的严谨。在解析的过程中，作者是层层深入，一步步地推理。有时为了将一个问题阐释清楚，作者不惜花三四千字来论述一句话的内涵。比如《神思》篇中关于"志气"的内涵，作者首先在"内容提要"里做了简单分析，之后作者又在"疑点辨析"里用大量的篇幅阐述它的正确含义。其中既联系了全书中涉及"志气"的词语及其含义，也涉及其他"龙学"学者关于这个术语的意见，最后得出了无可辩驳的结论："可以比较肯定地说，对刘勰所谓的'志气'，不宜一般地解释为世界观、思想感情、气质或意志，而应当把它视为一种以才、学、识等修养为基础，在写作构思过程中，由精力和体力、心境和情绪、激情和欲望、勇气和信心等诸多因素，所形成的一种精神状态。"这个结论，虽然表述起来内容长了点儿，但因为是在作者多角度、多层次的反复论证之后得出的，所以它让人心服口服。同时也让读者在事实面前，由衷地钦佩王先生这种精益求精的治学精神。又比如在《镕裁》篇里，作者在阐述"刚柔以立本"之"本"的内涵时，几乎就是在进行考证了。作者考察了全书中这个词出现时的意义，最终推论出它的真正含义。总之，作者是将所有能够列举出来的理论事实，尽量列举出来，用事实说话。

　　《文心雕龙创作论疏鉴》在论述观点时，无论是前人有否论述，也无论前人的观点是否正确，作者均能采取一种实事求是、客观公正的态度。比如关于《文心雕龙》的适用范围问题，长期以来一直是仁者见仁，智者见智，虽然也有少数人对这个问题提出过比较科学的意见，比如书中所引老舍先生对这个问题的高见："但是《文心雕龙》并不是真正的文学批评，而是一种文学源流、文学理论、修辞、作文法的混合物。"但是这种意见一直未被广泛认可。

在此书里，王先生回顾了文学、文章的历史纠葛，从理论上论述了这部巨著的性质："《文心雕龙》所论述的主要内容，并不是单一的'纯文学'的理论批评"，他认为应该将"作文的法则""写作指导""文章作法"合三为一，统称为"写作理论"。作者在阐述这个问题时，客观、公正地指出了文章与文学的不同，给《文心雕龙》的定位更加科学、准确。作者说："刘勰的《文心雕龙》是一部具有中国作风和中国气派的典型的写作理论专著。"王先生认为写作理论既包括文学创作也包括文章写作。事实上，凡是认真研究过《文心雕龙》的人，都会从这部巨著的文本本身出发，认识到此书所涉及的"批评"的确是广义的，应该是包括文学和文章。王先生的论述，显示出他对《文心雕龙》的深刻理解。

综上所述，《文心雕龙创作论疏鉴》理论丰厚，又深入浅出，它给读者打开了一扇了解、学习、研究《文心雕龙》的窗子。它除了具有上面所说的特点之外，还有比如旁征博引、论证周密等特点，在此不一一展开论述。

在王先生离开我们一周年的时候，我们重温王先生的学术观点，学习他对待学术研究的严谨态度，就是对他最好的纪念。

（陈亚丽，首都师范大学文学院教授、中国散文研究中心副主任，国际汉语应用写作学会理事。）

王志彬先生六十载荣光文心路

石　羽

一

　　万奇先生代《广播电视大学学报》约这篇稿子，已经半月有余，无奈一提到志彬师三字，内心便无限地沉重而难以启笔，便一直拖到今夕。今夕，莫名地有一种冲动，一定要把稿子写出来。今夕何夕？翻检日历：2020年7月8日，哦，志彬师离世半年忌日——是该对志彬师学术思想梳理做点什么了。

　　志彬师是内蒙古写作学会奠基人、写作学会终身名誉会长，中国《文心雕龙》学会顾问，享受国务院政府特殊津贴。一生致力《文心雕龙》研究，著作等身，名满天下。半年前，在志彬师告别仪式上悬垂天地的大幅挽联写道：大师大德高风高古因有先生北疆文心终入江流一朝彪炳千秋业，大儒大雅高品高格若无恩师雕龙弟子安成梯队积年铸就百世功。如果说这幅挽联难以对志彬师一生伟业盖棺论定，但，至少表达了这样的事实：志彬师以一人之力，皓首穷经六十载，带动了内蒙古写作学科的建设，托举出《文心雕龙》研究一个梯队，终于把居于北疆一隅的写作学、古代文论学，特别是《文心雕龙》学学术影响推及全国，并成就了万奇、高林广、李金秋等一大批《文心雕龙》研究学者，后继有人。直到弥留之际，志彬师尚可与人言者，唯文心学研究的未了事。闻者动容，知者泪目。我曾撰写挽联一副曰：

我师负笈之年盟誓躬行雕龙毕生愿广求名师体认师承终成学界名师

先生弥留时节屈指历数文心未竟志敢问苍天不假天年何为碧海青天

这也是我作为志彬师终身受益的私淑弟子对恩师表达的最后的敬仰。

二

不完全统计，志彬先生一生著述二十余种，内容涉及写作学、古代文论学、《文心雕龙》学等多种学科，全面评价志彬先生的学术成就并非易事。好在志彬先生众多弟子平时已经从不同角度做过一些梳理。特别是2009年，志彬先生初罹沉疴之际，由他的弟子钱淑芳、岳筱宁操刀弄剪，费时数月编辑出版的《回眸文心路》，为后人提供了志彬师学术研究的重要线索。

《回眸文心路》一书的外在结构是清晰的——它是志彬先生一生著述的摘要汇集。

《回眸文心路》第一编《文苑掇拾》主要摘自志彬师《散文写作概说》一书的基本观点。以一书成一编，这在全书绝无仅有。编者的意图显然在于突出这部分内容在志彬先生学术研究中的重要地位。《散文写作概说》成书于1986年，出版于1988年。此前先生已经有《写作简论》《写作技法举要》《修辞与写作》等多部著作问世，但为什么独独看重这部书的意义？先生自己认为，这部书是"真正做学问的起点",成为先生独立著述进入学术研究领域的"转折点"。其中关于对"形散神不散"学说的批评,就此提出散文"形散神聚""形神俱散""形神皆聚"等多元形态特征的阐述,在当时成为散文理论界的空谷足音。另有承传传统技法,广泛吸收西方和现代派创作技法于散文创作的诸如点染、通感、悬念、那辗、附会与意识流和蒙太奇等"技法论"揭橥,都使这部著作放射出独抒己见的光彩。而此前的各种著述,先生均自谦地认为是"围绕教学进行的,更多的是综合、提炼,缺少原创性质的著述"。

《回眸文心路》第二编《杏坛絮语》摘自志彬先生除前编《散文写作概说》和后编《龙学外谈》外的全部学术著作,凡14篇文章,集中展现先生在中国写作学科建设中的理论探索和发展轨迹。

《回眸文心路》第三编《龙门外谈》专事先生晚年三部龙学专著的提要,我下文将有专章提及,故此处不赘。

《回眸文心路》第四编《序文小集》彰显先生对门生后学的引举。每文各有所重,读者一睹自明。

20世纪80年代以前,中国的大学没有独立的写作课,更没有写作学科。中学教作文,从属于语文课;大学教写作,从属于文学概论或文选习作。

20世纪70年代后期,初起的教育改革,日益高涨的理论联系实际的呼声,使得写作课教学规模在中国快速发展。不管远程教育还是学院教育,不管文科院校还是理科院校,写作课都成了必修课。各种各样的"读本"速生,惯常的知识体系"八大块"到处罗列应急。系统的写作理论远未出现。志彬先生最早在这个时期、最早进入写作课教学阵地,他和裴显生、刘锡庆、余国瑞、于成鲲、孙绍振、林可夫、程福宁等一大批有识之士成为这个时代的领军人物,在这个领域里各具特色,开疆拓土。

其中第二编最引人注意的应该是志彬先生对写作基本规律的探讨。在此之前,写作学尚属"知识"阶段、"方法"阶段,故无"规律"可以探讨,无"本质"可以揭示。但志彬先生以为,"进行写作教学,进行学术研究,归根结底就是要揭示这门学科的规律",这是个绕不过的话题,总要有人开头。从1979年开始,先生大约用了六七年的时间,筚路蓝缕,孜孜以求,综合各家之说,辨析献替、抽绎升华,终于做出回答,这就是作为国家教委高校文科教材"七五规划项目"的《写作学高级教程》领篇之作——写作的基本规律:物我交融转化律、博而能一综合律、法而无法通变律。志彬先生这一研究成果使他毋庸置疑地站到当时中国写作学研究领域的最高点。从此以后几十年,各种写作学专论层出不穷,各家关于写作规律的阐述,可能提法不同,角度不同,范畴不同,但是这"三论"所涉及的本质揭示迄无突破。

从"规律论"开始,志彬先生就在中国当代写作学科建设这条道路上一直走下去,穷其一生而为之。

在学术领域,我不能否定"单兵作战"的个人化治学模式;我不能否定"打一枪换一个地方"的游击战治学模式。我这里只强调不同于上述"模式"的"王志彬模式"。

这是蕴含在这部书中的内在逻辑——

他是打"阵地战"的能手。守住一个写作学科的战场,在建设写作学科这个理想主义目标下,从教材建设、范文读本建设,到专论建设,到史的建设;从基础到实用,从专论到史论,从微观到宏观,一个阵地一个阵地地打下去,打了一辈子,直打得自己白发丛生,打得自己心力交瘁。当然,留在他背后的是一本本著作,一个个成就,一座座高峰。

他不是"一个人在战斗"。他把写作学科的建设看成是无数人共同致力的"团体行为",需要一代又一代人接力般地前行,从而在内蒙古这个"边远落后"的地方,为中国写作学科培养出一个由本科生、硕士生和博士生组成的学科梯队。

他不是理论派的高手,他是实践观的猛士。他说,我写文章不是给自己看的,不是为了评职称,不是为了一点狭隘的私利,如果套个"经世致用"吧,就是在写作学科建设中努力地向前匍匐爬行。能够走多远,我自己也说不清楚,但我会一直不停地走下去。他的一切成果都是从写作教学出发,遇到一个问题,研究一个问题,解决一个问题,成就一批成果。

现在列出志彬先生的主要学术成果:

1979年《写作简论》(合著)

1981年《写作技法举要》(主编)

1982年《修辞与写作》(合著)

1987年《写作学高级教程》(参编)

1988年《散文写作概说》(专著)

1992年《写作理论研究丛书》(组织者,丛书副主编,近代部分主编)

1993年《中国写作理论史》(副主编)

1994年《写作技法实用指要》(参编)

1996年《基础写作学要义》(参编)

1997年《文心雕龙创作论疏鉴》(专著)

2000年《文心雕龙文体论今疏》(专著)

2001年《文心雕龙新疏》

2002年《文心雕龙批评论新诠》(专著)、《新编公文语用词典》(主编)、《20世纪中国写作理论史》(主编)

2005年《文心雕龙例文研究》(合著)

2003年开始《21世纪写作学习丛书》(总主编,共11册,已出7册:《写作学指要》《科技写作指要》《法律文书写作指要》《常用应用文写作指要》《行政公文写作指要》《礼仪文书写作指要》《演讲词写作指要》)

2012年《文心雕龙》"三全"版(中华经典名著全本全注全译丛书)

2014年《文心雕龙》(传世经典文白对照版)。

这个长长的书单是对志彬先生治学六十年的献礼,是对他抛洒汗水和心血的纪念。专著固然见其科学攻坚的水准;合著、参编、主编,亦能见其作为写作学科领军者引导、组织、推动的匠意。

三

我这里要单独拿出《回眸文心路》一书第三编《龙门外谈》,志彬先生晚年的"龙学三论"说事,这是因为我亲眼见证了这三部专著的诞生和影响。

1997年志彬先生三论之一的《文心雕龙创作论疏鉴》出版,同时另两论《文心雕龙文体论今疏》《文心雕龙批评论新诠》都已胎落腹中。以我当时不敏之见,认为先生治学已入佳境,龙学高峰渐出水面。经内蒙古写作学会、中国写作学会商议,由我筹集一笔资金,于1999年秋天在内蒙古赤峰市召开一次《20世纪中国写作理论史》暨《文心雕龙创作论疏鉴》研讨会。前者是中国写作学会发起人之一、北京师范大学教授刘锡庆先生主持,志彬先生参与主持的研究课题,后者是中国写作学会当下已出版的唯一一部龙学专著。把这两个专题合在一起研讨,实际成了中国写作学会一个全国性专题会议。会长裴显生以下众多要员纷纷莅会。裴显生、刘锡庆、可永雪、万奇、陈亚丽、董文海、张洪森等多人发表对志彬先生《疏鉴》一书的评论。

与会专家共同认定,《文心雕龙创作论疏鉴》第一次提出《文心雕龙》是一部"具有中国作风、中国气派的写作理论专著",第一次颠覆了由今人'读'出来的"堪与亚里士多德《诗学》比肩的""东方文学理论巨著"观;第一次从指导写作实践、提高写作理论这个特定需要、特定角度出发选文定篇,形成新的框架体系,开就一条将这部古典名著按专题选编诠释的新路;第一次集原文、译著、提示与辨析于一体,融前修时彦成果与作者新见于一炉。三个"第一"是对志彬先生龙学研究创新性的精辟概括。

再到后来,《文心雕龙文体论今疏》《文心雕龙批评论新诠》陆续出版,《文心雕龙例文研究》(合著)、《文心雕龙悬疑研究》(合著)也已经出版或杀青,有关王志彬龙学研究评家益多。其中万奇所论"《疏鉴》重'辨',即辨正创作论的诸多疑点;《今疏》重'今',即阐述文体论的现代意义;《新诠》重'新',即重新界定批评论的范围"最中肯綮。至2005年,由上海古籍出版社出版、山东大学戚良德编著的《文心雕龙学分类索引》,将志彬先生位列"古今龙学十二家"——即纪昀、鲁迅、黄侃、范文澜、杨明照、周振甫、张光年、詹锳、王元化、王运熙、牟世金、林杉(王志彬先生笔名),这是对志彬先生治龙学成就的公允评价。

纵观古今,龙学著述汗牛充栋,有精于创作论者,有精于文体论者,有精于批评论者;但三论皆治者,唯志彬先生一人耳。

有鉴于此,2008年在北京出炉的"30年最具影响力的书500种提名书目"的评选活动中,我曾向专家组力荐志彬先生的龙学三论。专家组"重在影响"的第一指标,使学术著作选目甚微。经从互联网上查阅该"三论",尤其是《文心雕龙创作论疏鉴》在整个中国大陆和世界华文(学术)圈中真正"广泛影响"的"证据",最后将《文心雕龙创作论疏鉴》列于"500种提名"名单中。该名单按照年代顺序排列,"1997年"条下的文学作品只收录两部:一是余光中的《余光中诗选集》,一是志彬先生的《文心雕龙创作论疏鉴》。该评选活动由素以"中国出版业旗舰"著称的中国出版集团和江西出版集团联合主办,由素以"中国出版业第一媒体"著称的《中国图书商报》承办,专家组由陈晓明、白烨等10名全国一流评论家组成。《文心雕龙创作论疏鉴》被认定"30年最具影响力的500种书提名",志彬先生实至名归。

四

翻阅《回眸文心路》这本书,陆续记下一些研究志彬先生的治学线索:

志彬先生治学的三个阶段:组织区内教师完成《写作简论》《写作技法举要》;走出内蒙古,完成《写作理论辑评》《中国写作理论史》等;潜下心来,精心打造《文心雕龙》研究三部曲。

志彬先生治学的三个模块:规律论(道)、模式论(体)、技法论(术)。

志彬先生治学的三个原则:融汇古今、理论联系实践、继承和发展。

志彬先生治学的三个方法:弥纶群言、辨正然否、独抒己见。

志彬先生写作规律的三个核心思想:物我交融转化律、博而能一综合律、法而无法通变律。

志彬先生治学三个最高成就:《文心雕龙创作论疏鉴》《文心雕龙文体论今疏》《文心雕龙批评论新诠》。

志彬先生"龙学三论"三个"第一次"：第一次提出《文心雕龙》是一部"具有中国作风、中国气派的写作理论专著"，第一次开就一条将这部古典名著按专题选编诠释的新路，第一次集原文、译注、提示与辨析于一体，融前修时彦成果与作者新见于一炉。

志彬先生龙学研究三个尚待开发的课题：《文心雕龙》评点研究、《文心雕龙》序跋研究、《文心雕龙》典故研究。

志彬先生预见中国写作学科的三个前景：确立学科地位、维持现状、取消基础写作学科。

志彬先生在写作学科建设上三个未了的愿望：梳理历代作家的写作经验，寻找写作本源；梳理20世纪80年代以来的写作理论，产生一个弥纶群言的新理论体系；梳理当代学者、文人、作家新的创作经验，给今天的写作课教学提供近距离借鉴。

志彬先生不顾耄耋高龄，给自己的双肩"无情"加码，怀抱丰满治龙前景无任拼搏。无奈苍天不假天年，在第一次心脏病发作后，抱病笔耕一个地支，更换两次心脏支架，熬尽最后一滴心血，终至扑倒在迷离、艰辛、枯燥与荣光并存的治龙路上。在与之告别的最后的仪式上，当人们逐渐散去，他的几十个从全国各地汇聚而来的弟子，扑通一声跪倒在他的灵前失声痛哭，沧浪骤响，云天失色。人们哭他的执着，哭他的内敛，哭他的仁厚，哭他的宽容，哭他的正直，哭他的悲悯。哭这样一位好学者、好导师、好长辈，从此一去，天人两隔。

五

我在20世纪90年代末离开内蒙古，而这段时间恰是内蒙古龙学鹊起之时。

　　离开内蒙古之前我从事写作教学。那时在自选教材中,我一直使用志彬先生的《写作学纲要》,同时参考先生的《散文写作概说》《写作简论》和《写作技法举要》。在这些著作中,我明显看出志彬先生广泛吸收了以《文心雕龙》为主的中国古典文论的精髓。

　　1997年,志彬先生"三论"之一的《文心雕龙创作论疏鉴》由内蒙古教育出版社出版,同时另两论《文心雕龙文体论今疏》《文心雕龙批评论新诠》也已基本成型。在我和万奇的共同努力下,特别是得到中国写作学会会长裴显生先生的支持,成功召开了"《20世纪中国写作理论史》暨《文心雕龙创作论疏鉴》研讨会"。这次研讨会成为推送志彬先生《文心雕龙》学术成果的试笔。后来我在万奇、徐新民的采访录中读到,志彬先生说创作论出来以后,一度曾想放慢脚步,而正是这次赤峰会议推动了他,让他仅用四年时间把另外两论赶了出来。这时我已经到北京中国图书商报社担任总编室主任,已积累了一定的人脉,也了解全国出版界状况,深知志彬先生和他的梯队的研究成果的分量,可惜偏于一隅,不为外界所知,实在是委屈和被埋没了。我们报纸有子刊《书评周刊》,每周一次评论全国新出优秀出版物若干种,有排行榜,有专访,有书评,有书介。虽然我多次提稿,总不被编辑认可。这时我开始思索一个问题:自古龙学著述汗牛充栋,有精于创作论者,有精于文体论者,有精于批评论者;但三论皆治者,唯志彬先生一人耳。可这么突出的成就,为什么在学术界、出版界籍籍无名?先生从20世纪50年代学习范文澜龙学,70年代师从吴调公龙学,80年代讲授龙学,凡六十年,除"龙学三论"外,又先后开发出例文研究、悬疑研究、评点研究、序跋研究、典故研究等十几种系列研究计划。而且他不是一个人在战斗,他在内蒙古师范大学把龙学建成了一个学科,他由一人起步,延及周围同好,到数代学生和研究生、博士生，形成了几十人的庞大梯队，出版专著十几种，发表论文上百篇。这种现象举国上下又能数出多少？仅以《浙江树人大学学报》一篇《2001年到2010年国内〈文心雕龙〉研究综述》(侯素芳等)一文统计，十年间全国共有治龙文章4 130篇，发表论文在7篇以上的44种期刊中，排在第一位的是内蒙古师范大学的《语文学刊》(离开内蒙古前，我曾任过该刊主编)，以60篇的数量遥遥领先；发表论文最多的72家机构中，内蒙古师范大学以50篇的数量位列全国第三位。但是作者在案例分析中，对《语文学刊》和内蒙古师范大学却只字未提。原因可能跟内蒙古的"籍籍无名"有关。这时我想到，在图书从精神属性向商品属性转变的时代，是志彬先生出书的出版社的区域性限制，把他的社会影响力压到最低。这种情况理应改变。

待志彬师策划，万奇、李金秋合著的《〈文心雕龙〉探疑》收稿时，我跟志彬师商量，这样的重点项目，无论如何要拿到国家级出版社去出版。但志彬师顾虑，认为当时全国龙学以文艺学立论，而我们以写作学立论，又偏于内蒙古一隅，就怕无人认可。我表示愿意试试。

2011年春天，我把《〈文心雕龙〉探疑》书稿，连同志彬师"三论"和他的龙学研究系列计划送给中华书局总编辑徐俊先生。徐俊说，中华书局自周振甫之后，因为没有像他那样的文论专家审稿，所以作者必须找到权威专家认定才能出版。他开列的权威，第一位就是詹福瑞先生(时任国家图书馆馆长)。这年4月，我在国家图书馆参加文津图书奖颁奖典礼后，同样抱着一大捆材料送给詹福瑞先生。詹先生翻看了各种材料后感慨地说，没想到在内蒙古有这样一支研究力量竟被我们埋没了。中国《文心雕龙》学会历来承认学派，但反对宗派。你们从写作学角度立论，更加开阔了研究视野,你们本应该得到支持和鼓励。他当下承诺要为此书作序,向全国读者推介。2013年春节过后,由詹福瑞先生的序文压卷,《〈文心雕龙〉探疑》在中华书局出版发行。詹先生序言在我们报纸上同时刊出。

因为有詹福瑞先生的推荐,中华书局这个中国古籍出版重镇的大门被推开了。《〈文心雕龙〉探疑》之后,志彬先生系列课题中高林广编著的《〈文心雕龙〉先秦两汉文学批评研究》再次经我推荐,也顺利在中华书局出版。特别是志彬先生独著的"全本全注全译"和"传世经典文白对照"《文心雕龙》两个普及版本,自2012年在中华书局出版后,至志彬先生辞世,累计发行近二十万册,成为近年来中国古籍出版常销书和畅销书翘楚。我为此专访中华书局责任编辑宋凤娣,发表了《一本〈文心雕龙〉书何以销到十多万册》一文。文中指出,中华书局关于《文心雕龙》的常销书有十余种,包括黄侃、范文澜、周振甫、杨明照等先生的名著,但王志彬"三全"本销售一骑绝尘,遥遥领先,其繁体版更被台湾联经公司买走版权。

志彬先生以及内蒙古的《文心雕龙》研究成果给中国《文心雕龙》学会会长詹福瑞留下深刻印象。2015年学会年会在云南召开前夕,我接到詹先生来信,问我下一届龙学年会能否在内蒙古召开? 我感到这是内蒙古《文心雕龙》研究直接拥抱全国和世界的重要契机,千载难逢。立即联系万奇,并打电话征询志彬先生意见。没想到一向小心谨慎的志彬师慷慨允诺:表示愿意克服一切困难,一定开好这次大会。经过两年的筹备,2017年8月,中国《文心雕龙》学会第十四次年会在内蒙古师范大学顺利召开,以150人的海内外参会者规模和120篇提交论文数量,创造学会年会新的纪录。王志彬先生在这次年会上被众望所归地推举为中国《文心雕龙》学会顾问。

由于多年来对志彬师和内蒙古师范大学文学院学术成果的宣传推广,引起我们报社领导和主管单位中国出版集团重视。他们提出:可否把内蒙古师范大学文学院建成京蒙合作出版基地?经过商讨策划,2016年8月,我们报社和内蒙古师范大学文学院签约:用三年时间,把内蒙古师范大学文学院43部学术著作,全部放在中国出版集团出版,再由我们报纸宣传推介。其中龙学专著三种,包括高林广、石海光的典故研究,万奇、李金秋的文章学研究,全部推荐给中华书局考虑是否可以出版。

六

在王志彬先生带领下的内蒙古写作学梯队建设现象,一度被全国写作学界称为"内蒙古现象"。它的核心就是这个梯队的引领者和后来者源源不断的师承接续。研究《文心雕龙》学历史的人都会注意到,这门学问和其他所有学术研究一样,学术带头人以及他们前后的师承关系,对一所大学,乃至一个地区的学术影响力都是至关重要的。

我们以中国《文心雕龙》学会为例。这个学会是1983年成立的,到现在历经37年,召开过15次年会。在山东召开的有5次之多,其中包括第一届的成立大会,差不多占了15次年会三分之一。这是为什么呢?因为创意发起成立这个学会并担任首届秘书长的牟世金,是山东大学著名《文心雕龙》研究学者,身兼山东大学《文心雕龙》教研室主任,一生专攻《文心雕龙》研究。他和其老师陆侃如合著的《文心雕龙译注》,是《文心雕龙》学具有广泛影响的一部著作。陆侃如则是国学大师梁启超的学生,他的国学功底直接受惠于梁启超。牟世金之后的山东大学龙学活跃者是牟世金的门生戚良德。正是戚良德,在他的专著《文心雕龙学分类索引》一书中,把王志彬先生列为鲁迅、胡适、王元化、杨明照、周振甫之后《文心雕龙》研究学者古今十二家之一。

再看河北大学。在《文心雕龙》研究地位中,河北大学和山东大学差可比肩。在《文心雕龙》学会至今召开的15次年会中,从第七次年会开始,詹福瑞主持学会工作16年。他的《文心雕龙》研究成果《诗人比兴 拟容取心——〈文心雕龙〉"比兴"论》《〈宗经〉与〈文心雕龙〉的理论体系》《〈文心雕龙〉"总术"考释》等,受到学术界广泛关注。詹福瑞是我国现代《文心雕龙》学第二代研究巨匠詹锳的第一批古代文论博士。詹锳的《文心雕龙义证》,是《文心雕龙》学历史上一部举足轻重的作品,而他的《〈文心雕龙〉的风格学》则是中国历史上第一部研究《文心雕龙》风格的著作。对詹锳治龙学产生很大影响的黄侃,其《文心雕龙札记》历来被认为是现代意义上"龙学"的奠基之作。而黄侃师从章太炎。章太炎早年和孙中山一起在东京就靠讲授《文心雕龙》生活,被称为现代《文心雕龙》学的开山祖师,带出一大批卓有成就的、包括《文心雕龙》研究在内的国学大师。

从内蒙古师范大学走出去的马白,可以说是内蒙古地区龙学研究的拓荒者之一。万奇先生统计过他的学术成果,我不再赘述。1990年中国《文心雕龙》学会第三次年会是在汕头大学召开的,就是因为马白离开内蒙古到了汕头大学,成为汕头大学乃至整个广东地区最有影响力的龙学专家。而马白自己也成了牟世金之后的第二任学会秘书长。

从这样一个角度来回望内蒙古《文心雕龙》学过去、现在取得的巨大成就,我们就不难理解,正是因为有王志彬先生这样的学术带头人、登高探险的领路人，经半个多世纪以来对《文心雕龙》孜孜以求的研究；由他带出来的一个由中青年教师和研究生共同组成的《文心雕龙》学研究梯队，举内蒙古师范大学文学院之力，举内蒙古写作学会之力，前后几十年共同致力于《文心雕龙》学研究，才让龙学逐渐走出内蒙古师范大学，走出内蒙古，走向全中国。而志彬先生是怎样的师承关系呢？志彬先生早年读的《文心雕龙》是范文澜的版本，范文澜出自黄侃之门。后来志彬先生直接就教于南京师范大学吴调公，吴调公是中国古代文论研究领域独成一家的学者，在南京师范大学专开《文心雕龙》创作论研究课程，是《文心雕龙》学的大家。

　　现在志彬师遽然离去，千斤重担落在万奇、高林广、李金秋这些中青年学者肩上。就在去年召开的第15次中国《文心雕龙》学会年会上，万奇当选学会副会长，在职务和职责上，他已经走出区域、进入全国的视野和襟抱。站在志彬师的肩头，这条路，他比志彬师走得短，走得快。相信内蒙古写作学和《文心雕龙》学研究梯队，在志彬师之后，在万奇等人的带领下，一定会前赴后继，承上启下，行稳致远。

　　　　　2020年7月8日恩师半年忌日记于北京苦味斋

　　（石羽，中国散文学会理事，内蒙古写作学会名誉副会长。曾任《中国图书商报》总编室主任、《语文学刊》主编。）

居今探古:论王志彬对《文心雕龙》的研究与应用

万　奇

王志彬(笔名林杉,杉木)是内蒙古师范大学文学院教授,中国大陆著名的写作理论家,《文心雕龙》研究专家。他长期从事写作学、《文心雕龙》的教学与研究,有《写作简论》(合著)、《写作技法举要》(主编)、《修辞与写作》(合著)、《散文写作概说》(专著)、《中国写作理论辑评·近代部分》(主编)、《中国写作理论史》(副主编)、《新编公文语用词典》(主编)、《20世纪中国写作理论史》(主编)、《文心雕龙创作论疏鉴》(专著)、《文心雕龙文体论今疏》(专著)、《文心雕龙新疏》(专著)、《文心雕龙批评论新诠》(专著)、《文心雕龙例文研究》(合著)、《21世纪写作学习丛书》(总主编,已出七册)①、《中华经典名著全本全注全译丛书·〈文心雕龙〉》》(专著)、《传世经典文白对照·〈文心雕龙〉》(专著)、《中华优秀传统文化百部经典·〈文心雕龙〉》》(专著)等二十余部论著面世。

王志彬早年喜欢诗文创作。他研读《文心雕龙》,是因为觉得

---

① 王志彬总主编《21世纪写作学习丛书》包括《写作学指要》《法律文书写作指要》《科技写作指要》《行政公文写作指要》《礼仪文书写作指要》《常用应用文写作指要》《演讲词写作指要》等七个分册,由内蒙古大学出版社出版。除《写作学指要》外,余者均为应用文体写作指导书。

它"道出了我习作中的甘苦"①，由此产生了对《文心雕龙》的偏爱。为了开设写作课，编写写作教材时他自觉地"吸取、借鉴它的一些精辟论述"②；后至南京大学师从裴显生教授研习古代写作理论，又经裴显生教授引见，跟著名学者、南京师范大学吴调公教授专修古代文论。吴调公教授讲授《文心雕龙》中的篇章，令他感到"既给我以教学的范式，又给我以深刻的学养启迪"③。吴调公教授"居今探古，见树见林"的治学方法给他以深刻的影响。"居今探古"强调古今结合，发掘古代文论的现代意义；"见树见林"注重宏微结合，将文本精读与文论史研究有机联系起来。王志彬一直践行之，他对《文心雕龙》的研究与应用可谓渊源有自。

探寻文心之道

　　《文心雕龙》研究被称为"龙学"（文心学），现已成为"显学"。其研究者甚众，论著则汗牛充栋，不胜枚举。王志彬置《文心雕龙》于写作学视野中来考察，其见解与一般龙学家的看法自然不同，做到了师心独见，锋颖精密。
　　王志彬的《文心雕龙》研究，主要集中在以下三个方面：
　　一是辨析《文心雕龙》的本体性质。《文心雕龙》是一部什么书？学界说法不一。或曰文学理论批评专著，或曰艺术哲学（美学）著作，或曰文体学著作，或曰修辞学著作，或曰阅读学著作，或曰写作指导（文章作法），或曰文章学著作，或曰子书等。其中

---

①林杉：《文心雕龙创作论疏鉴》，内蒙古教育出版社，1997年，第319页。
②林杉：《文心雕龙创作论疏鉴》，内蒙古教育出版社，1997年，第319—320页。
③林杉：《文心雕龙创作论疏鉴》，内蒙古教育出版社，1997年，第320页。

"《文心雕龙》是文学理论批评专著"的看法是主流观点。对此,王志彬指出,"文学"一词,有广义、狭义之别。"就'文学'的广义而言,说《文心雕龙》是一部'文学理论批评专著'是不应有所非议的。"但就狭义"文学"来看,"如果说《文心雕龙》是这样的'文学理论批评专著',那显然是过于无视历史实际和《文心雕龙》的整体内容了。"①接下来王志彬分别从《文心雕龙》的写作宗旨、基本内容和结构来考察《文心雕龙》,得出"刘勰《文心雕龙》是一部具有中国作风和中国气派的典型的写作理论专著"的结论。因为"这个判断和结论,没有古今之分,也没有广义、狭义之别,一切类型的文章的体制、规格和源流,一切文章的规律、原则和方法,一切文章的风格、鉴赏和批评,都包容于'写作理论'之中,似乎不再有顾此失彼、捉襟见肘之瑕了"②。和主流看法相比较,王志彬的观点更为公允。《文心雕龙》的写作宗旨是"言为文之用心",改变"辞人爱奇,言贵浮诡"的浮靡文风,使文章写作走上"为情而造文"的正路。其全篇的内容和结构也是紧扣这一宗旨的:"文之枢纽"探寻文章的本原,确立"倚《雅》《颂》,驭楚篇"的写作总原则;"论文叙笔"考察每种文体的流变,解释其名称与内涵,选出有代表性的例文,陈述文体写作的原理与规则;"剖情析采"剖析写作的情理与辞采,并阐明写作与时代、自然的关系,历代文士的才能,诗文赏评的原则与方法,以及作者的品德修养。《文心雕龙》的书名也表明了以文章写作为中心:"作文的用心在于把文章写得像精雕细刻的龙纹一样精美。"即用心写出风清骨峻、情采兼备的优美文章。不难看出,王志彬的"写作理论专著"说较之"文学理论批评

---

① 林杉:《文心雕龙创作论疏鉴》,内蒙古教育出版社,1997年,第14—15页。
② 林杉:《文心雕龙创作论疏鉴》,内蒙古教育出版社,1997年,第17页。

专著"说更符合《文心雕龙》的实际情况。可贵的是,王志彬没有把《文心雕龙》的本体性质问题绝对化,他指出:"任何一种与之相关的学科,都可以强调它们之间的联系,或即冠以什么什么著作之名称,但切不可据为己有,而加以垄断。在'文场笔苑'之中,既让它对文学创作起作用,又让它指导非文学性文章的写作不是更好吗? 更何况《文心雕龙》所论乃是广义之'文'及其'用心'呢!"①其圆通的识见,化解了学界在《文心雕龙》本体性质认识上的歧异与纷争,令人心悦诚服。

　　二是发掘《文心雕龙》文体论的独特价值。《文心雕龙》的"论文叙笔",今谓之"文体论",一向不为学界所重视②。而《文心雕龙》文体论之所以没有受到应有的重视,是因为一些研究者囿于"纯文学"观念,对其抱有偏见:或曰"比较芜杂琐碎",或曰"这一部分都属无关紧要之作,没有多少理论价值","也没有什么实用价值"。有感于此,王志彬先生认为"应当强化对刘勰'论文叙笔'的发掘和提炼"③。这是王志彬重视《文心雕龙》文体论研究的背景与缘起。在他看来,与魏晋文体论相比,《文心雕龙》文体论有三个鲜明的特点:首先,它从历史实际出发,梳理、总结了晋宋以前使用的各种文体,使之有了较为完整的总体状貌。它所涉及的文体,"既有文学性文体,又有应用性文体。而后者约为其总数的四分之三。""反映了他所处的时代特点和我国传统文体理论的民

---

① 林杉:《文心雕龙创作论疏鉴》,内蒙古教育出版社,1997年,第19页。

② 据戚良德《文心雕龙学分类索引》统计,近百年以来,《文心雕龙》研究论文有六千多篇,中西文专著也有三百多种,而有关文体论的论文与著作仅有六百余条。其数量与文体论在《文心雕龙》所占的比例极不相称。

③ 林杉:《刘勰"论文叙笔"今辨》,《广播电视大学学报》(哲学社会科学版),1999年第4期,第54页。

族特色。”“应当分外珍视。”其次,它建构了一个相对完整的文体研究的论述模式,使之有了基本理论形态。即“原始以表末,释名以章义,选文以定篇,敷理以举统”。且以指导写作为旨归。第三,它具有明确的现实针对性,表现出了积极扶偏救弊的批判与变革精神。

　　《文心雕龙》文体论的贡献主要体现在四个方面:第一,阐明各种文体的性能和作用,使之能够分别地适应不同情况的需要,表现不同的实际内容;第二,确定各种文体的基本格调,强调作者在不同文体中应当表现出来的情感和态度。第三,提出各种文体对文采的不同要求,使各种文体都能做到情理与文采的完美结合。第四,强调各种文体的通变关系,规范各种文体,使之“确乎正式”①。王志彬从史、论、评三个方面概括《文心雕龙》文体论的主要特点,又从用、调、采、变四个方面总结其主要贡献,对学界正确认识文体论在《文心雕龙》中的重要地位及其独特价值是有帮助的。从《文心雕龙》理论架构的设计来看,文体论介于文原论和文术论之间,它上承《原道》《宗经》等篇而来,下启《神思》《情采》诸篇,是全书的枢要。可以说,没有文体论,也就没有文术论,文术论是从文体论中归纳出来的②。刘勰的这种安排表明了他尚体的理念,与今人重术轻体迥然不同:他视文体论为文之“纲领”,视文术论为文之“毛目”。就文体论来看,也是编排有序的:先是有韵之文,后是无韵之笔;诗产生最早,故《明诗》篇居有韵之文第一,乐府入乐,故《乐府》篇居第二,赋不入乐,故《诠赋》篇居第三……显然,大到文体论的位置,小到每一篇的安排,刘勰都做了精

①林杉:《文心雕龙文体论今疏》,内蒙古教育出版社,2000年,第5—9页。
②周振甫:《文心雕龙今译》,中华书局,1986年,第49页。

心的设计,绝非"芜杂琐碎"。王志彬对《文心雕龙》文体论的"发掘与提炼"是符合刘勰之"文心"的。至于"那些早已不存在的文体,也并不是'没有什么实用价值',关键在于能否见微知著,举一反三,得它好处"①。因此,《文心雕龙》文体论的理论价值与实用价值应该予以重视,不能轻估。

值得注意的是,王志彬将《文心雕龙》文体论重新编排,分为上(以文学性文体为主)、中(以一般实用文体为主)、下(以宫廷专用文体为主)三编,这种分类是"着眼于原著内容之侧重点,从各体文章写作指导出发"的②。王志彬手写此处(古)而目注彼处(今),旨在提炼《文心雕龙》文体论对当今文章写作的借鉴价值。

三是阐释《文心雕龙》文术论的关键词。《文心雕龙》的"剖情析采",今谓之"文术论",是学界研究的热点。王志彬在尊重前修时贤研究的基础上,不囿于成说,敢于提出自己的独到见解。这集中体现在对"术""气(志气)""势""镕"等《文心雕龙》文术论中关键词的解释上。如:王志彬在阐释《总术》篇之"术"的内涵时,介绍了五种代表性的观点:一曰"文学创作的基本原理","犹今言文学之原理也。"二曰"写作的原则"或"写作的法则",三曰"写作方法"或"创作方法",或"写作的方法""道术"。四曰"方法"和"写作要领"(尤其强调"术"指"整篇文章的体制""特色和规格要求"),五曰"创作的规律和方法"。继而指出:"这五种意见,表面看来似有所不同,实质上确是相通或相近的。如果将它们'万涂归一',或许对'总术'有一个更为完善而符合实际的解释。事实上,《文心雕龙》中所论之'术',本来就具有多方面的含义。它既

---

① 林杉:《文心雕龙文体论今疏》,内蒙古教育出版社,2000年,第13页。
② 林杉:《文心雕龙文体论今疏》,内蒙古教育出版社,2000年,第1页。

有'规律''法则''基本原理'的含义,又有体制、特色和规格要求的内容;既指在写作实践中总结出来的理论原则和'写作要领',又指具体的'写作方法'和'创作方法';既包括一般文章写作,又兼容文学作品的创作。总之,'术'可以说是写作规律、原则、体制和方法的一个统称。"①王志彬弥纶群言,阐明"术"的多重内涵,远胜于"各执一隅"之解的上述五种观点。其实以今日眼光视之,《总术》篇之"术"不仅涵盖文术论之"术",也包括文体论之"术"。篇中所言的"圆鉴区域"指《序志》篇的"囿别区分",即文体论;"大判条例"指《序志》篇的"剖情析采",即文术论。且《总术》篇起笔是从文笔之辨谈起,足见文体之术亦在"术"之中。然就当时的情况来看,王志彬能意识到"术"不单单指某一种具体的术,而应该"是创作论十九篇中所言之'术'的总称"②,已经是难能可贵了。又如:王志彬在阐释《神思》篇与《养气》篇中的"气(志气)"时,分别评述了"世界观"说、"思想感情"说、"意志力量"说、"精神状态"说等四种观点,而后指出,刘勰所谓的"气(志气)"是"以作者才、学、识等修养为基础,在写作构思过程中,由体力和精力、心境和情绪、欲望和激情、勇气和信心等多种因素,所形成的一种精神状态"③。王志彬逐一辨析对"气(志气)"的不同说法,并结合古今中外文论家(李渔、马白、遍照金刚等)的有关论述,肯定、补充、完善了"精神状态"说,与《神思》篇、《养气》篇所论相符合,也与古今写作实践相吻合,是信而不爽的。

此外,王志彬对《文心雕龙》文评论(批评论)亦有独到之见。

---

① 林杉:《文心雕龙创作论疏鉴》,内蒙古教育出版社,1997年,第32页。
② 林杉:《文心雕龙创作论疏鉴》,内蒙古教育出版社,1997年,第32页。
③ 林杉:《文心雕龙创作论疏鉴》,内蒙古教育出版社,1997年,第55页。

他是从《文心雕龙》的整体来界定文评论的范围的,而不仅仅局限于《时序》至《程器》五篇。在他看来,《原道》至《辨骚》是《文心雕龙》文评论(批评论)的理论基础;《时序》至《程器》是《文心雕龙》文评论(批评论)的主体;由文体论、文术论中选择出来的代表性篇章,如《明诗》《乐府》《体性》《情采》等篇,可视为《文心雕龙》文评论(批评论)的范例和参证①。这种见解揭示了《文心雕龙》各篇之间的内在联系。他又用"六个结合"来总结《文心雕龙》文评论(批评论)的特点,即批评论与创作论的结合、鉴赏与批评的结合、批评标准与批评方法的结合、肯定与否定的结合、分散与集中的结合、批评与现实的结合。他还关注《文心雕龙》文评论(批评论)的现代研究,着重阐发《文心雕龙》文评论(批评论)的应用价值②。

活用雕龙之术

近些年,《文心雕龙》的应用研究方兴未艾。香港学者黄维樑教授先后用《文心雕龙》理论分析屈原《离骚》、范仲淹《渔家傲》、白先勇《骨灰》、余光中《听听那冷雨》、马丁·路德·金《我有一个梦想》、莎士比亚《铸情》和韩剧《大长今》等古今中外的文艺作品,新见迭出,令人击节。台湾学者游志诚教授应用《文心雕龙》理论分析《周易》《文选》、马一浮的诗及诗论,又在新作《〈文心雕龙〉五十篇细读》中的每一篇中专置"〈□□篇〉文论与实际批评"一节,足见其对《文心雕龙》"实际批评"的重视。两位学者在《文心雕龙》的应用研究上均取得丰硕成果,为学林之楷式。而王志彬在从学

---

① 林杉:《文心雕龙批评论新诠》,内蒙古教育出版社,2002年,第3页。
② 林杉:《文心雕龙批评论新诠》,内蒙古教育出版社,2002年,第4—11页。

理上研治"龙学"（文心学）的同时，亦注重《文心雕龙》的应用研究。与黄维樑、游志诚应用《文心雕龙》理论于文学批评不同，他有意识地将《文心雕龙》理论应用于写作学研究，突出了写作学科的民族特色。

首先，化用《物色》《神思》《通变》等篇的相关理论，描述写作基本规律。写作有无规律？如果有，写作规律又是什么？学界说法不一。在王志彬看来，写作学是一门独立的学科，写作当然有规律可以依循。而写作的基本规律有三条，即物我交融转化律、博而能一综合律、法而无法通变律。物我交融转化律，是指"物我交融之后，转化为文章的必然过程"。"所谓'物我交融'，是指写作客体（即作为写作对象的客观事物）与写作主体（即有着自觉意识的写作者）的相互作用与有机融合。所谓'转化'则是指经过物我交融，一个既非'物'，又非'我'的新的第三者的诞生，亦即'物'与'我'合二为一，构成了文章"①。如果将物我交融转化律和《文心雕龙》的有关篇章联系起来考察，会发现："物我交融"化用的是刘勰"心物交融"说，即《物色》篇之"目既往还，心亦吐纳""情往似赠，兴来如答"，《神思》篇之"神与物游""物以貌求，心以理应"；"转化"则化用刘勰的"物—情—辞"说，即《物色》篇之"情以物迁，辞以情发"。在某种意义上说，王志彬的"物我交融转化律"是刘勰的"心物交融"说与"物—情—辞"说之"现代转换"。博而能一综合律，是指"写作主体在写作实践活动中，综合运用自身多方面的素质、修养和能力，去感知、运思、表达，最后构成文章的必然过程"。"所谓'博而能一'，是指写作主体既要具有为写作所必需的

---

① 王志彬著，钱淑芳、岳筱宁点评《回眸文心路》，内蒙古人民出版社，2009年，第139页。

多方面的素质、修养和能力，又能够把这多方面的素质、修养和能力融会贯通，使之在不同范围内、不同条件下，形成一个形神兼备的有机整体。所谓综合，则是指写作主体对自身所具有的多方面的素质、修养和能力的归纳和集中、调动和支配。它既是博而能一的表现形式，又是博而能一的手段和方法。"①博而能一综合律是将《神思》篇的"博而能一"说化入其中，其中"博"是指"博见""博练"，是对写作主体所具有的多方面的素质、修养、能力的高度概括；"一"是指"贯一"，它表现在形式上是文章的主干、线索和焦点，表现在内容上是文章的主旨。王志彬从写作实践出发，具体阐释了"博"与"一"，达成古今融合。法而无法通变律，是指"写作主体自觉或不自觉地学习、借鉴具有相对稳定性的写作之法，并加以革新、创造，灵活运用于写作实践活动的必然过程。""所谓'法而无法'，是指写作既有一定之法，又没有一成不变之法……所谓'通变'，则是指对写作之法的继承、借鉴与革新、创造，'法'是通变的基础，'无法'则是通变的结果。"②法而无法通变律主要来自《通变》《总术》《时序》等篇。其中"法"是《通变》篇"参古定法"之"法"，《总术》篇"文场笔苑，有术有门"之"术"，包括文章体制、写作准则、写作技法；"无法"是《时序》篇谈的"文变"以及《总术》篇的"文体多术，共相弥纶"，指文章体制、写作准则的发展、变化，以及写作技法的灵活运用；"通变"则是《通变》篇"望今制奇，参古定法"理论的具体应用。王志彬融古于今，对写作基本规律

---

①王志彬著，钱淑芳、岳筱宁点评《回眸文心路》，内蒙古人民出版社，2009年，第147页。

②王志彬著，钱淑芳、岳筱宁点评《回眸文心路》，内蒙古人民出版社，2009年，第154—155页。

做了富有民族特色的描述。

　　其次,借用《镕裁》篇的"三准"说,阐明写作构思步骤。《镕裁》篇的"三准"说,一向为学界所重。王元化视"三准"为"创作过程的三个步骤"①,童庆炳视"三准"为"镕意的基本功夫""写作的基本准则"②,游志诚则视"三准"为"提示文章造句、谋篇,以及'结构'上如何熔意裁词之工夫论"③。王志彬因"三准""有着明显的有序性",将其借用到写作构思中,视之为写作构思的步骤。王志彬指出,"第一个步骤:'设情以位体',即写作主体按着自己的情志,去选择、确定适当的体裁。"其起点是物以貌求,而后进入虚静状态,展开联想和想象,寻找合适的表现形式。"第二个步骤:'酌事以取类',即写作主体对自己所掌握的各种材料、各种信息,进行加工处理。"先选义按部,继之芟繁剪秽,后综合概括,或因枝以振叶,或沿波而讨源。"第三个步骤:'撮辞以举要',即运用经过锤炼的语言,把文章的要点突出地表现出来。"这是文章写作的最后一道"工序"。写作主体要继续斟酌和推敲,以求做到"繁而不可删""略而不可益"④。王志彬翔实阐述"三准"说,精细入微,具有重要的启示意义。写作构思是一项内在的精神活动,复杂多变,说清楚实属不易。坊间所见的写作学书籍要么泛泛而论,要么语焉不详。究其原因,是因为写作构思奥秘的揭示还有待于脑科学、思维学和心理学等相关学科的新进展,不是单凭写作理论所

①王元化:《文心雕龙讲疏》,上海古籍出版社,1992年,第197页。

②童庆炳:《〈文心雕龙〉三十说》,北京师范大学出版社,2016年,第246页,第249页。

③游志诚:《文心雕龙五十篇细读》,台湾文津出版社,2017年,第325页。

④王志彬著,钱淑芳、岳筱宁点评《回眸文心路》,内蒙古人民出版社,2009年,第153—154页。

能讲明白的。故此,在相关学科还没有获得新进展之前,借用具有程序性知识性质的"三准"说来阐明写作构思步骤,不失为一条有效的途径。

第三,引用《论说》篇的有关论述,概括学术论文的写作特点。《论说》篇是《文心雕龙》文体论中应用价值较高的篇章。尤其是"论"对今人的学术论文写作颇有启发。王志彬敏锐地意识到这一点,直接引用《论说》篇的有关论述,诠释学术论文创见性的写作特点。他认为,要使论文具有创见性,从方法论角度讲,可以从四个方面来努力:一要弥纶群言,即把各种研究对象的看法,加以综合归纳和对照比较,形成自己对研究对象的总体看法,经过弥纶群言,才有可能融会各家之长,并在前人研究的基础上有所创见。二要钩深取极,即在前人研究的基础上,进一步分析解剖,达到前人未曾达到的深处和细部,循序渐进,步步登高。三要辨正然否,即对前人的研究成果,进行鉴别和验证,正确的肯定,错误的否定,或扶偏使正,或补缺使完,有理有据地分清是非。四要独抒己见,即写出作者在研究中的新发现、新进展,表达出异乎前人的独到见解。这四个方面相互联系,又相对独立,采取其中任何一种方法,都会使自己的论文超出一般水平,达到新的高度[①]。这四个方面均援引自《论说》篇:弥纶群言摘自"论也者,弥纶群言,而研精一理者也"之句;钩深取极、辨正然否来自"原夫论之为体,所以辨正然否;穷于有数,追于无形;钻坚求通,钩深取极;乃百虑之筌蹄,万事之权衡也"一段;独抒己见是"师心独见"的另一种表述。从今天的论文写作实践来看,弥纶群言是文献综述,它是论

[①]王志彬著,钱淑芳、岳筱宁点评《回眸文心路》,内蒙古人民出版社,2009年,第218页。

文具有创见性的基础；如果没有弥纶群言，也就无法研精一理。钩深取极是"接着讲"，它是论文具有创见性的保证；如果只是"照着讲"，也就了无新意。辨正然否是辨析有争议的论题，肯定一说，否定其余；它也是论文具有创见性的表现。独抒己见是敢于写出作者与众不同的独得之见，最具创见性。王志彬对学术论文创见性的深入剖析，彰显了《论说》篇的重要应用价值，对今人写出高质量的学术论文大有帮助。

此外，王志彬总结的写作技法亦有源于《文心雕龙》的，如夸饰、立骨、附会等。他十分注意突出写作技法的民族性。王志彬还遵循《序志》篇"原始以表末，释名以章义，选文以定篇，敷理以举统"之文体写作法则，确立《21世纪写作学习丛书》之应用文体编写体例①。

从上述可知，王志彬尤为注重《文心雕龙》的应用研究。他居今探古，打通"龙学"（文心学）与写作学，堪称跨学科研究的典范。

余　论

王志彬的《文心雕龙》研究，特色鲜明，独树一帜，给人以有益的启示。由此想到关乎"龙学"（文心学）走向的几个问题，略陈如下：

（一）拓展《文心雕龙》研究的新思路。有些学者指出，《文心

---

①《21世纪写作学习丛书·总序》："各分册所论之各种具体文体，都从四个方面加以分述：一是'释名以章义'，即阐明文体的名称和内涵；二是'原始以表末'，即阐明文体的源流和发展过程；三是'选文以定篇'，即列举范文与该文体相参证；四是'敷理以举统'，即归纳、概括出该文体的写作要领和基本方法，并以此作为'结穴'，突出该文体的操作性。"

雕龙》研究陈陈相因,创新不足,似乎到了瓶颈期,呼吁要开拓《文心雕龙》研究的新局。这种看法有一定道理,但是需要辨析。如果仅仅从文艺学角度研究《文心雕龙》,确实老话题居多,难见新意。反之,若能从写作学、文章学、修辞学、阅读学、文学史学、文学地理学、子学等多学科角度研究《文心雕龙》,则别有一番天地。其关键是研究者不能作茧自缚,裹足不前,而要勇于走出狭小的圈子,实现自我"突围"。

　　(二)深化、细化《文心雕龙》文本研究。应该说,《文心雕龙》文本研究已取得不俗的成绩。范文澜、杨明照、王利器、詹锳、吴林伯等诸家贡献良多。然仍存在一些悬而未决的问题。如:《附会》篇之"克终底绩"的后一句,诸本并不相同:通行本作"寄深写远",元至正本作"寄在写远送",杨升庵批点曹学佺评《文心雕龙》作"寄在写以远送"①。杨明照认为:"按诸本皆误,疑当作'寄在写送'。'写送',六朝常语。"②杨明照的看法值得商榷。他似乎没有权威版本的依据,只是"疑当作"而已。看来,根据现有的早期版本,重新校勘《文心雕龙》,做出一个新校本,已刻不容缓③。

　　(三)强化《文心雕龙》文体论研究。《文心雕龙》共五十篇,其中文体论有二十篇,所占篇目最多;而在文体论的二十篇中,讲文学文体的仅有《明诗》《乐府》《诠赋》三篇,余者皆论应用文体。就文体论的单篇研究来看,研究者多关注《明诗》《乐府》《诠赋》等几

---

①戚良德:《文心雕龙校注通译》,上海古籍出版社,2008年,第479页。
②杨明照:《文心雕龙校注拾遗补正》,江苏古籍出版社,2001年,第386页。
③戚良德根据早期版本,重新校勘《文心雕龙》,现已推出《文心雕龙校注通译》《文心雕龙》辑校本,在此基础上,他试图做出更加完善的"新校本"。

篇,而对其他篇章研究不够①。这种不平衡的研究状况亟须改进。且不说论说、史传、哀吊、碑诔、书记等一些古老而年轻的应用文体,仍然具有生命力;就是那些已消亡的应用文体,也并非毫无价值,所谓"名亡而理存"。有鉴于此,强化《文心雕龙》文体论(尤其是应用文体理论)的研究,势在必行。

(四)推进《文心雕龙》的普及与应用。《文心雕龙》是中华文化三大国宝之一②。如何普及与应用《文心雕龙》是"龙学"(文心学)的重要研究课题。周振甫的《文心雕龙今译》、王志彬的《中华经典名著全本全注全译丛书·文心雕龙》、黄维樑与笔者合撰的《爱读式文心雕龙精选读本》等,皆为《文心雕龙》之普及本。普及的目的是使"龙的传人"能知之、好之、乐之,并将它应用于今天的文章写作、文学创作、文学鉴赏与批评等相关领域。今后要继续推进《文心雕龙》的普及与应用,让《文心雕龙》成为一条翱翔于中外文论天宇的"飞龙"。

(万奇,内蒙古师范大学文学院教授,中国《文心雕龙》学会副会长,内蒙古写作学会会长。)

---

① 张少康、汪春弘、陈允锋、陶礼天:《文心雕龙研究史》,北京大学出版社,2001年,第467页。
② 周汝昌指出:"中华文化有三大国宝,《兰亭序》《文心雕龙》《红楼梦》,皆属极品,后人永难企及,更不要说超过了……所以特标三大国宝者,又因为三者皆有研究上的'多谜性',异说多,争议多,难解多,麻烦多,千百家下功夫多……唯三者称最,别的也难与之比并。"见周汝昌《兰亭秋夜录》,广西师范大学出版社,2011年,第177页。

文心之路：王志彬先生学术研究评述

岳筱宁

王志彬教授是内蒙古写作学科的奠基人，毕生耕耘于基础写作理论和"文心雕龙"专题研究领域，作出了重要贡献。主要学术成果有：《写作简论》（与郝季光合著）、《写作技法举要》（主编）、《散文写作概说》《修辞与写作》（与王钟林合著）、《写作理论研究丛书》（五册，副主编）、《中国写作理论史》（副主编）、《20世纪中国写作理论史》（主编）的编写工作，出版专著《文心雕龙创作论疏鉴》《文心雕龙文体论今疏》《文心雕龙批评论新诠》《中华经典名著全本全注全译丛书·文心雕龙》。此外，尚有学术论文、文学评论及散文作品共百余篇。综观其学术研究，可概括为以下三个方面。

一、史论结合，建构体系

基础写作理论与实践是高校写作教学的根基所在。早在20世纪70年代末，王志彬先生就结合内蒙古师范学院写作教学与研究的实际，与郝季光先生合著了《写作简论》一书，对写作理论的有关问题作了系统的探索，这是内蒙古师范学院第一本较为系统的写作教材，在全国高校和写作学界也引起了一定反响。这本书在广泛应用于教学的"八大块"写作知识体系基础上有所发展，增强了写作理论的系统性。全书主要内容和框架体例由一般原理而及文体理论,基本形成了总论—分论的理论模式。这一体例突破了"八大块"写作知识体系只注重基础写作知识而不重视文体写作知识的局限,为写作学逐步形成独立、完整的科学理论体系作出了贡献。

与此同时,王志彬先生对写作操作技法理论也给予了应有的关注。写作技法常被视为写作理论研究中最不被重视的"细枝末节",王志彬先生则认为,写作技法作为写作实践操作性层面的问题,理应受到足够的重视。1979年,王志彬先生组织全区九所院校的写作教师共同编写了《写作技法举要》一书,该书首次以"写作技法"命名,并较早对"写作技法"的定义作了学术性解释,初步辨析了写作技法与风格特点、表达方法、修辞方式的区别,大致界定了写作技法的范围;此外还阐述了写作技法的特点、分类、作用,对蒙太奇、意识流、通感、象征、附会、幻化等技法作了初步探讨和解析,为写作学中操作技术理论体系的初步建构奠定了基础。此后,王志彬先生又从修辞学角度对写作技法作了进一步研究,与王钟林先生合著《修辞与写作》一书。后又开设"写作技法研究"专题课,编写《写作技法教学大纲》,使写作技法有了最初的理论形态,开拓了写作技法研究的新领域。其后,万奇教授在此基础上主编的《写作技法实用指要》一书,将写作技法问题进一步专门化、系统化。其中论及写作技法的原理、写作技法的三大类别以及写作技法的综合运用及其辩证艺术,清晰界定了写作技法的概念范围,对技法与技巧进行了严格的区分,对每种技法大体依循"释义—溯源—分类—贵忌"进行阐释,建构"原理—分论"框架,进一步完善了写作学科操作技术理论体系。

　　只有基础理论和操作理论的研究不断深入，整个写作学科理论体系的建构才能更趋完善。1985年9月，王志彬先生组织内蒙古师范大学写作教研室教师，在《写作简论》和《写作技法举要》两书的基础上，吸收新时期以来写作实践经验和理论研究的新成果，完成了《写作学教学纲要》的初稿，并接受教学实践的检验。此后十年中，又数易其稿，不断地充实、修订，经过了实践、认识、再实践、再认识这样的循环往复，最后终于勘勒成书，形成了教研室的阶段性成果——徐新民主编的《基础写作学要义》。这本书从写作教学实际出发，针对写作学界或偏倚"文本"写作知识体系，或推崇"人本"理论体系的状况，扶偏使正，补缺使完，把"人本"与"文本"结合起来，自成一体。全书由四部分组成：一是绪论部分，明确提出学习写作所必备的"写作艺术能力"，强调确定"写作基调"对于初学写作者的至关重要的意义；二是写作原理部分，以写作活动的动态过程为主线，分别阐述写作的必要条件和构成要素；三是写作体式部分，概括阐明记叙文、议论文、应用文三大类文体的写作，重点研究了散文、书文评论和学术论文的写作；四是写作技法部分，具体阐述写作技法的概念和范围，特点和来源，作用和分类，并突出强调技法的综合运用及其辩证艺术。这一简明而又严整的体系，显示了编著者在建构写作学科理论体系上的自主意识和学术见地，既不囿于陈旧的模式，也不竞新逐奇，而是以尊重事实的态度，脚踏实地走着一条平实而又有创见的路子。此外，王志彬先生还涉足写作分支理论的研究，在实用写作理论方面的主要成果有《新编中文公文语用辞典》《现代应用文写作》等。在写作理论史专题研究方面，王志彬先生主要参与主持、策划了《写作理论研究丛书》（五册）、《中国写作理论史》和《20世纪中国写作理论史》的编写工作，分别任第一副主编、主编。这些成果极大地提高了写作学研究的理论品位,使写作学科的建设兼顾教学与科研两个方面,同时也锻炼了一批青年教师的科研能力,增强了学科队伍的实力,为招收、培养写作学科的硕士研究生提供了必要的教材和参考书。

二、居今探古,再释"文心"

在进行基础写作理论研究的同时,王志彬先生也积极进行古代写作理论的研究。在古代写作理论方面的研究成果主要有《文心雕龙创作论疏鉴》《文心雕龙文体论今疏》和《文心雕龙批评论新诠》三部系列专著。"文心三论"在研究角度和编排体例上均具匠心。有学者评价:《文心雕龙》以来,龙学著述汗牛充栋,有精于创作论者,有精于文体论者,有精于批评论者,但像王志彬先生这样三论皆治者却非常少见。内蒙古师范大学可永雪教授认为,文心三论"从指导写作实践,提高写作理论这个特定需要、特定角度出发选文定篇……形成一种新的框架体系,这就开了将这部名著按专题选编诠释的新路"。"它的诠释体例既有'原文译注',又有'内容提要',更有'疑点辨析',均立足于阐释和探究写作理论和写作实践中的实际问题,这样集译解、提示与研究于一书,熔前修时彦之成果与编著者的新见为一炉,条分缕析地呈献给读者,这个办法既新颖又讲实效,也是作者多年的成果。"由此可见,与众多的"龙学"研究不同的是,王志彬先生的《文心雕龙》研究从其本体性质出发,指出这部著作"是一部具有中国作风和中国气派的典型的写作理论专著",同时王志彬先生又冷静理性地指出:"对《文心雕龙》的本体性质问题,也不能搞绝对化。任何一种与之相关的学科,都可以强调它们之间的联系……

但切不可据为己有,而加以垄断。在'文场笔苑'之中,既让它对文学创作起作用,又让它指导非文学性文章的写作不是更好吗?""文心三论"立足于为写作现实服务,对当代文体研究和写作指导都有着巨大作用。2005年上海古籍出版社出版的《文心雕龙学分类索引》的"学科综述"中,将王志彬先生位列与纪昀、鲁迅、黄侃、周振甫、詹锳等并举的"古今龙学十二家"。此后,内蒙古师范大学的"龙学研究"不断有《〈文心雕龙〉探疑》《〈文心雕龙〉先秦两汉文学批评研究》等著作问世,形成了可持续进行的研究领域。

2012年,王志彬先生译注的《中华经典名著全本全注全译丛书·文心雕龙》由中华书局出版,王志彬先生在该书前言中重申:"本书着眼于《文心雕龙》的本体性质,把它作为一部面向'童子'和'后生'的文章写作理论著作来解读,重在居今探古,古为今用,汲取其各篇所论之精华,以之指导写作实践,使能执术驭篇、确乎正式,提高各体文章的写作能力。"这一"三全本《文心雕龙》"秉承着王志彬先生对《文心雕龙》本体性质的定位,亦延续着王志彬先生学术研究为写作学科建设现实服务的初心与品格。该书出版后,至2020年8月,已重印13次,印数达132000册,这是对王志彬先生"力求深入浅出、雅俗共赏,普及与提高相结合"之初衷的最好回应。

三、注重方法,勇于创新

在多年的研究实践中,王志彬先生形成了独到的治学方法。约而言之,主要是指弥纶群言、钩深取极、辨正然否、独抒己见,在不断提高思辨能力的基础上,逐步取得学术研究上的突破。

　　"弥纶群言"即全方位地认识研究对象的各个侧面,将前人所做出的局部的、个别的、微观的研究进行综合概括,使孤立存在的成果汇集在一起,形成一个整体的、集中的、内涵更为丰富的范畴。这可以说是治学的一项基本功,是一个课题研究开始时的第一步。"钩深取极"就是在充分掌握了前人对某一问题的研究状况后,在他们研究的基础上,进一步分析、思考,达到前人所未曾达到的深处和细部,循序渐进,逐层突破。"辨正然否"是指对前人研究的成果进行甄别、考证,提出质疑,分清是非。王志彬先生对于散文的"形散神不散"之通说的质疑便由此发生。经过反复认真的研讨,王志彬先生认为这种说法并不能涵盖所有散文的特点,不符合散文写作的全部实际。为了纠正这种片面认识,他较为翔实地分析了多种类型的散文作品,指出在千姿百态的散文创作实际中,既有"形散神不散"的情形,也客观存在着"形神均不散"以及"形神均散"的情形。这样就使结论更符合写作实际,否定了那种从主观概念出发轻率定论的做法。"独抒己见"即表达出异乎前人的独到见解。这种独到见解既可以是新型写作方法的总结,也可以是新型理论观点的抽绎,还可以是对新观念的引进,或者是对旧有的被尘封的东西重新开掘。王志彬先生的研究中,对"写作基本规律"的表述,对"写作体式"的重新界说,对诸多写作技法的继承、弘扬等等都属这种"独到见解"。

　　王志彬先生的诸多研究成果充分显示了其学术观点的创新意识。这主要缘于他对传统写作理论、现代写作理论以及文家的写作实践经验进行了创造性的继承与借鉴,取精用弘,不落窠臼,勇于择取,也敢于舍弃。

　　首先,王志彬先生居今探古,在深入钻研古代写作理论精髓的基础上,吸收其中的真知灼见及具有高度概括力的理论因子,并对其做出富有现实意义的阐发。例如在阐述"结构的基本内容"时,扩前人所已发,提出了"起笔与收笔""顶笔与转笔""顿笔与绕笔""伏笔与插笔""省笔与闲笔"十种笔法,丰富了谋篇之"法",解决了"怎样谋篇"的问题;论及"构思",则鉴用刘勰的"三准说",提出"设情以位体""酌事以取类""撮辞以举要"这三个顺序连接的环节作为构思的准则和步骤,这无疑得益于研究者多年致力于《文心雕龙》的研究而"深得文理";在论及记叙文写作时,吸纳了传统叙事方法的"铺路子、系扣子、绕弯子、出岔子和解扣子"五个环节,着眼于组织结构的方法,揭橥了记叙性文章情节事件安排的基本模式。诸如此类对于传统写作理论的继承与发展,在先生的学术研究中多有体现。王志彬先生力求将那些经过千百年的实践检验而未失其价值的理论精髓有机地融入自己的理论体系,使其理论观点有本有源,根深据实,既来源于写作实践,又具体地指导写作实践。

　　王志彬先生还注意吸取现代写作理论的研究成果,并结合实际再进一阶,提出具有较高学术品位的科学见解。比如,在对写作规律的认识上,现代写作学的研究者们见仁见智,众说不一。王志彬先生从1979年起着手对这个问题进行研究,综合各家之说,加以辨析、替献、抽绎,经过七年的努力,提出了"物我交融转化律""博而能一综合律""法而无法通变律"三大规律,经教学实践与写作实践的检验,写成了专题论文,后收入国家教委"七五规划项目"高校文科教材《写作学高级教程》,定名为"规律论",统领全书,较为全面、系统地阐述了写作活动的基本规律,对写作学研究领域的一个根本性问题在较高层次上进行了理论概括,使写作规律问题有了较为科学的理论定势。

　　本着"从实践中来,到实践中去"的辩证唯物主义的观点和方法，王志彬先生重视对文家写作实践的研究，并以此作为理论基础，从中总结出对写作实践具有指导意义且行之有效的学术观点。比如王志彬先生提出的作为构思要素的"点面线"和作为构思环节的"起承转合"，都是通过对写作实践经验的总结而被研究者赋予了新意与生命。"点面线"作为构思的要素，是研究者通过对大量文章作品的鉴赏、分析、点评，而概括出的"写作构思过程中不能不考虑到的一些主要内容"；"起承转合"作为构思环节，"是指文章的各个相对稳定的组成部分"，"是前人写作实践经验的总结"，从当代文章写作实践来看，它相应地分别是指写作过程中的"引出外物""描述外物""生发联想""综合概括"四个部分，大致上涵盖了文章写作的基本过程和结构间架。构思要素和构思环节观点的提出为如何形成完善的写作构思提供了普遍的、切实可行的依据，使写作构思这一内在的、不可视的思维活动科学地转化为具体可感的相应形式，增强了理论观点的实际可操作性。此外，关于主题形成的五种方式："胚芽式""乱麻式""火种式""完整式""命题式"，也同样是根据诸多文家的写作实践总结归纳完善而成。这些富有指导作用的学术观点，在其他许多版本的写作教材和著作中，都是难以见其全貌和价值的。

　　作为内蒙古写作学研究的带头人，王志彬先生始终坚持不懈地耕耘，积累，传承，不断为写作学的建设和发展作出贡献。王志彬先生的学术研究坚持理论与实践相结合，突出写作学研究的实践性，不做空洞的高调文章，而努力使理论观点能够切实有效地指导实践，解决实际问题。在提出原则、要求的同时，更多地着眼于"怎样做"，强化实践性、操作性。王志彬先生重视对传统理论的继承，但没有食古不化；勇于接受新思潮的合理内核，但不盲目趋时。他重视运用科学的治学方法，以期扎实有效地提高研究者独立思考、研究和解决学术问题的能力。王志彬先生的学术研究成果和方法,给后学者以深刻启迪。

（岳筱宁,内蒙古师范大学新闻传播学院副教授,内蒙古写作学会副会长。）

追忆王志彬先生

志弘师道，彬蔚文心

黄维樑

《文心雕龙》伟大如浩瀚草原

在拙作《"文心馆"咏叹调》里我写道：

《文心雕龙》的内容非常丰富，而且它本身就是美文。刘勰说："太阳和月亮，附贴在天空；山岳和河流，交织着大地。""云霞炫耀着灿烂的华彩，超越了画匠的妙心；草木散发着生命的光辉，不必要织工的巧手。"他认为文学之美，来自自然之美，蕴含极有意义的"天人"观。上面的句子，显得对称。是的，我国的方块字有独特的对伏元素；刘勰笔下正流露这样的美学，此书的《丽辞》篇即畅论这种美学。上面所引不是原文，而是语体翻译。原文有一千五百年的历史，而且是骈文，却也并不很难读懂："日月叠璧，以垂丽天之象；山川焕绮，以铺理地之形。""云霞雕色，有逾画工之妙；草木贲华，无待锦匠之奇。"上引的语体翻译出诸香港陈耀南教授的手笔，"东方之珠"的学者，非常珍视这颗文论的东方明珠；就像远至内蒙古的王志彬、万奇诸学者，把它的伟大视作浩瀚的草原一样。(全文刊于《北京晚报》2020年8月24日《知味》版)

王志彬、万奇两位所在的内蒙古呼和浩特市和陈耀南与我所在的香港，都是我国中原的边缘地带；陈耀南教授移居澳洲多年，他简直是在域外了。在边缘、在域外，中外众多学者（这里没有举出更多的名字）都重视都研究《文心雕龙》，可见这部文论经典的魅力和威力。华美的骈文式文句，如刚刚文首所引，是其魅力之一；公认的"体大虑周"理论恒久性、普遍性则是其威力。研究《文心雕龙》的学问，称为"龙学"（也有称作"文心学"的）。龙学在可称"边城"的青城（呼和浩特的别称），其兴旺发皇，王志彬教授要记首功；曾穿着"青青子衿"的大弟子万奇教授传承有力，也功莫大焉。

王志彬著作表现的"文化自信"

王志彬先生（1933—2020），近三十岁时"开始通读《文心雕龙》"，持续阅读并研究此书，直到1997年其《文心雕龙创作论疏鉴》一书出版，"积学储宝"，已经历了三十多年。当时他已超越"知天命"之年，早知道"天命"是要自己为龙学立首业之后，再接再厉。在他67岁即2000年出版其《文心雕龙文体论今疏》，又于69岁即2002年出版其《文心雕龙批评论新诠》；依照龙学者的辈分，这年王教授是一位"龙叔"了。2012年他译注的《文心雕龙》（为中华书局出版的"中华经典名著全本全注全译丛书"之一种）出版，79岁的老学者是一位"龙伯"了。

《文心雕龙》文字雅丽，典故等文献讯息纷繁；我虽然已是资深的读者，读此书欲穷究其理时，仍然常要借助于各种不同的注释和语体翻译。王先生译注的《文心雕龙》是我的重要参考。我拜读王先生诸书，心领神会，由衷佩服的论点甚多。例如，有论者争议《文心雕龙》的性质,在定性为子书、在定性为文章学之书等问题上,意见分歧。王先生在《文心雕龙创作论疏鉴》里说:"就'文学'的广义而言,说《文心雕龙》是一部'文学理论批评专著',是不应有所非议的。不承认这一点,就将自觉或不自觉地陷入虚无主义泥沼,无处去寻找我伟大中华民族'文学理论批评专著'之根"。从句子里的"根"字,我们可知道他对这本文论经典的推崇;从"我伟大中华民族"的用词,我们可感受到他的国族情怀。这个句子是当今热词"文化自信"的极佳注脚。

另外的可贵之处,包括《文心雕龙批评论新诠》中对当代龙学论文的广泛涉猎和精到观点。他引述各地龙学者的见解,包括台湾的沈谦、王更生,还有香港的黄维樑,也就是在下。他读到几篇散见多种刊物的拙作后大加肯定,对《〈文心雕龙〉六观说和文学作品的评析——兼谈龙学未来的两个方向》一文内容作了相当的介绍,并这样评论:此文"进一步证明了《文心雕龙》批评论的现代实用价值,揭示了它不朽的生命力和普遍规律性"。我研究《文心雕龙》的主要目的,在发扬这部经典:通过中西比较,我说明它理论的恒久性和普遍性;阐发"六观"说并把它作为一个批评方法论,援引书内其他观点以论证其合于当今批评话语,我强调其理论的应用性。在相当西化、崇洋以至过度西化、过度崇洋的中华人文学界,我标举、发扬"国粹"的《文心雕龙》。几篇相关的文章(包括王先生所引用的)发表后,我获得好些鼓励、支持,王先生是我的一位知音。

学术研究重"经世致用"

"证明了《文心雕龙》批评论的现代实用价值"中的"实用"一

词,有重大的意义。阅读王氏著作,知道他有很强的"经世致用"思维,这真是深得我心。我们推崇刘勰此书、爱此书的理论,为全部三万多字的书,写了数千万言的研究论著;如果只爱而不用,只空谈其理论而不把它付诸实践,我就不能不借用孔子的话来表达惋惜之情了:"诵《诗》三百,授之以政,不达;使于四方,不能专对;虽多亦奚以为?"

我绝非"一根筋"的人文学术实用主义者。我们需要对理论著作作严谨的学术性讨论以至争论,需要对经典的源流版本作详尽细致的考证;我还认为,即使是沙龙式、闲谈式、重研讨过程轻获得共识的学术活动,也有其价值——这些活动或有智能锻炼的好处,或有以文会友的联谊情趣,或有"无用之用"的意外效果,或有增加文献库存的功能,或有表彰一地一国"软实力"的作用。然而,我认为人文学的理论研究应有"经世致用"的一面。工程师等科技专家为国家的"铁公鸡"(铁路、公路、机场)建设作出了实实在在辉辉煌煌的贡献——也许应加上"天桥"而成为"铁公鸡天桥",即还有航"天"等科技工程、"桥"梁等建设工程的贡献;而人文学的理论研究者可持续甘心只参与"沙龙式、闲谈式、重研讨过程轻获得共识的学术活动"吗?把人文学的理论研究成果应用于人文学的创造性操作,或应用于人们的文化生活,是人文学者的应有之义。

学术研究的"经世致用",最起码的行动是"经典引用"。王先生深爱《文心雕龙》,而且引用《文心雕龙》。他为一些论著所写的序言或后记,就有此作为。其弟子万奇的专著完成,请老师写序,此书名为《桐城派与中国文章理论》,和《文心雕龙》没有直接关系的;然而王志彬为了彰显其所爱书的价值,乃尽量让刘勰的语句在序言中亮相,如"原始以表末"(《序志》篇)、"执术驭篇"(《总术》

篇）、"擘肌分理"（《序志》篇）、"钩深取极"（《论说》篇）；还有下面与文学理论没有直接关系的"岁月飘忽，性灵不居"（《序志》篇）也引录了。此序的最后一段只有八个字，其中的前四个字"余心有寄"，正是《序志》篇也就是全本《文心雕龙》的最后四个字。王教授一定是最为熟读《序志》篇，喜爱《序志》篇。

谈诗，我们不必时时把"床前明月光"或"月是故乡明"挂在口边，并加以发扬光大；因为这些诗句"黄发垂髫"都已耳熟能详，而且早已银光照遍千里万里。谈文学批评，我们要把致力传承的《文心雕龙》语句时时征引，让它们在言谈和文章中出现，使人知道，使人有印象，使人有深刻印象，使人理解其价值。从前有人批评我三句不离余光中，近年大概有人批评我三句不离《文心雕龙》了。我的确经常让《文心雕龙》在我的文章里出现，我义务为刘勰宣传，因为他值得，因为我们应该。

大弟子万奇"接龙"弘道

在为万奇专著写的序言中，老师这样称誉学生："他勤奋聪敏、多思好问、且坦诚率真，执着于自己的爱好，有一种锲而不舍的进取精神。"这"褒扬状"相当长，接下去还讲到他屡获奖项；"为文治学也年有进境，既博闻强记，又求真务实"；还谈到万奇在学术界的各种职务和贡献，当然更谈到该书的内容和出色之处。接受褒扬状时万奇35岁，正是个青年才俊。

万奇《桐城派与中国文章理论》一书经常引述《文心雕龙》的观点，以为立论的依据和发挥。写书之际，万奇在其恩师的教导指点下，对《文心雕龙》的内容已娴熟于胸。此后他著作的《文心之道：汉语写作论说》在2006年出版，书名的"文心"乃"采自彦和

的《文心雕龙》",刘勰此书的观点毫无疑问滋润了万著的内容;
2012年,万奇和李金秋主编的《文心雕龙文体论新探》面世;2013
年同为二人主编的《〈文心雕龙〉探疑》出版。此外,万奇还发表多
篇研究《文心雕龙》的论文,在大学里开设《文心雕龙》的课程,又
身任中国《文心雕龙》学会副会长。他已继承师业、恢弘师道,而
且成为独当一面的龙学者了。他现年56岁,辈分已从"龙兄"晋升
为"龙叔"。

　　王先生为万奇的书写序,倒过来,或者说是一种特别的"礼尚
往来"吧,师长请爱徒为其新书《文心雕龙创作论疏鉴》写序。学
生继承老师理念,学以致用,在序言中多处引用《文心雕龙》语句
以助叙事说理,以称许老师著作的优胜,如"披阅文情"(《知音》篇
作"将阅文情"),"弥纶群言,研精一理""辨正然否""师心独见,锋
颖精密""义贵圆通"(以上皆出自《论说》篇),"唯务折衷""余心有
寄"(两句都引自《序志》篇)。这个弟子受老师影响,诚能学以致
用,活学活用。我阅读序言,满心欢喜;万奇对《论说》篇的"重
用",我尤其戚戚然高兴。读着读着,且慢,我搞错了:原来是弟子
1996年为恩师的书写序在先,恩师1999年为弟子的书《桐城派与
中国文章理论》写序在后。这个先后次序尽显老师对学生的器重
和信任。令我好奇的是,在序言中让《文心雕龙》语句频频亮相
的,难道是弟子的作为在先,老师反而变成"亦步亦趋"了? 这个
小疑团非当面请问万奇教授不能解开。

《论说》篇含论文写作原理,是写作津梁

　　不过,无论如何,师徒同心,其利添金;共同开发这部文论经
典的应用价值,其绩效自然倍增。王教授传《文心雕龙》之业,受

业者万奇之外,还有其他本科生和研究生,生徒甚众;万奇教授再传,生徒可能更多。今年九月新学期伊始,万奇来告,选修《文心雕龙》专业课的学生,有八十二个。我隐约记得他告诉过我,从前选修此课程的学生有超过百人的。近十年来他指导研究生写了很多篇关于《文心雕龙》的论文,包括包剑锐2013年完成的《黄维樑对〈文心雕龙〉"六观"说的应用》。上面说过,王教授重视拙作《文心雕龙六观说和文学作品的评析——兼谈龙学未来的两个方向》一文,对内容加以介绍,对论述加以肯定;现在万奇引导研究生作这样的选题,同样聚焦于龙学的应用;我想,这期间代代相传的影响或启发,应该是存在的。我读到包君的论文,深感有"知音"有"同道"的喜乐之外,还为龙学的新发展兴奋起来。

今年十月出版的《中国文论》第七辑,刊登万奇的《〈文心雕龙·论说〉的理论内涵及其现实意义》,是另一篇发扬龙学应用价值的鸿文。2008年我在一个学术研讨会上发表《〈文心雕龙·论说〉和现代学术论文的撰写原理》(此文后来成为拙著《文心雕龙:体系与应用》的一章),读到万奇的近作,我不胜欣悦。万奇早在为王志彬《文心雕龙创作论疏鉴》所写的序言(写于1996年)中,已多处引用《论说》篇的语句,如前所引。他早已重视《论说》篇的应用价值。如今新的文章详细阐述《论说》篇的义理,对此篇的"理"和"正理"概念探索尤其深刻。新作的结论是:

> 《论说》篇具有不可忽视的现代意义。尤其是"弥纶群言""钻坚求通""贵能破理"等观点,对为学位论文写作所困扰的大学本科生、硕士生乃至博士生启发良多。从这个意义上讲,《论说》篇可以说是学位论文的写作津梁。

我对这篇论文的读后感,除了一句"启发良多,深得我心"之外,不知道应该怎样说了。

龙学者合作彬蔚《文心》之学，相亲相敬

还有一本书要交代。要发扬《文心雕龙》，要如我常说的"让'雕龙'化作'飞龙'"（我本来的句子是"让'雕龙'成为'飞龙'"；原句除了"让"字外，全为平声字，读起来平板单调，于是把"成为"改为"化作"两个仄声字，以求读起来抑扬有致），我们需要先推广此书，让更多学子接触、阅读、理解此书，于是我和万奇合作编撰了《爱读式文心雕龙精选读本》，2017年出版的。刘勰这部经典的现代意义和价值，可发扬的地方还有很多。我在三十余年前已发表过文章，称《辨骚》篇为"现代实际批评的雏型"；后来一次一次重读《序志》篇，我简直把它视作当代硕博士生学位论文的一章"绪论"。如果真把《序志》篇当作博士论文的"绪论"，《文心雕龙》全书当作一篇博士论文，那么，刘勰此书的旷世价值，应该非十篇八篇普通博士论文所能相比。

我通过万奇而认识王志彬先生。话说我先后应邀到内蒙古师范大学讲学和参加龙学研讨会，在呼和浩特市，万奇引领我到王教授府上拜访这位前辈，一共见过两次面，与"龙伯"相谈甚为欢畅。2020年王先生仙逝，大弟子纪念师恩，计划出版一本文集，献给天上之灵，向我约稿。我和王、万两位有缘相识相亲相敬，知道他们对龙学的贡献所在，又感佩他们传道授业，一代一代接力弘扬学道与师道。对于《文心雕龙》，他们的作为无异于《序志》篇所说的"敷赞圣旨，莫若注经"，他们彬彬炳蔚了龙学研究的收获；而更大作为是他们如同《论说》篇所说的"师心独见"地发扬刘勰理论的应用价值。

在《文心雕龙文体论新探》的序中，万奇说这本《新探》是"来

自边缘的'龙吟'"，还谦称这"塞外的胡笳""不及中原长笛悠扬"（奇兄这里用了个新奇的比喻，可说深得刘勰修辞的真传）；其实这所谓"边缘"的龙学，却正是王、万二位直探的龙学核心。顺便一说：重点放在发扬《文心雕龙》理论的应用价值的龙学，或可名为"新龙学"。

晚有弟子传芬芳

　　两年前夏天，万奇在澳门大学主办的"国际汉语应用文研究高端论坛"上发表论文《居今探古：论王志彬对〈文心雕龙〉的研究与应用》。斯时，王教授尚在凡间的青城，看到从前年轻的万奇，如今已是个出色而著名的学者；杜甫诗"晚有弟子传芬芳"，王先生晚年有这样的弟子传其芬芳，一定无限满足地微笑。现在天上的"龙伯"在文心亭、雕龙池和"龙祖"彦和先生谈文说艺时，如果知道我在凡间这样欣赏、表扬他们师徒的事功，相信会有遇到知音的喜悦。

2020年10月下旬完稿

　　（黄维樑，香港中文大学中文系原教授，香港作家联会副监事长。）

痛失志彬

沈世豪

结识志彬数十年。他虽然远去,但依然活在我的心里。

最早结识他,是在中国写作学会组织的活动中。他身材魁梧,爽朗、稳健,堂堂正正的一张脸,典型的北方汉子。他大我11岁,但毫无架子,长期以来,我每次遇到他,总是叫名字的。有说不完的话题,印记最深的是1995年11月在鼓浪屿的一次学术会议。

我是1993年从江西师范大学调到厦门教育学院的。厦门是个好地方,中外驰名的风景胜地。到厦门落脚之后,写作界不少老朋友提出,要我在厦门操持召开全国现代写作学的高级论坛。筹备如此规模的学术会议,最困难是筹款。我久在文坛,支持和帮助的朋友多,问题还是比较顺利解决了。

志彬应邀前来开会。其时,内蒙古已经是严冬,厦门还是金秋,穿一件衬衣就可以了,他下飞机的时候,手上居然提着一件里面有长长羊毛的大皮袄,随他而来的还有一个他的研究生,很年轻,名字叫刘春宇。在我感觉中,志彬的身体很好。满面红光,很精神。这次会议前后6天,来的都是老朋友,开会之余,除了尽情游览厦门主要风景点,我每天安排一个宴会,请大家品尝厦门的海鲜。并特地把开会的地点安排在位于风景奇秀的鼓浪屿日光岩下的海军疗养院,让大家美美地度过一段难忘的日子。

终于有比较充裕的时间和志彬交流了。我们有太多关注的话题和共同语言。

当时,高校的写作课正处于深刻的变革之中。担任过中国写作学会会长的叶圣陶老先生,曾经语重心长地告诫,写作是不能教的。引起了全国写作界不小的震动。我们曾经饶有兴味地聊过这个很有意思的话题。我觉得叶老的话颇有道理。写作这门课,不是像其他课程那样,单纯传授静态的知识就可以了,它最重要的是让学生不仅认识写作的动态过程,而且重在提升他们的实际写作能力。能力培养是其真正的目的。因此,核心环节是实践。而实践,不仅是讲授,而是引导。从这个视角看,写作课教师不是一般意义的讲师,而是导师。引导学生在理论的指导下,通过实践,真正培养和提高实际的写作能力。鼓浪屿处处风景如画,我们漫步海滨,云淡风轻,悄然交流着多年从事写作教学的体会。他很赞同我的看法。

志彬是中国写作界难得的导师型的名师。开始,我对他高度地重视写作的技法研究,有点不大理解。"文无定法",我在多年的创作实践中,总感觉写作尤其是创作,最为奇妙之处,是作者的独特发现,发现新的题材、新的视角、新的感悟、感觉并升华为思想、境界,随之出现"构思如闪电"的激越人心的奇景。技法几乎是随着构思的完成幻化而出。听了志彬的介绍之后,我才发现,他极为关注的技法研究,并不是仅仅限于方法,而是以此为窗口,洞察、分析、研究写作的全过程,并由此建立独具特色的写作技法理论。研读志彬的专著,更能够清晰和深刻地感受到他的苦心和在这方面研究所取得的丰硕而厚重的成果。

我非常赞同中国现代写作学的创始人之一、老朋友林可夫先生的见解,写作教师既要当学者还要当作家。但培养学者兼作家型的两栖教师,谈何容易! 志彬在这方面始终身体力行。他在理论研究之余,坚持从事散文、诗歌、小说等文学作品的创作,而且不乏成就。当卓有成就的学者难,当一个驰骋文坛的作家更难。成就一个作家,人们常说,需要天赋,我觉得,其实就是兴趣、爱好,此外,就是机遇。学者犹如辛勤耕耘的农夫,一分耕耘一分收获,作家却很像行走在天地之中的旅行者,长途跋涉,沉醉在他独特的审美感觉和神奇的发现快乐之中。中国写作界的学者多,而作家却不多。志彬不易,无愧是写作队伍中的佼佼者。

　　长期以来,学术界有一种偏见,那就是写作没有什么理论。为了构筑中国现代写作学恢弘的理论大厦,写作界的许多有志之士筚路蓝缕,进行了艰苦的探索、梳理、总结等工作。在这方面,志彬从最为实际的编写《写作教学大要》开始,到着手进行扎扎实实的教材建设,他不愧是写作、文学创作论等学科的锐意开拓者。他先后完成了《写作简论》《基础写作学要义》《写作学指要》等教材,并应聘参加了在全国具有重大影响的《写作学高级教程》的编写工作,执笔"规律论"一章,统领全书。教材为教学之本,在具有深远意义和影响的教材建设中,志彬功不可没。

　　文学是写作的高地,对于这一见解,我曾经和志彬商讨过,他很赞同这一观点。我曾经多年讲授文学创作论,深知这门课不大好上,不仅需要比较深厚的理论积累,而且还需要具有丰富的创作实践经验和体会。因此,当时不少高校的中文系,都没有开这门课程。对此,志彬同样是迎难而上,作出了可贵的贡献。

　　源远流长的中国文化宝库中,有创作论吗? 当然有,这就是《文心雕龙》。实际上,这部重若泰山的经典,就是最形象、最深刻、最丰富、最有启迪意义的中国传统创作论。对此,志彬独具慧眼,以极大的热情,并投入了毕生精力,从事对这部经典的研究、开发工作,这是一个宏伟的工程,对于此事,他有一段坦诚精彩的自白:

> 1980年初,我到南京大学进修古代写作理论,经导师裴显生教授介绍,我得以兼到南京师大师从著名学者吴调公教授,攻读"文心雕龙创作论"专题课程,我非常高兴。吴先生讲授每一个篇章,都包括释义、辨疑、提要、总结几个环节,条理极为清晰,且严谨精到,深邃细密,既给我以教学的范式,又给我以深刻的学养启迪。先生在给我的一张照片后面,题写了八个字"居今探古,见树见林",更是我读书为学路上驱云破雾的一盏明灯。

> 我回校后,经过一段时间的积极准备,即仿照吴先生的教学范式,采取弥纶群言、辨正然否、钻坚求通的论说方法,开设了"文心雕龙创作论选读"专题课,先是本科生、助教进修班学员、文学创作研究班学员,后及文艺学专业各方向的硕士研究生,相继参加进来,受到了启发,增强了思辨能力。其间,我又一再烦扰吴先生,先生有求必应,有问必答,给我许多具体帮助。

> 风风雨雨十几个年头过去,多位师友亲切热情地帮助我,将《文心雕龙》各个部分的研读,先后纳入全国高等学校古籍整理项目之中。1990年后,又在内蒙古教育出版社有关领导和编辑的积极支持下,按照正常出版规范,列入出版计划,开始了《文心雕龙创作论疏鉴》的编写工作,朝斯夕斯,历时七年,于1997年出版。后又继之以《文心雕龙文体论今疏》和《文心雕龙批评论新诠》,分别于2000年和2002年付梓。习惯上将这几部著作简称为《文心雕龙》"三论"。

　　志彬试图将写作学科与《文心雕龙》联系起来,使之相互渗透、相互作用,提升写作学科的学术品位,强化《文心雕龙》古为今用的实践意义。这无疑是志彬在写作界独树一帜的重大贡献。

　　正因为如此,他犹如一棵根深叶茂的大树,郁郁葱葱,伟岸挺立,深深扎根在中国传统文化的沃土里,面向现代和未来。他是写作界为数不多的享受国务院政府特殊津贴的专家之一。他的离去,我失去了肝胆相照的老朋友,中国写作界失去了一员可以斩关夺隘的大将。

　　痛失志彬。

2020年6月22日

　　(沈世豪,厦门教育学院教授,原中国写作学会副秘书长。)

我心目中的王志彬

可永雪

在内蒙古师范大学中文系（今文学院）的同事中，要说一生从心底最为钦佩和敬重的，头一位就是王志彬老师。之所以如此，想来缘由有三：

一是从学术上攀登的高度和取得的成就讲，他在中文系是拔头筹的。志彬老师从留校开始就教写作、讲写作，而他无论是讲课还是搞研究，都不止是作为职业，而是作为自己的终生事业来搞的。他教写作，认定《文心雕龙》是写作理论和写作实践的根基，便下决心全力以赴把它拿下、吃透。从此，穷年累月，孜孜以求，一辈子从未间断。而且，越到后来，这种自觉就越强烈，似乎成了一种无形的使命！从他早期撰著出版《写作简论》（1979年）到二十世纪九十年代开始先后出版三部研究《文心雕龙》著作——《文心雕龙创作论疏鉴》《文心雕龙文体论今疏》《文心雕龙批评论新诠》，再到2012年中华书局"中华经典名著全本全注全译丛书"《文心雕龙》和2014年中华书局"传世经典，文白对照"《文心雕龙》两部著作的出版。要知道，《文心雕龙》的今译，早在1986年，中华书局就已经有了著名古典文学家周振甫先生的权威译本，而今，中华书局又选中和推出志彬老师的新译本，并且由于推出后受到读者的广泛认可和欢迎，已经连续十几次再版，其学术价值达到了什么水平，就不问可知了。

二是他带出了一支写作研究的团队。这个团队是以他所在的写作教研室为基础的，志彬老师不只自己喜欢和热爱写作，而且把这种喜欢、热爱与献身，首先转达和传染给同他一起共事的同志和同道，就是他们写作教研室的老师。他懂得，也有办法动员和团结同他一道工作的同事们，来从事这一既有益于学生，又有益于祖国学术的有价值的事业。他发动和带领这些老师并联合其他高校同行，致力于新兴写作学科的建设，从编写教材开始，计编撰了《写作技法举要》《中国写作理论辑评》《20世纪中国写作理论史》等在国内写作学界有影响的著作。经过多年经之营之，从耳濡目染到神交，教研室的老师，也都爱上写作，成为行家里手，成为这一学科的教学骨干与学术专家，像徐新民、万奇老师等。

志彬老师的目光并不局限于写作教研室，他更把视域和希望放在广大的听他课的学生身上。不管在校还是已经毕业，只要喜欢、爱好写作，对写作有兴趣，他都与之保持联系，鼓励他们从事写作的实践与研究。所以他带出的团队，就不止校内、教研室，而是及于广大的内蒙古自治区，在中国写作学会当中，内蒙古写作学会是人数够多、活动最活跃的一支，而王志彬老师既是中国写作学会的常务理事，又是内蒙古写作学会的会长。

三是与学生关系亲密。志彬老师口才好，学识精，备课认真，讲课专注，他的课，往往有摄人的闪光。他的课，不但普遍受欢迎，还给一些会心者留下深刻印象，有些学生从听第一堂课起就喜欢上他。他与学生的交往，从来都是平等相待，绝不摆什么老师、教授、专家的架子。对于学生的求教、问难，则是知无不言，倾囊相授，对于学生提出讨论、探究的问题，更是抱一种谦虚、真诚的态度，留心听取和采纳学生的不同意见，相互交流、切磋，会心交心,无所保留。学生觉得从他那里得到了尊重和重视,讨论的问题越多、越深入,得到的启发和收益也就越多。因此,有了什么问题,就都想找他,和他谈。而志彬老师,不但懂学问,也很懂人情,懂生活,有从学习、生活到思想关怀别人的胸怀和习惯,不少学生和他来往多了、久了,不知不觉就成了他的同道,可以知心交心的莫逆!

特别令我感到惊讶和钦佩的是,和他保持这种亲密关系的学生,不止十个八个,也不止这个班或是那个班,历年历届都如此。和他保持联系,到过他家或常去他家的学生(包括历届的、老的少的、旧的新的),我敢说志彬老师家是全系学生去过最多的一个;他去世后,在网上传递这个痛心消息的是全系最多的;参加追悼会的学生之多,在中文系也是少有的。能和自己的学生保持如此亲密的关系,不是令人称羡、堪称模范吗!

我如今年过耄耋,已是垂暮之年。我是1957年来到内蒙古师范学院的,那时志彬老师已经先在,他是在师院中文系毕业后留系工作的。不过,当时他主要是给外系开公共语文课,我是在系里讲课,所以联系并不紧密。

我们交往更多、关系更紧密是在"文化大革命"之后。在我的印象里,起初,志彬只是一位有主意、有抱负,勤奋、要强、律己的老师。后来,随着接触越多,来往越频繁,对他的思想、志向、品格的了解逐渐深入深切起来,才发觉和发现他在为人、做事上的一些不一般——就如上面已经说的。志彬老师认准了一件事就要做到底,做出个究竟,而且他的标准很高,非达到完美不甘心,不放手。譬如他看准《文心雕龙》是写作理论的根基,就下决心一辈子搞它,而且越到后来自觉性越高,越紧迫,仿佛是祖国交给他的一项使命,一项事业,是他必须向祖国交出的一份学术贡献!他为此不惜超负荷,不惜身心的透支——我们知道,志彬素来多病,他的心血管早就安有支架,因之,在我的感觉里,志彬最后留给龙学的两部专著,完全是他用生命浇铸的,而这也更是我所以在心底钦佩他,敬重他,默默向他学习的!

　　(可永雪,内蒙古师范大学文学院教授,中国史记研究会常务理事。)

遥远的崇敬

尉天骄

常有朋友戏言:"你的姓氏属于'胡姓',长相也似有胡人血统,内心一定很向往内蒙古吧?"我说是的,我对内蒙古大草原充满喜爱之情。但这毕竟只是玩笑话。为大草原的"景"所吸引,是人皆如此的审美通则,而我与内蒙古的心灵呼应,更多的是因为"人"的友情联系。内蒙古有一群可亲可爱的师友,排在第一位的,就是王志彬教授。

最初听到王志彬教授的名字,是在南京大学读研究生时。初入学,导师裴显生教授告诫我们几个师兄弟,读书要能坐得住冷板凳。他举了一个典型实例:内蒙古师大有位王志彬老师,来南京大学访学,除了听课、拜访学者,就是坐在图书馆看书、写作,"南京离无锡那么近,他连无锡太湖都没有去过!"后来,南京师范大学吴调公教授在和我们讲到古代文论学习时,也不约而同地说到:"内蒙古的王志彬老师在古代文论上肯花工夫钻研,有一些创见。"让我们深为崇拜王志彬教授治学的勤奋和执着。

记得与王老师的第一次相见,是1988年5月在南京召开的中国写作学会大会上。那时没有机会与王老师多交谈,但是他温和宽厚的笑容和条理清晰的讲话,给我留下了深刻印象。1996年湛江会议期间,与王老师交谈较多,又一起去了海南。同行者数十人,有青年,有前辈,有狂放者,也有颇具"师长"派头者。王老师在我们青年后学面前,不端架子,宽厚谦和,相与谈学论道,让人有如沐春风的感觉。

　　1999年8月,内蒙古写作学会在赤峰召开了"20世纪中国写作理论史暨《文心雕龙创作论疏鉴》研讨会"。裴显生教授、刘锡庆教授等写作学界的前辈莅会指导,我也有幸参加会议,得以更多聆听到王老师的讲学和指教。会上,听王老师讲写作的"三重转化律",编写"20世纪中国写作理论史"的构想,特别是关于"龙学"研究的成果,收益多多。

　　20世纪90年代的写作学界新思潮迭出,"××写作学"的新名称接连不断,但总体看来,横向移植的热情超过了纵向继承的潜心探索,传统写作理论的研究一时间成了"最冷的板凳"。这时,王志彬教授在继承、弘扬中国传统写作理论方面就成为一面引人注目的旗帜。他的"龙学"研究,充分展示了(广义)古代文论的深厚学养,而他从写作学研究角度切入,又有着不同于一般文学理论的见解。1997年出版的《文心雕龙创作论疏鉴》,开篇即有让人眼前一亮的学术创建,在该书"导论·序志"篇的"疑点辨析"中,王老师对老一辈学者范文澜、老舍以及当代学者张寿康、裴显生的学术观点一一进行了深入梳理和评析,针对学术界"公认"的见解,旗帜鲜明地提出自己的学术观点:"《文心雕龙》是一部具有中国作风和中国气派的典型的写作理论专著。"全书对"创作论"的理论阐发,皆是广义文章写作的视角。2000年,王老师又出版了《文心雕龙文体论今疏》,继续在传统写作学理论方面深耕。这样的"龙学"研究,既是有新意的创建,也是符合《文心雕龙》本身实际的科学理解。之后,王老师又领衔编写了《20世纪中国写作理论史》。该书第一编的"引言"就细致辨析了20世纪中国写作理论与其相邻学科(文学理论、语言学、文章学等)的关系,确立了全书的写作学视角。该书以"红线串珍珠"的形式,以理论发展为经,以著名理论家的著作、见解为纬,梳理了百年写作理论的发展进程。我有幸参加该书部分内容的撰写,从王老师的指导中体悟到了他一以贯之的写作学理论研究的明确方向,更感受到王老师在传统学术理论方面的深厚功底。

王老师不仅以治学成果在全国写作学界、"龙学"界为人崇敬,也以其学术成就和人格魅力在内蒙古写作学界带出了一批精兵强将,如我所熟悉的万奇教授、石羽教授、徐新民教授、苏娅教授、周艳华教授、杨瑞芳教授,还有年轻的岳筱宁等,都是踏踏实实治学并取得了丰硕成绩。内蒙古写作学界因此在全国同行中成为一方重镇,在祖国北疆建成了一片令学界同仁敬仰的"文化高原"。

在我们心里,王志彬教授和我的导师裴显生教授一样,都是学养深厚、仁爱真诚的师长,如同长青的松柏,温不增华,寒不改叶。现在,王老师永远告别了他钟爱的学术、教育事业,也告别了众多钟爱着他的弟子后学们,和他尊为老师的吴调公教授,他的好朋友裴显生教授、周姬昌教授、林柏麟教授、林可夫教授相聚在一起了。崇敬不因遥远而淡漠,缅怀也不因岁月而忘却。遥望仙界,我们对王志彬教授和这些前辈们的崇敬,还是跟原来一样真诚,并永远铭记在心。

(尉天骄,河海大学人文学院教授,中国写作学会现代写作学委员会会长,江苏省写作学会会长。)

我与王志彬先生二三事

洪威雷

一

　　第一次见到王志彬教授，是在中国写作学会第五届理事会学术年会上，时间是1997年12月21日。因为我和主办方有业务联系，王教授希望我和主办方沟通，能否给王教授带来的几位想参会的在校学生免除会议经费。可惜我的沟通没有成功，我眼看着王教授目送着他的学生离开北京，返回内蒙古。他心不忍，我心不忍。我深为我辜负王教授的托付自责。但是王教授不仅没有责备我，而且还因为我曾真诚地帮过他（尽管无效）而一直铭记在心。这年寒假，我收到他用挂号寄来的他的专著《文心雕龙创作论疏鉴》，并附有一封热情洋溢的信。四年后，我参加中国写作学会在广东湛江召开的第六届理事会学术年会，报到时，我在服务台见到王教授专为我写的一张留条："请将湖北大学洪威雷先生安排与我同一房间。"未进房间，我感动的心潮即已溢满胸臆。人生一世，阅人无数，沉淀在你心底的就那么有数几个。往往不是因为惊天动地的遭际，而仅仅因为几个为人处世的细节。

二

和王志彬教授熟悉了，二十多年来，著述写作、参会办会、信件往还、电话沟通，我对王教授的了解越来越多。

王教授长期从事大学语文、文选习作、写作课教学，并时常练笔，散文、诗歌、小说，各种文体不时见诸报刊。将创作实践中的感受体会归纳上升到写作理论，这样讲课，学生不仅容易接受，还能有效调动学生写作的积极性。

学生喜欢听他的课，也愿将作品交他斧正。经他指导的作品变成铅字在报刊上发表了，找他的学生越来越多。为了解答学生提问，抱着探寻写作规律和带着写作中应解决的种种疑惑，他开始把《文心雕龙》作为学习、研究的自选课题。20世纪初，《文心雕龙》经刘师培、黄侃、范文澜、刘永济等一批国学大师的评释、讲疏，已成为一门"显学"，引发日本、韩国、俄罗斯等国学者翻译、研究，被称为"龙学"。可六十年代后，相当长时间，龙学研究失踪、失语、失声，直到改革开放，因为指导写作实践，"龙学"研究才逐步在高校复兴起来。我所知，王志彬教授是这阶段全国高校研究《文心雕龙》的先驱和翘楚。

我自收到王教授寄来的《文心雕龙创作论疏鉴》，便有计划地每天读几页，慢慢地发现，愈读愈有兴趣，不仅丰富了我在课堂上的讲授内容，而且提升了我对写作规律的认知。如《镕裁》篇中讲："若术不素定，而委心逐辞，异端丛至，骈赘必多。"王教授指出，《镕裁》篇实际上是探究并总结写作构思中的三个准则和步骤，即"设情以位体""酌事以取类""撮辞以举要"。

众所周知，对《文心雕龙》的注释、翻译，必经有扎实的古文功底，否则难以入门。站在写作学的角度，注释翻译属"童子功"；而提要辨析，则可洞见学者的功底和格局。而王教授的《文心雕龙创作论疏鉴》一书的真正学术价值正体现在"提要"与"辨析"之中。《文心雕龙》原文50篇，王教授从中选出与写作有关的20篇，除注释、翻译外，每篇均有"提要"与"辨析"。如果没有对《文心雕龙》写作主旨总体上的把握和透析，必定会走入"盲人摸象"之途，不得要领。王教授的"疏鉴"，则既见树木又见森林。

我也曾对王教授说，您大作的重点放在"创作"上，对《文心雕龙》来说有点不公。因为我多年从事应用文写作、公务调研学的研究，早前拜读钟子翱、黄安祯的《刘勰论写作之道》，知道《文心雕龙》一半以上的文论是有关应用文的。而"创作"与"写作"并非同体。长期以来，论界把《文心雕龙》作为"创作"的经典，视为"文学批评界唯一的大法典"（方孝岳《中国文学批评史》），而应用写作界当时未能形成合力，没有合法平台。《文心雕龙》本应成为应用写作的一面旗帜，而被文学评论界率先"抢注"。很明显，从王教授的眼神中，我读出"吃惊"二字，继而他的目光柔和而又温润，缓缓地说，如有机会，一定把你的这一见解充实进来。2012年7月，王教授《中华经典名著全本全注全译丛书·文心雕龙》由中华书局推出，《前言》中明确肯定《文心雕龙》是"一部讲写作的书"。并搜集整理前人对《文心雕龙》有关学科类别的论述，将其定性为："写作学著作"。时隔15年，他能将一个"龙学"门外汉的意见，合理吸收在自己的研究成果中。仅此一端，我认定王教授乃真君子也！

王教授译注的《文心雕龙》凡五十篇，每篇之首均有"题解"。平心而论，这些"题解"，篇篇都是"取镕经意""质文并茂"的论文。尤其是该书《前言》，近万字的论述，就是一篇研究《文心雕龙》的经典美文。可以说,今后无论何时代何人物,只要研究《文心雕龙》,断定绕不开由中华书局出版的王志彬先生译注的《文心雕龙》及这篇"前言"。

王志彬教授对《文心雕龙》的阐释、注释、点评,花费了数十年的时间,其中对应用文的文种、格式、用词及其历史价值,均做了富有独到见解的研究,在应用写作界产生了广泛的影响。故在2019年山东日照会议上,我提议授予王志彬教授"应用写作研究终身成就奖",此意向得到与会理事们一致通过。会后万奇老师到王志彬老师家中,将终身成就奖证书送到他家。这不仅仅是对王志彬教授个人学术成果的肯定,也是对内蒙古师范大学和内蒙古写作学会已成为中国应用写作界一支劲旅的肯定。

观乎王教授研究《文心雕龙》可知,每一个人光鲜亮丽的背后,必定有一段不为人知的艰辛和坚守,要么是血,要么是汗,要么是大把大把的孤独时光。想成蝶,先破茧。熬得住,出众;熬不住,出局。

三

湛江会议结束时,我与王志彬先生交流,我提议中国应用写作研究会与内蒙古写作学会联合主办一次全国应用写作学术研讨会。王志彬教授一口应承,说这是件好事,不仅可以促进、推动内蒙古应用文写作研究深入发展,还有利于扩大内蒙古师范大学在全国的影响,相信学校领导会支持的。

2002年8月12日,中国应用写作研究会第七次学术年会如期在内蒙古自治区首府呼和浩特市隆重召开。这是中国应用写作研究会与内蒙古写作学会联合主办的全国性学术研讨会。时隔九个月,王志彬先生在湛江的承诺兑现了。君子之言,是言而有信。

这次会议,来自北京、上海、广州、西安、深圳、长沙、武汉、贵阳、太原、成都、沈阳、南昌、苏州等地80多位与会代表参会。这次会议,王志彬教授与万奇老师以及内蒙古写作学会,做了大量而又细致、扎实的工作,无论是学术交流、热点问题研讨、疑难问题争鸣,还是吃、住、行,与会者均给予了高度评价,纷纷表示:不虚此行。

报到的当晚,也就是会议正式开幕的前一天晚上,王教授对我说,内蒙古师范大学校院两级领导请中国应用写作研究会负责人以及特邀嘉宾小聚一次,表示真诚的欢迎。王教授特别说到,我是从武汉来的,所以特地预订了呼和浩特市惟一一家武汉餐厅,订了一个大包间。并说,到黄鹤楼酒店就餐,必须提前三天预订。

大家陆续到场后,服务生往桌上摆了五瓶白酒。我是最喝不了白酒的人,一看这阵势,先自眼晕起来,就对坐在旁边的王教授小声说出我的胆怯来。王老师正色道,那可不行,在内蒙古,主人敬酒你不喝,那可是对主人最大的不敬。他看我满脸难色,便悄悄对我耳语:"这儿不比内地,内地喝酒用具叫盅,每盅几钱酒。这儿是碗,每碗酒小的一两,大的二三两。"这可把我吓坏了。王教授笑了笑说,这儿喝酒还不能请人代喝。我急忙讨教如何是好。王教授悄悄地说,在内蒙古,端起酒先要敬天,次要敬地,再敬先人。每敬一次,要用右手中指沾酒,先向天上弹酒,后向地下弹酒,再次将沾酒的手指向自己额头抹一抹,然后一口喝下碗中酒。说完,王老师伸出左手放在桌下面,让我看他手势。他将大拇指尖压住小拇指尖,把食指、中指、无名指并拢弯曲。小声说,回敬时,站起身,后退一步,将并拢的三个手指弯曲成勺子一样,向酒碗里带出酒,敬天、敬地、敬祖先,带三次,至少碗中酒就有一半下去了。不胜酒力的客人一般会用这样的方法化解尴尬,而主人的本意,只是你喝酒的诚意,并不在乎你到底喝了多少酒,更不愿意看见不能喝酒的客人伤害了身体。再说,敬天敬地敬先人,本来就应该洒酒祭奠的,蒙古族这种仪式感,胜过喝酒本身。王教授这番"面授机宜"的话,让我甚为感动,深感内蒙古人民热情待客的真诚,又有替客人着想的善良。一时竟有了挑战白酒的冲动,破戒坐上酒桌,生平第一次"大碗喝酒,大块吃肉",兴致竟非常好。席间,王教授还安排艺术专业的几位女生来给我们敬酒唱歌助兴,有的蒙古语歌曲虽听不懂内容,但高昂悠远的曲调却极为动听。

　　这一晚,我喝了不少酒,虽然没有喝醉,但也是头昏脑胀。在同房间桂青山老师引领下,高一脚浅一脚地回到宾馆,倒头便睡。这么多年,每当夜静更深而又难以入眠之际,一想到2002年8月11日晚上内蒙古呼和浩特黄鹤楼酒店的相聚,就格外感激王志彬教授。他的厚道,他的热情,他的诚恳待客,让我终生难忘。

　　(洪威雷,湖北大学公共管理学院教授,国际汉语应用写作研究会常务副会长,中国写作学会副会长。)

难忘与师初相见

张 明

　　王志彬老师是我的恩师,我是他的学生,这没有问题。可我大学的母校是北京师范大学,而王老师自从于内蒙古师范大学毕业后一直留校任教,那么我是如何成为王老师的学生的呢?我又为何对与王老师的第一次见面如此难以忘怀呢? 这,还需要从头说起。

　　1985年的9月,由武汉大学和中国写作学会联合举办的全国第一期写作助教进修班在武汉大学开班,学习期限是一年。作为远在大西北的新疆大学的一名初任写作课的教师,我被录取到这个被称作写作学界"黄埔一期"的进修班中进行学习。在助教班上,利用课余时间,在1985年的下半年,我参加了由朱伯石教授任主编、助教班同学张德一任副主编的《现代写作学》一书的编写。我撰写的是第十二章《写作的基本规律》,该章提出并阐述了写作的化一律、渐递律、适宜律。《现代写作学》是写作一期助教班20名学员集体合作的产物,由人民日报出版社于1986年6月出版,当时在写作学界产生了较为热烈的反响,也引发了一些争议。

　　助教班结业后我回到新疆大学,继续担任中文系写作课的教学工作。1988年9月武汉大学和中国写作学会再次联手,举办了

全国第二期写作助教进修班和写作教学研讨班,后者又被称作
"写作讲师班"。于是,刚刚评上讲师八个月的我再次来到了绿色
葱茏的武汉大学,参加了为期半年的写作讲师班的学习。

　　开学的第一堂课是助教班和讲师班的全体学员共同听课,主
讲老师就是王志彬老师。此前我并不认识王老师,办班的老师在
课前通知我们说,王老师是内蒙古师范大学的资深写作教师,授
课内容是"写作的基本规律"。上课的铃声响起,大教室里安静下
来,同学们的目光一起投向了教室的前门,这时王老师从门外走
了进来,稍高的个头,匀称的身材,整洁的衣着,明朗的面庞,一看
就是一位儒雅的学者。王老师沉稳地走上讲台,大家起立后坐
下。令人没有想到的是,王老师朗声说出的第一句话既不是向大
家作自我介绍,也不是授课内容的开场,而是一句题外话:"我听
说在《现代写作学》的书里撰写了写作规律的张明同志也在这个
班上,他今天来了吗?"此言一出,大大出乎了大家的意料,台下
140多名听课的同学感到惊讶,我也十分意外,赶紧从座位上站起
来和王老师打招呼,向王老师报到。之后,王老师才进入授课的
正题,开始了他自己提出的写作规律的讲解。

　　一句看似寻常的课前"闲话",却使我的内心受到了很大的震
动。这是我撰写"写作三规律"将近三年来首次被人提起,而且这
是一位当代写作学界元老级的学术前辈,又是在大庭广众之下对
一个素不相识的晚辈后生的主动提及。从这句简单的话语中我
体会到了王老师对写作学界年轻一代的创新之作《现代写作学》
是热情肯定的,对该书勇于探索写作规律的尝试是热情肯定的;
而对于执笔撰写这一章内容的作者来说,我更加感受到了王老师
的充分认可与莫大鼓励。尤其可贵的是,王老师本人研究写作规
律多年,业已形成了成熟的理论成果,在面对他人和自己的研究

课题有所"撞车"的情况下，王老师不是排斥否定，不是"文人相轻"，也不是不予理睬，而是完全相反，这使得我对王老师充分尊重他人学术成果和包容大度的学者风范与君子品格充满敬重。十余年后，由王志彬老师任主编，万奇、徐新民老师任副主编、由南京大学出版社2002年出版的《20世纪中国写作理论史》一书，印证了我当初的种种感受。对于《现代写作学》，书中评价道："这部著作成为真正具有'现代'意味，颇见新意的写作学专著，""成为一本内容新颖的、具备较高理论层次的现代写作学论著，""一部革故鼎新，继往开来，具有开创性和探索性的写作论著。同时，它也是一部从宏观体系上全面更新的写作论著"，对于写作的"三律"，书中用了约300字进行了概要的转述，并指出"这其中的写作基本规律，也曾受到学界广泛重视"。

　　就这样，在美丽的武大，在美好的秋季，我认识了可亲可敬的王志彬老师，而且这相识的一幕深深地镌刻在了我的脑海中，此后只要我一想起或别人一提到志彬老师，和王老师初次见面时的情景就会立即在我的眼前浮现。自从王老师给写作讲师班和二期助教班开讲授课以来，我们这两个班的全体听课学员自然就是王老师名副其实的弟子了，这就是我有幸和有缘成为王老师学生的由来。

　　由于时间久远，当年一些具体的事情我的记忆已经有些模糊了，印象中王老师给我们上了六周的课，每周上课三次。授课的内容主要是他自己总结概括的写作的三大基本规律：物我交融转化律、博而能一综合律、法而无法通变律。后面的几次课好像是有关《文心雕龙》的内容。王老师的讲课不"天马行空"，不"云山雾罩"，而是厚重扎实、内蕴精深，是典型的实力派学者的风格。一开始大家似乎还觉得课堂气氛不大活跃，两次课之后，大家明显感受到了王老师授课的沉甸甸的学术分量,既有高度,又有深度和厚度,越听越有味道,越有境界,越有收获。及至研讨班的学习临近结束之时,大家回过头来品味,这才领悟到办班者为何单单选中了志彬老师作为首席出场的主讲教师,尽管前来讲课的老师们皆是全国有关高校富有影响的专家学者。与此同时,王老师仁厚谦和、平易质朴的师者形象也给两个班的学员留下了深刻印象,赢得了大家的一致赞誉。1989年4月武汉大学出版社出版了由周姬昌老师任主编,李保均、林可夫老师任副主编的《写作学高级教程》,该书1992年10月获得了国家教委第二届普通高校教材一等奖。而该书的第一章"规律论",正是王志彬老师所撰写,这也正是王老师1988年下半年在武大给我们讲课的主体内容。

讲师班1988年底结业,我再次回到新疆大学后一直保持了和王老师的联系。当时每年的元旦和春节,国家邮政部门都会发行印有当年生肖邮票图案的有奖明信片,当时我就会买上一张明信片,写上祝福的话语,从乌鲁木齐寄给两千多公里外的呼和浩特的志彬老师,以表达学生对老师的问候和敬意。每年我寄出明信片之后,十天之内,我必定会收到一张寄自呼和浩特的明信片,不用问,这是王老师寄来的,上面是王老师亲笔写的祝愿和勉励的话,令我感到激动和温暖。2003年我从新疆大学调至北京师范大学珠海分校工作后,因初到一个新地方,事务繁杂,和王老师的联系有所减少,但始终保持联系。后来智能手机普及,我和写作一期助教班的老同学、内蒙古大学的格日乐老师有微信联系,她经常和王老师有来往,我就通过格日乐老师转达我对王老师的问候和了解王老师的近况。

岁月流逝,王老师始终没有忘记在学术上教导、扶助我这个

遥远的学生。譬如新世纪之初,志彬老师主编的、填补了写作学
研究空白的力作——《20世纪中国写作理论史》问世不久,他即托
人转送给了我一本,使我对20世纪中国写作学的"家底"有了全局
在胸的明晰了解,真可谓豁然开朗、受益匪浅。2017年上半年,王
老师请格日乐老师给我寄来了他译注的中华书局2012年出版的
中华经典名著全本全注全译本《文心雕龙》,这是凝聚了王老师多
年心血、体现了王老师深厚学术功力的皇皇大作。我当时正在给
北师大珠海分校艺术与传播学院主编一本写作教材,王老师的这
部书真是及时雨、雪中炭,对我编书的帮助甚大。

　　多年来我一直有个心愿,一定要到呼和浩特去看望一下志彬
老师。我的这个心愿也曾对格日乐老师说起过。但由于种种杂
事的羁绊,再加身体也不争气,前后动了两次手术,故而一直未能
成行。当2020年一月份格日乐老师突然告知我王老师去世的噩
耗后,我的第一反应是志彬老师不等我去看望他就先走了。这是
我的一个极大的过错,总以为来日方长,却不料时不我待,以致未
能和志彬老师见上最后的一面,酿成了我的终生遗憾! 如果说还
有一件往事尚使我稍稍感到些许宽慰的话,那就是1995年暑假期
间,新疆写作学会举办了一次全国性的写作学研讨会,我们专门
邀请了刘锡庆、王志彬等全国著名写作学研究的大家出席了会
议,由此我和锡庆、志彬老师得以在西塞边城乌鲁木齐再次相逢。
会后我把两位先生请至家中,和妻子一起,以具有新疆特色的抓
饭、烤羊肉串、清炖羊肉、哈密瓜、吐鲁番葡萄等饭食和瓜果招待
了两位恩师。

　　如今,王志彬老师已经仙逝而去了,但王老师第一次给我们
上课时令我感动的问话依然在耳边回响。志彬老师,您安息吧!
您永远活在绵延不息的中国写作学研究和《文心雕龙》研究的宏

伟事业中！您永远活在热爱您、景仰您、怀念您的我们大家的心中！

2020年9月22日

（张明，北京师范大学珠海分校教授。）

我和我的老师

侯攀峰

2020年1月8日上午8点多,我刚到办公室,突然接到小师妹李金秋的一个电话,她哽咽地告诉我:

"大师兄,王老师去世了。"

"什么?"

"王老师走了。"

"啊!"

这,这怎么可能呢?打死我也不相信,我的恩师就这样走了!前两天有人打听恩师的情况,我还跟人家说:"没问题,我去了一趟不在家,可能去他儿子那儿了,过两天再去看他老人家。"

谁能想到会突然传来这样的噩耗呢?随后,接二连三的电话证实恩师确实走了,顿时,我的大脑一片空白,一下子呆在那里,眼泪唰地流了下来……

一

1972年3月,我作为首届工农兵学员,被推荐到内蒙古师范学院中文系学习。迎接我们到校的,就有我的恩师王志彬先生。四十多年来,我一直在他的身边聆听教诲,学他教书、治学、做人。

在我心里，先生既是一位严师，又是一位慈祥的长者。

一天，一位三十多岁、身材魁梧、精神矍铄、目光有神、手里拿着两支粉笔的写作课老师走上讲台，他表情生动，或双眉上挑，或神采飞扬地侃侃而谈，为我们讲授了为什么写作、为谁写作等问题。他那深入浅出、引人思考的话语，马上把同学们吸引住了，偌大的教室鸦雀无声，只听见沙沙的笔记声。

他，就是我最初见到的王志彬先生。

从此，每逢先生的课，总是座无虚席，除本班的同学外，还有其他年级和班级的同学在旁听。

每次作业完成之后，先生都要把一些经他批改，写得好的和比较好的，但存在问题的习作挑选出来，贴到教室后墙的《学习园地》里，让同学们互相参阅、借鉴，明白应该怎么写、不应该怎么写。先生说：

"这样的学习比光是听讲、读书进步更快一些。"

天哪！我们全班三十八人，这样一个教学周期下来，得花费先生多少心血啊！

这还不算，课后，我们几个爱好写作的同学总找他请教问题，或请他指点写文章门径。先生便把我们领到自己家里，一边喝茶，一边为我们解疑答难。有时时间晚了，晚饭也就只好麻烦师母了。也就是从那时起，我成了先生那小土平房的常客。

二

1974年7月我毕业留校，分配到写作教研室。从此，我和王志彬先生结下了不解之缘。几十年来，先生手把手地把我送上了大学讲台，培养我成人。其间又有多少往事，让我刻骨铭心。

　　留校第一年,先生一是安排我重新听课,开了一张长长的书单,让我阅读;二是让我编写讲稿,每编一章,先生都要过目,提出修改意见;三是组织试讲,先是先生一个人听,后来请其他老师一起听,帮助我树立信心。先生如此安排,用心可谓良苦!

　　1976年8月,先生安排我接中文系76级汉文班的写作课。上课的前一天,我紧张极了,又是背讲稿,又是对着镜子讲,生怕第一次上台就出差错。

　　第二天,上课的铃声过后,我心情紧张地走进了教室,糊里糊涂地走上了讲台,稍一定神,就见先生像学生一样坐在后排,向我投来鼓励的眼神。我的心一下平静了许多,接着满头大汗地完成了自己平生的第一堂课。下课后,先生亲切地对我说:

　　"下午来我家一趟。"

　　下午,先生对我的课做了全面评点,讲了许多鼓励的话和今后应该注意的问题后,他说:

　　"我总觉得还存在一些问题,到底是什么问题? 我一时也说不清楚,你自己好好琢磨琢磨,问题到底出在哪里? 是什么原因造成的? 怎样解决? 不要着急,我们一起想办法。"

　　从先生家出来,我一路走一路想,先生哪里是"说不清楚",分明是让我自己发现问题、解决问题。心说:这下我可有活干了。

　　从此,在先生的精心安排下,我开始了长达十几年的艰难跋涉……

　　为了加强我的写作理论基础,先生亲自联系当年的《内蒙古青年》杂志社,专门开辟了一个写作栏目,推荐我当撰稿人,发表了十几篇关于主题、材料、结构、构思方面的文章。可是有谁知道,那些文章都是经过先生精批细改才发表的。

　　先生带我参与了《写作简论》《写作技法举要》《写作理论辑

评》等书的编写;指导我发表了《谈"文化大革命"期间的写作实践和写作理论》《写作知识体系的建构(1950—1979)》《〈诗经〉的复合技巧美初探》等多篇论文。

1981年,先生又亲自联系华东师范大学中文系,让我跟随安振兴先生进修文艺理论创作论。进修期间,我协助安振兴先生完成了电视教学系列片《文艺理论·创作论》编制工作,发表了论文《论视听手段在教学中的运用》,返校后又在先生的指导下编导了语文教学片《内蒙访古》。这次进修,我受益良多,先生却既要管我的学习,又要安排我家人的生活。

为了提高我的写作能力,先生亲自带我去和林格尔县大红城,为《乌兰察布日报》采写了通讯《浑河两岸秋收忙》;带我完成了人物传记《刘邦传》、人物专题《用心灵丈量讲坛的人》、报告文学《教育者之歌》;指点我完成了《蓬勃发展的内蒙古教育》《中国北方游牧民族的摇篮》《寺庙林立的内蒙古草原》《得天独厚的旅游胜地——维纳河》等电视专题片解说词的写作。

经过几年的磨炼,我心里总算踏实多了。

1979年,政教系缺写作教师,先生把我推了上去,一年下来,学生反映居然还不错,我心里一个劲地感谢先生的栽培。

"经师易求,人师难得。"这话说得多好啊!

三

1988年8月,学校调我去电教系工作,说心里话,一想到要离开恩师,我一万个不愿意,所以怀着痛苦心情去找先生。我含泪问先生:

"还有没有回旋的余地?"先生没有立即回答,看得出他也不愿意我离开。过了一会儿他动情地说：

"别难过，还是走吧，反正都在一个校园里，有事随时可以回来。你到了一个新单位独立开展工作，要学会自己照顾自己，发挥自己的特长，做出一番成绩来。"

几天后，先生自己掏钱，请写作教研室的全体老师，为我举行了送别酒宴。

我虽然离开了中文系，先生却一刻也没有忘记我，写作学会一有活动，都通知我参加，还让我在系里兼了很长时间的写作课。但先生最关心的还是我自己的事业。得知我主讲电视教材编导课，可是全国连一本统编教材也没有时，他鼓励我说：

"白手起家更能锻炼人，发扬我们当年建设写作课程的经验，没有教材自己编写，你先拟出一个计划，我们一起讨论。"

随后先生和我确定了教材编写以制作过程为主线，分上中下三编。上编重点谈电视教材的概念、特点及分类；中编谈文字稿本的编写；下编谈电视教材的编导工作。就这样，我在先生的亲自指导下，动手编写《电视教材编导基础》。

第一年，我结合教学完成了初稿；第二年，以油印教材的形式发给学生，并分送相关专家、学者征求意见。1992年由山西高校联合出版社正式出版；经过反复修改，2003年更名为《电视教材编导概论》由内蒙古教育出版社再版。先生不仅为该书的编写、出版付出了大量心血，而且给予了很高的评价，他在为该书作的《序》中说：

> 各章相互依存，密切结合，形成了一个不可分割的统一体，全面系统地阐明了电视教材的编写、制作的规律、原则、要求和方法，既有宏观的理论概括，又有微观的条分缕析。学术层次较高，实用价值也较大。

随着教材的出版,先生又针对该门课程实践性强的特点,让我编写一本实验教材。2002年内蒙古教育出版社出版了由我主编的《电视教材编导与制作实验教材》。接着我们又编制了十一集《电视编导实验教材》系列片,完成了该课程电子教案和试题库的建设。先生了解了这些情况后,高兴地说:

"这下好了,体系是有了,下面就看如何落实到教学实践中去了。"

2000年,我们请先生观摩了我系毕业设计作品,他高兴极了,说:

"这样的毕业设计,既锻炼了老师,又教会了学生,还为社会做出了贡献,一举三得,值得提倡!"他还不无得意地说:

"我们写作学科又开辟了一个新领域。"

得到了先生的肯定,我们的教材教学建设也算告一段落了。

2014年,我接受了内蒙古人民出版社主编《蒙古族民间故事新编》丛书的任务,一气干到2018年底,编完了《巴拉根仓故事新编》《成吉思汗故事新编》和《蒙古族神话故事》,出版社提议我请一位德高望重的学者写个序,我自然想到了我的恩师。可先生已八十多岁高龄,身体又不好,能行吗? 但转念一想,不行也该向老人家汇报汇报情况,征求一下先生的意见。于是,我来到先生家,先生一听,毫不犹豫地说:

"我好多年不给人写序了,不过这一次不一样,我一定要写。你先把稿子拿过来。"过了一会儿,他又说:

"我眼睛和手都不太好使,你去把小徐(徐新民教授)叫过来,让他帮忙,我们一起写。"

2019年3月,先生把我叫到家里,将写好的序交到我手里,他在序中对《蒙古族民间故事新编》这样评价:

　　《蒙古族民间故事新编》丛书最突出的特点，是它创造性地构建了一个大致完整的内容体系，全面、系统地反映蒙古族丰富多彩的民间故事和传说，具有鲜明的民族特色、突出的地区特色。……

　　我们相信，《蒙古族民间故事新编》丛书通过内蒙古人民出版社的相继出版，通过网络媒体对蒙古族民间文化资源进行深度发掘和广泛宣传，一定会产生良好的社会效益，它不仅可以在区内外实现文化资源的共享，还可以保护和传承蒙古族民间文化遗产，对我区的精神文明建设大有裨益。

　　随后，先生又逐条嘱咐我在以后的编写工作中应该注意的问题。谁能想到，这次见面竟是我和恩师的诀别。

　　缅怀与恩师将近半个世纪的交往，从生活到事业，您给了我多少关爱；多少回，您为我的过错大发脾气，"训"得我满头大汗，手足无措；您为我的一点点进步，露出了欣慰的笑容，给我信心和动力！可是现在，您无声无息地走了，您让我再去哪里寻找这"恨"与"爱"的一片真情呢？这怎能不叫我心碎呢？！

　　我恨，恨我未能在您辞世前见您一面；我怨，怨我在您病重期间连一句暖心的话都没有！恨与怨的交加，让我心中充满了苦涩！我有千言万语要说，可是让我对谁去诉说呢？

　　恩师，一路走好，来世我还做您的学生！

2020年5月于呼和浩特

　　（侯攀峰，内蒙古师范大学新闻传播学院教授。）

怀念恩师

姜泽阳

王志彬先生离我们而去已近一载,先生的音容笑貌常常浮现在我的脑际,出现在我的梦中。

1973年,我有幸进入内蒙古师范学院中文系读书,自此,有幸一直受到志彬先生的关心、教诲。

入学的第一学期,就有先生的写作课。那时,先生还年轻,朝气勃勃,讲课很富感染力,因他自己有写作经验,课讲得更有说服力,更有启发性和引导性。所以,先生的课很受欢迎。

写作课毕竟要落实在实践上。最令老师费力的是批改作业。先生每讲一个单元,都布置一篇作文,而且都细致批改,勾词画句,眉批总评,有时红红的批语写满一页之多。先生的批语尖锐而不尖刻。尖锐,就是能直指要害;不尖刻,就是语言平和亲切。无论文章写成什么样子,他都能找出好的地方,进而指出不足或进一步提升的空间。通过聆听先生的讲课和领悟先生的作业指导,我的写作能力有了明显提高。

那时,要求大学必须"开门办学",所谓"请进来,走出去"。"开门"如何真正得以"学",而不是走走形式?为此,先生"请进来"作家张长弓给我们做讲座,还请来几位青年业余作者讲他们的写作体会。至于"走出去",先生安排学生到农村、工矿采写报告文学,把课堂学习与社会实践相结合。1974年上半年，我班同学分成几个小组，去不同的地方进行采写。每组同学由一位教师带领，经过走访，选定采写对象，进而深入了解，然后同学们各自动笔写作，最后选出一篇较好的初稿，大家反复讨论，集思广益，主笔的同学反复修改、完善。我们返校后，老师将各组稿件汇总、审定、编辑成册，交由内蒙古人民出版社正式出版。这样，"走出去"虽则打乱了其他课程的正常教学，先生的设计却也使同学们得到一次写作实践训练。

我从上小学起即喜欢胡乱涂鸦，之前也发表过一些小玩意，对志彬先生的写作课特别感兴趣。先生对我也很关心，介绍我认识校报编辑李东城老师和东城老师的夫人——《内蒙古文艺》的编辑李玉芝老师。先生与二位李老师是很好的朋友。在三位教师的影响和指导下，我的写作兴趣更浓了，写作能力也得到提高，陆续在《内蒙古文艺》和其他一些刊物发表了一些小散文、小诗。

先生关心学生，对所有的学生都很热情，在学习上悉心指导，在生活上热心关照，得到历届学生的广泛尊重和爱戴。在后来与先生的相处中，看到许多以往毕业的学生来看望他，对先生充满敬意。

我1976年毕业，留系任教，被分配到写作教研室。先生是教研室主任，我继续在先生的教导和关怀下学习、工作。

那时，高校对写作课普遍不太重视，写作课也没有像其他课程那样形成体系，一直以来也没有较正规的教材。而先生挚爱写作课教学，一心要把写作课建设成和其他课同等重要的系统课程。先生主要抓两件事，一是教师队伍建设，一是教材建设。

首先，先生主笔，与教研室郝季光老师一起编写了一本《写作简论》，由内蒙古人民出版社出版。这是当时国内最早的内容全面、系统的写作教材,不仅为本校教学使用,而且被别的一些高校采用,也为社会上爱好写作的读者喜欢。嗣后,先生又组织教研室教师编写了《写作技法举要》,作为与《写作简论》配套的辅助教材,也由内蒙古人民出版社出版。

在编写教材的同时,先生认真做好教研室教学工作,培养年轻教师,努力争取扩大教师队伍。先生每学期都制订教研室活动计划,经全体老师商讨、完善后实施。教研室其实并无"室",教研室活动一般都在先生家里进行。先生准备好清香的热茶,大家围坐一起,研究教学工作。先生对教学内容、教学方法总是有一些新的构想、新的观点,提出来征求老师们的意见。在学术面前,先生非常谦虚,哪怕是一句表述、一个概念的理解,都要和教师们讨论、反复斟酌。在先生主持下,教研室真正发挥了组织教学和教学研究的重要作用,提升了教师的业务水平。

我作为新加入的教师,受到先生的特别关照。先生在生活上关心我,更在业务上培养我,让我参加教材编写,执笔小部分内容,锻炼学术研究和撰写的能力,派我出席国内学术会议,以开阔视野,向学界同仁、先辈学习。当时教研室承担着全校汉授文科各系的写作教学,先生自己到外系任课,把本系部分课程让给我承担,因为本系课程的教学分量相对更重些,更能使我得到锻炼。

先生通过教研活动,通过在实践中培养青年教师,逐步提高教师队伍的教学和研究能力。同时,队伍也在逐渐扩大。先生主持的写作教研室成为优秀教研室。

1981年,我转到了文艺理论与外国文学教研室。那时,讲授外国文学的老师只有雷成德先生和李广博先生两位了,而雷先生刚又调去陕西。虽然我离开了写作教研室,但恩师志彬先生仍一如既往关心我,关照我的生活,关注、鞭策我在新学科的进步。有时,写作教研室的一些活动也特意邀我参加。

先生一贯重视古代经典中对现代写作学有益的论述和启发,吸取其精华,运用到自己的研究和教学中,为今所用。其中,《文心雕龙》是先生特别研究的著作。先生多年的钻研,取得了杰出的成就。从1997年起,先生由内蒙古教育出版社连续出版了《文心雕龙创作论疏鉴》《文心雕龙文体论今疏》《文心雕龙批评论新诠》三部著作。先生的"三论"受到学界重视,被一些"龙学"研究著作、论文所介绍和评论。2012年,中华书局出版了先生注译的中华经典名著全本全注全译本《文心雕龙》。此书一出,立即受到学界和读者的欢迎,至今已印行13次,印数达13.2万余册,被收入"中华优秀传统文化百部经典读本"。2014年,中华书局又出版了先生的文白对照版《文心雕龙》,迄今已印行3次,印数亦达2.3万多册。先生的研究成果,为"龙学"研究史增添了永不晦暗的一页。

先生走了,给我们留下许多——这是丰富的精神遗产,无形而永远闪耀。

先生走了,但在我心中,先生依然活着,神采奕奕,和蔼可敬。每当写作,每当看到或听到"文心雕龙"几个字,先生的形象就浮现在我的眼前。

老师,想您!

2020年10月30日

(姜泽阳,内蒙古师范大学文学院教授,内蒙古写作学会顾问。)

笔瀚高原上朗照文心

钱　江

人生总是对第一课印象深刻。我上第一堂写作课时,走上讲台的正是王志彬教授,时在1978年春天。

身为77级大学生,经历了痛苦难言的"文化大革命",终于有机会进入大学,我自然是全神贯注地听讲。王志彬老师讲授的醒言警句关键词语,从此伴随我,40多年从未远去。

难忘第一课

那是1978年3月24日,身姿挺拔的王志彬老师走进课堂,欢迎我们这些恢复高考后的第一批大学生,特意说明,写作课对中文系学生尤其重要,将来你们一生的事业都和写作有关,写作是你们一生事业的基础。

我目不转睛地盯着王老师,一边在心里猜测,将来我的工作和他有哪些关系?

王老师说,你们全班同学的高考作文,我都一一读过了。

恢复高考当年,他参加了语文卷判卷,担任其中一个大组的组长。后来他告诉我们,阅卷的时候,看到了好作文,阅卷老师会当场大声朗读,欣慰之情溢于言表。"所以,我们对录取到的同学非常珍惜,认为恢复高考录取来的都是青年精英。"

王志彬老师读了几组数据,是内蒙古考生语文考分在80和85分以上者在参考总人数中的比例。可惜我没有保存好当天的课堂笔记,缺失了这个记录。总之,这个比例很小。

王志彬老师由此加重语气说,你们今天走进大学,说明你们脱颖而出,已经有了扎实基础。写作课,是为了让你们在扎实的基础上更上一层楼,将来写得更出色。

王志彬老师正值中年,语音淳厚,殷殷之情溢于言表,表达出他要投入全部热情、调集全部学识为我们上好写作课的信念。

我深受鼓舞,相信同学们都和我一样感受到了关爱,受到了激励。就在这天写作课将要结束时,王志彬老师为我们出了第一个作文命题——《新的起点》。

对同学们的首篇作文,王志彬老师认真批阅,多有评点。我得到了他的鼓励,说我在沙漠屯垦岁月中磨炼了坚韧意志,也磨练了文笔,初步显示出语言特点,要坚持写下去。

后来他告诉我们,同学们写的这篇作文中,绝大部分涉及自己的经历,主要是艰苦生活的陶冶,回忆自己是怎样经受磨炼,一步步走到今天的。对比此前,劫难年代中有些"大学生"写了两三百字就没什么可写了。而我们这个77级中文系呢,王老师说:"动不动就是万言书!"

王志彬老师和我们的师生缘,就这样开始了。

教学相长入佳境

很快,写作课代表陈民泽发下了王志彬老师的写作课讲义提纲,还散发着油墨气息。这是1977年10月得知恢复高考讯息以后,王老师加紧备课完成的。系总支书记谢春明老师和担任写作教研室主任的王老师谈话,说以前写作课没有正式教材,这种日子现在结束了,从77级入学开始,要有正规讲义,你要为这批77级学生上好写作课。

王志彬老师慨然承诺。从那时起,直到高龄封笔,他一直在写作学科这块广阔原野上耕耘。

我在荒漠屯垦生活中的学习写作,大抵是自我操练,期待机会。在大学课堂里,王志彬老师引经据典,旁征博引,自先秦两汉娓娓道来,引导学生梳理前人已有的广博写作论述。他强调,写作是有规律的,依据或是遵循规律,写作会比较顺遂;发现和掌握更多的规律,写作会趋向于自由和精彩,会更多地触发灵感。

王志彬老师归纳写作心得,提炼警句"凤头"(文稿启首)、"猪肚"(内容包含)、"豹尾"(结尾精绝),以6个字3个词汇概括写作的精彩全程。

他强调"开门见山"和"卒章显志"在写作两端必须特别留意。他为此进行了滂洒反复的论证,当时惊讶得我思绪飞腾,在脑海里一个劲翻跟头,原来一句话一个词的琢磨就可以引来大河奔流一样的佐证!

王老师的精辟写作观指导和伴随了我此后几十年的编、写生涯。一篇文稿即将脱手之际,我都会用王志彬老师的"凤头""豹尾"警言再次复验:"开门见山"了吗?是不是"卒章显志"?再看看内容叙述是否有足够的、有质量的包容?

我非常感谢王志彬老师!感到77级一开学就有这样的写作课程是我的幸运。

王志彬老师在教学中不断丰富、修正、提炼自己的学术理念。我们刚入学的时候,"形象思维"一时成为文艺理论热点,王老师也对此开展研究,提出"诗意写作"的观点。

他乐于来到学生宿舍和大家交流。看到邵晓光同学刚从呼市内部书店购得的日本推理小说《点与面》,就向他借阅。三个月后归还时,王老师在书中夹了一封长信,说久未还书,又不慎将墨水渗染了纸质封面,为此深表歉意。他还写道,细阅此书,他得到一个启发,文艺创作要提倡形象思维,那么推理文学作品是不是应该强调逻辑思维呢? 这两种思维怎样交织呢? 看来还要继续思考。

当时,王志彬和郝季光老师轮流讲授写作课。有意思的是,郝老师很强调"文无定法",王老师注重讲"写作有规律"。同学们上前和老师打趣:"你们两位讲的有矛盾,学生听谁的?"郝季光老师总是应声而答:"听王老师的。"

实际上,两位出色的老师讲课侧重点各有不同。郝老师强调在材料基础上因材施用,以变化取胜;王老师更多地阐述写作中发现和掌握规律,提高质量。

王志彬老师对77级和78级同学特别关注,原因当然很多,其中也包括,为这两个年级授课,他本人的学术航船加速了,冲向希望的远方。

研究《文心雕龙》的大师

为时不长,王志彬老师成为副教授、教授,成为我国高校写作学科的知名学术带头人。

王志彬老师填写履历:1933年出生在山东德州普通人家,小学毕业后因为家境清寒几乎失学,得到亲友资助进入天津上中学。1950年朝鲜战争爆发,高一学生王志彬报名参加空军,虽因身体条件落选，却被前来招生的绥远干部学校选中，在1951年初来到呼和浩特。这是一所速成干部培训学校，3年学习结束，他考入内蒙古师范学院汉语言文学专业，毕业后留校任教。

1971年起，王老师开始教写作课。但那是"文化大革命"中的文化荒野年景，教学被禁锢，课程支离破碎。王老师真正致力于写作学科教学和研究，是从1977年恢复高考开始的。我们师生相会，对他产生了直接的推动。

从那时起，王老师担任新建的写作教研室主任。他和郝季光老师合作，在为我们教课基础上，于1979年写出《写作简论》一书，由内蒙古人民出版社出版。此为滥觞之水，从此喷涌奔流。他出版或参与编写了30余种写作理论著作、材料。2003年，他担任《21世纪写作学习丛书》总主编，确定出版11个分册，蔚为大观。

为我们授课当年，王志彬老师讲解刘勰的《文心雕龙》显示出深厚学养。从那时起，他将《文心雕龙》作为学术研究重点，潜心研习，弥纶群言，辨正然否。从1997年出版《文心雕龙创作论疏鉴》起，至2014年推出新的《文心雕龙》文白对照本，他撰著或编写专著十多种，成为国内公认的《文心雕龙》研究专家。而这时的王志彬老师，已经81岁了。他在研究《文心雕龙》学术道路上的成就，国内外已有许多专门论述，我等学生高山仰止。

对77级中文系的每一位同学，王志彬老师都是关注的。2016年秋天，为次年纪念我们入学40周年，邵晓光提议，我们应该就此请王志彬老师作一次专题回忆。

王志彬老师闻讯欣然接受，冀文秀、邵晓光和我分别自千里之外归返母校，一同登门，请尊敬的老师作了口述回忆。

王志彬老师预有准备，有问即答。在今日看来，已是关于恢复高考这个历史事件的宝贵记录。

　　登门拜见恩师之前，我写了一首诗书于宣纸："凤头豹尾总相宜，驰骋文心妙语奇。临风玉树堂前立，灌顶醍醐最解颐。"

　　光阴的流水刚刚淌进2020年，王志彬老师离去了，享年88岁。学生在怀念中将他的一些照片传送网络。我注意到有几张王志彬老师在客厅中的照片，我书写的小诗装裱成轴悬于壁间，成为背景。照片上，王志彬老师的目光充满关爱和期望，我永远不会忘怀。

　　我试着写了一副挽联，送别尊敬的王志彬老师：

　　文心独引雕龙宏旨群书留泽惠，

　　学子相传点慧敦言薪火缅师恩。

　　山高水长。

2020年1月于美国华盛顿特区

　　（钱江，《人民日报》海外版原副总编。）

纪念恩师王志彬先生

吕光明

　　说起来令人沉痛。去年七月十九日,内蒙古写作学会在呼和浩特职业学院召开第八届年会,那也是一次换届会议,我应邀参加了。那天晚上,我们一群新老学生共八人,去看望住在附近正在儿子家休息的王志彬先生。他精神很好,除了耳朵有些背以外,走路步伐稳健,同大家谈笑自如,看不出有多少老态。正碰上志彬先生的老伴陈老师与儿子一家,一共七口人四世同堂,都在一起,加上我们一群新老学生,足足十五人,所谓"七嘴八舌",欢声笑语闹了足足两个钟头。我数了一下,我们新老学生从二十多岁到七十多岁,也不知多少届了,怕也算有几"代"人了罢,够有意思的。瞅了个空,我趁机把我们一九七八级入学四十周年大聚会的影集,双手送给志彬先生。他很高兴,一页一页地翻看着,一个一个地指认当年的学生,这场景至今历历在目。万万想不到,短短几个月后,志彬先生突然病重,多次医治、抢救无效,竟然在今年元月八日凌晨不幸逝世,享年八十八岁。记得那天我在火车上,正从珠海市返回乌海市途中,天未亮就看到万奇兄发来的讣闻,一时心中凄然:志彬先生永远地走了。

　　在途中我匆匆作了《痛挽王志彬先生逝世》,用微信发出,以悼念先生仙逝:

追仰恩师四十年,几回问道杏坛前。

升堂入室我排后,汇水成河谁领先?

晚学长持立雪意,先生频作雕龙传。

一声鹤唳骑飞去,悲望云天忍泣颜。

那是2002年4月,我顺应新政策,决然地提前退休,随即全副身心投入文学写作。尤其在近十几年,随着写作题材日渐增多,视野扩大,为了跟志彬先生商量写作问题,我每赴呼市开会或办事,必然抽空去家中看望。我们一见面,聊得最多的,自然是写作。志彬先生对我写长篇小说、写旧体诗、写随笔,总是热情肯定,每每给予中肯评价。我的第一本随笔集《西麓山房丛稿》,就是志彬先生作的序。我的第二部长篇小说《牲人祭》,由长江文艺出版社发行以后,志彬先生说它的广阔背景与所塑造的核心人物,很像意大利作家乔万尼奥里写的《斯巴达克斯》,对书中描绘的市井风物之光怪陆离,他感到诧异。我听了,知道先生看过这本书,一则以喜,一则以惊。喜的是,从老师口中获得了赞同与批评;惊的是,我的拙作哪敢与世界名著相提并论? 曾记得,在我送给志彬先生的《牲人祭》扉页上,我写道:这是您写作课堂上的结晶。志彬先生看了,忙摆手否认:"写作课堂培养不出作家,完全是你长期努力的结果。"

2016年春,我开始写《中外文化巨子归宿之地及遗迹》,志彬先生特别关心,当他知道我的写作构想,将涉及120位已逝的中外文学家、思想家与文化名人时,他希望这部选材难度不小的书能早日问世。此后他经常询问并叮嘱我:"可把其他题材推迟,先把这本写120位名人的,当作首选题材,加紧写作进度,让它早日问世。"如今,我已经改完它的第四稿,志彬先生再也听不到我的汇报,我也失去了难以再遇的写作导师。说至此,我不禁热泪盈眶。

志彬先生是一位越老越勤奋的人，他的两部"龙学"大著，一部是"传世经典文白对照"版《文心雕龙》，另一部是"中华经典名著全本全注全译丛书"版《文心雕龙》，都是在他老人家退休之后，耗巨力逐一完成的。两部书由中华书局推出八九年了吧，已经印刷了十几版，在各地书店常销不衰，长期稳稳列在"国学古籍"的高大书架上。我每进书店见此情景，总是欣喜不已。

从1978年秋季我们班级入学，大家在写作课堂上静听志彬先生讲授写作理论与《文心雕龙》，到三十余年后两部"龙学"研究专著问世，他老人家如此坚毅地长期伏案读写，孜孜矻矻追求书的完美无缺，真正达到了刘勰所云"陶钧文思，贵在虚静，疏瀹五脏，澡雪精神。积学以储宝，酌理以富才，研阅以穷照，驯致以绎辞"之境界，从而将两部"龙学"研究大著推向全国学术前沿，这该有多么不容易！

近五年间，志彬先生耳朵有些背，视力也日渐衰弱，跟他说话必须靠近，我再也不敢拿上不成熟的文章让他过目了。他反而有些着急，在电话中一再询问我的写作近况。这种态度，正是先生对学生无尽的关心与牵挂。去年下半年，我提前写了一首祝寿诗，因为到了今年九月二十二日，正是志彬先生米寿——八十八岁诞辰。我与我班的赵可新同学商量过，准备请她用隶书写一幅中堂，到庆寿前夕，一起送到志彬先生家中祝贺。现把这未发出的《古风一首 恭贺志彬先生米寿》抄在下面，作为深切的感恩之怀：

欣闻九月寿宴开，米寿喜期盈众怀。
满园桃李将拜贺，惊动王母出瑶台。
蟠桃三千岁已熟，仙女亲摘一字排。

今年推选寿星老,列仙注目此书斋。
吾师矍铄开颜笑,六龙驾车送桃来!

2020年8月

（吕光明,内蒙古乌海市文联原副主席,内蒙古写作学会名誉副会长。）

怀念恩师王志彬先生

安　源

恩师王志彬先生仙逝,师友们决定为先生出版一本纪念文集,提笔作文,感慨良多。

记得王老师和我初次见面,听说我从准格尔来,就问我:准格尔的老百姓如今过年能不能吃上饺子?原来他曾到准格尔旗下乡搞过社教,知道那地方的穷苦。我的第一印象:老师是个慈善人。上学期间,王老师几次叫我们到他家面谈,吃饺子、吃馄饨、吃肉,偶尔也喝两盅。我们这些求学的游子,在老师家体会到了家的味道。

毕业后,我回到家乡任教,之后又到政府机关任职。我总忘不了也几次给人说起王老师询问百姓吃饺子的话。如今先生已去,话犹在耳,我也常自省:我是不是常把百姓的疾苦记挂在心头?

王老师先后送我一些书,《文心雕龙》系列,我都大略翻过,并摆放在书柜显眼处,向人炫示。今天反思,我认真"拜读"了这些书吗?一些我似懂非懂的地方,并未做过深究。而今,先生赠书仍在,而斯人已去。我深有惭愧。

先生曾送我一支精致的湖笔和一对镇尺。尺上有书"皓月素描山林美,金风徜徉原野香"。那年中国写作学会在湖州开年会,王老师叫我去，我因事缺席。会议仍选我当了高师写作研究中心副主任与《写作教学与研究》杂志编委。内蒙古写作学会又选举我为副会长。平心而论，我并未为写作学会做过什么工作，或有什么成果，却受到如此礼遇，我真羞愧难当。

王老师送我的东西很多，尤为珍贵的是他的谆谆教诲与殷殷期望。先生教我们"作文"，更教我们"做人"。老师是"经师"，更是"人师"。我们感受了先生的大德大爱，也期望先生高人高寿，"何止于米，相期以茶"，然而先生却遽然仙去，给我们留下无限的痛惜与遗憾。为先生送行之日，我身在异地，悲恸不已，只有以"驾鹤西游""瑶池赴会"抚慰自己的心，并以微信发一挽联，曰："瑶台有雕龙盛会，先生赴文心雅集"，以寄托哀思。

老师给我们很多很多，而我所做出的却很少很少。我有负先生的厚爱与厚望。今天我们纪念先生，惟有努力学习努力奉献以回报先生的恩德于万一。

天上星光闪烁，那是先生在回望着我们。

2020年冬

（安源，鄂尔多斯教育学院教授，内蒙古文史研究馆馆员，鄂尔多斯市政协原巡视员。）

师训犹在耳　师恩永在心

郝耀华

2019年秋，我在参加内蒙古政协智库活动时，抽暇去探望王志彬先生。那是一个阴雨天，我让小弟陪着，撑着伞冒雨前往先生寓所。那日先生精神尚好，见面后殷殷垂询。话题转到《文心雕龙》时，先生再三搜寻，取出其出版的研究论著来，一一摆上桌面。先生胸怀旷迈，平素言叙温和，他似乎耳闻杂议，心有积郁。文章千古事，得失寸心知。我劝了许久，其激动的心情方平静下来。分手时，互道珍重，相对黯然。不料这一聚竟成永诀，几个月后，听闻噩耗，我心头一咯噔，往事丛聚心头。

我与先生的情缘始于20世纪80年代中期。当时自治区恢复性地组织文学创作活动，作为一名年轻作者，我受到扎拉嘎胡、冯苓植、黄彦、张长弓、张志彤等文坛前辈的提携扶植，也结识了勤于创作的王志彬、温小钰等高校老师。内蒙古人民出版社出版的散文集收入先生与我的作品，遂知他是散文家，笔名"杉木"。先生与东城合作创作的散文，成为我学习写作的范本。

我如愿考入师院读书后，时往请益，屡荷师宠。周末一起包饺子的情节格外温馨，历历如见。我们也时常一起参加青城文人的小型聚会。先生教授写作课时，主要文学样式都要求交一篇习作，在他的指教下，我的这些作业大都发表了，与同学毅敏合作的论文《虚静说与迷狂说之比较》，后来还被《内蒙古师院学报》采用。先生亲自打来电话，嘱我加上必要的注释。我牵头组织师院历史上第一个文学社团"未了"诗社时，先生欣然担任顾问。最难忘的一件事是：他还亲自指导我和考政民同学创作中篇推理小说，从构思布局到细节，不厌其烦地阅评指教，巨细靡遗。因他的"苛求"，我执笔的这个作品数易其稿终不如意，后来连手稿也丢失了。这让我晓得，创作也好，做学问也好，都须百炼千锤。受先生影响，我在校期间亦对《文心雕龙》产生了研究兴趣，写了大量的札记，可惜没有坚持下去。

1988年，我调到新华社内蒙古分社，担任资料卡片杂志社总编辑。那时年轻气盛，总想干一番事业，总在开发新的文化项目。事出草创，同学李平、邱瑞中等都曾赐以援手，鼎力相助。我经常请先生来参加选题研究会，其视野开阔，见地高超。先生实实在在地帮了我三个忙：一是因新的出版规定刊名不许使用繁体字，不得已要换掉新华社老社长穆青题写的刊名，先生请工于书法的北京师范大学郭预衡教授题写了规范的简体字刊名；二是在创办《资料卡片·剪裁版》时，我请先生出山，一起策划开辟了《治学之道》等重点栏目，并约请季羡林等名家撰稿；三是先生推荐其得意弟子、文研班的何芸女士来编辑部工作。在何芸的主持下，从《资料卡片杂志》脱胎而出的《品读》充满生机，犹挺秀于刊林。

掐指一算，我和先生交往了45年之久。先生一生行述，皆为遗范，我自当谨守师承，虽已皤皤华首，也该尽力多做些对社会有益的事情。

写于2020年12月27日

（郝耀华，新华社高级编辑。）

心有光，素履以往

赵可新

王志彬教授是我大学一年级的写作老师，给我的印象最深，使我受益良多。40多年的师生交往，先生始终是一位内心有光、照亮他人、温暖他人的良师。2020年1月8日先生仙逝，从此，失去了人生长河中的一位导师，失去了一位经历风雨坎坷时，能给你温暖，给你力量，给你信念的师者。先生是国内知名的"龙学"专家，其学养亦丰，其人品亦高，其成果亦多，痛哉！良师已去焉！

一

记得40多年前的头堂写作课，推门进来一位稳重的中年人，高个头，涤确良蓝制服，相貌上没有很特别的地方，普普通通。他从容地走上讲台，从容地自我介绍，从容地写下了三个竖字：王志彬。自此以后，先生的板书，总是竖写，简明扼要，重点突出，粉笔字并不怎么有体，但凝重而有力，这成为先生讲课的一大特色，至今难忘。

先生讲课不是激情澎湃，口若悬河。他总是素脸一张，微笑着，静而不躁，气沉语稳，讲起课来一板一眼，不紧不慢，听的人不紧张，入耳清爽。先生善于把复杂的理论讲简单，把艰涩的古语口语化讲顺了，举例说明贴切生动。常常是你想走神的时候，总是被那富有磁力的声音拉了回来。定睛再看，讲台上没有教案，先生手里捏一支粉笔，边说边板书，陆机、刘勰、李渔等人的写作理论，就在先生平静自然的讲述中，点滴入心。我慢慢领悟了王国维、来裕恂、林纾、吴曾祺、陈望道、叶圣陶等这些圣哲先贤之博大精深、思辨有味的高论，品味了写作的奥妙之处。

　　写作课在中文系是一门老资格的课程，与师范大学齐名，最初叫"文选及习作"。听课程的名称，你就可以想到，讲文选，着重分析它的写作特色，"文选"与写作息息相关。先生说，系里有名气的老师，如安伯封、曹维琨、王钟林、景士俊、宋萧平、屈正平以及王志民、申建中、巩富等老师都教过此课。我对这些老先生很是敬重钦佩！他们的讲授一定是"朴老深醇"的苍劲之风。

　　写作虽然是汉语言文学专业的重要基础课，但有些人并不太在意，甚至是轻视淡漠，认为学中文的谁不会写，还用教吗？然而对写作有通透的了解，有丰富的写作经验，未必是轻言者能够做到的。改革开放之初，社会急需大量的写作人才，这样"急需"与"淡漠"，就形成了巨大的反差。对此，先生却是定力十足，热衷于当写作的"志愿兵"。"心有光，素履以往"，先生倾其毕生心血，专注地做着，做好一件事：讲写作，著写作的书，出写作的书，育写作人才，培养教写作的"志愿兵"，把一腔深情倾注在写作这片独特的土地上，深耕细作，负重前行。

　　20世纪70年代初，先生曾和其他老师带着学生，下乡下厂采风，合编过《香飘五洲》《根深叶茂》两本报告文学集，公开出版。但先生并不满意，认为时代印记很深，有局限性。之后，先生和老师们又编写了教材《写作基础知识》。先生朝着心中的那束光，克服困难，与时偕行。不论时间长短，不论代价如何，只是带着经验教训，去肤浅归于深厚，持一颗恒心，探源守正，与古为新，追光而行。

1977年，恢复高考制度后，先生任写作教研室主任。以先生谦虚厚道的人品之光，很快凝聚了一批教写作的人才：有材音博彦、侯攀峰、姜泽阳、白宝增、马学勤、高宪哲、林晨、万奇、徐新民等老师。先生说，他们都是写作"志愿兵"。"大家志同道合，自强不息，相继为写作学科的建设和发展作出了贡献。"皆为同好，各有所长，都是奔走在写作路上的追光人。

1978年，先生和郝季光老师编写了《写作简论》，刚入学的我，从书中深入了解了写作的"八大块"，认识了写作的规律，分清了写作理论的本体与语言学、文学理论、文章学等学科之间的相互依存、交叉包容、本同末异等诸方面的区别与特点。从写作与其他学科千丝万缕的联系中，我看到了写作宽泛的内涵和外延，看到了写作独特的魅力所在，原来不甚重视写作的我，从此爱上了写作，下决心夯实写作的基本功。

写作课，学生动笔写作是常事，是正事。先生独特的批改作文的方法是他的一绝。一次，先生让我们写一篇"放胆文"。所谓的"放胆文"就是信马由缰、随心所欲，题材不限，文体不限，字数不限，我一口气写了万字的文章，把在农村插队落户时的酸甜苦辣、真实感受，一倾而出。痛快！写毕，巴望着能得个高分。一星期之后，看作业，只得了个良，且勾画了许多"红杠"，眉批、总批，朱墨灿然，激动的心难以平静。过后，我品读先生的批语，细语若醴，从字里行间涌出来的是先生对学生严格要求的真情。"你这篇文章像件拼凑起来的百衲衣，分开看，块块是质地很好的'毛料'，但合在一起什么也不是了。要勇于割爱，要'删繁就简三秋树，领异标新二月花'。主题要突出，材料要新鲜。"先生说得中肯，我心

服口服。时过几十年,先生的"红杠加批语",我记忆犹新。先生
教会了我怎样写好文章,怎样改文章。经先生批改的文章,字数
少了,文意突出了,笔笔都立起来了,字字都有了情韵,在这大刀
阔斧的删削之间,见出了先生对写作的真知灼见。我的万字文章
改成了4000字,发在了《乌海潮》杂志上,坚定了我写作的信念。

　　毕业之后,在先生的熏陶下,我也做了写作的"志愿兵"。在
岗时,讲写作课,我都要为学生讲这个"经典"的故事,并不觉得丢
人难堪。如果说,我现在写的文章还能选材得当,立意清晰,气韵
连贯,不多说废话,还知道"割爱",这就不能不归功于先生的
教海。

　　20世纪70年代末80年代初,改革开放迎来了中华民族振兴
的大好时机。当时全国写作理论、写作技法等方面的研究,达到
了前所未有的繁荣,出版的写作专著多达几百种,良莠不齐。为
了让学生更好地学习写作,先生带领本院老师与全区其他9所院
校的写作教师合作,以写作技法为中心编选范文,出版了《写作技
法举要》一书。

　　《写作技法举要》在写作学界有较大的影响,它标志着写作学
研究的内容有了新的发展。它不仅首次以写作技法为自己的论
著命名,而且对写作技法的定义,第一次做了公开化的学术性解
释。此外在"代序"中还对写作技法的特点、分类、作用都做了阐
述,这些写作技法的内容是前人所没有探讨过的,它的提出无疑
为写作技法学科理论体系的初步建构奠定了基础。杭州大学《语
文战线》重点评论此书是"写作技法研究的新收获"。

二

1987年,内蒙古写作学会成立,先生任会长。先生仁厚的品德,严于律己、宽以待人的性格特点,凝聚了内蒙古自治区各高校、中专的一批写作老师参与其中,先生在更广阔的平台,带领团队向着心中的不灭之光,开启了写作学科探源逐真的深入研究。

几十年来,先生总是不断地让写作学会的会员,参加国内外的学术会议,开阔学术视野,打开研究思路,吸纳百家之言,吸纳最前沿、高端的学术研究信息与成果。"木铎起而千里应",我先后带着论文、专著,参加了1994年在珠海召开的"全国写作会议";1999年在赤峰市召开的"20世纪中国写作理论史暨《文心雕龙创作论疏鉴》研讨会";2005年,在成都市召开的第八届"现代应用文国际研讨会暨国际汉语应用写作学会成立大会";还有内蒙古写作学会在各地举办的学术研讨会等等。

不仅如此,先生不断地给弟子们分配任务,让你去读书,让你去思考;让你啃难题,辨难题;让你忙,让你难。或同题分琢,共磋深研;或分题淬炼,去粗取精,不断创新。先生心中的那束写作之光,始终照着你前行。先生常常把珍藏了多年的资料、专著,无私奉献给弟子,让弟子去使用。我跟随先生参与了《中国写作理论辑评》《20世纪中国写作理论史》《公文语用词典》《21世纪写作学习丛书》等多部专著的写作。先生的研究逐渐从写作知识到写作论、写作学、写作史,各有体系,融汇一海,相继填补了写作学科的某些空白,使写作学科基本上得以配套成龙,且获奖多多。真是"心有光,素履以往",坚定不移,终有成果。先生被尊为大师,被誉为内蒙古写作学科的带头人,先生带领的团队,被写作学界称为"内蒙古现象"。

《21世纪写作学习丛书》共11分册,其中《法律文书写作指要》一书由我主编。在撰写的过程中,那种写时难、写时怨、写时苦的感受,至今难忘。经过这一难、一怨、一苦,当手捧新灿灿的书本时,心里漾出了甜蜜,感悟到了先生苦心栽培之真情。像先生这样拉扯着学生成长、甘做人梯、甘做铺路石的,我们的身边又有几人呢?

先生过世后,我经常翻看这些专著,凝思驰想,每一本专著的背后都有一些鲜为人知的小故事,其中蕴含的精神,常常激励着我前行。

《中国写作理论辑评》这一丛书共5册,200多万字,分古代、近代、现代、当代、国外五部分。编撰工程浩大,牵扯到华北地区多所院校,涉及的人员有百人之多,先生是工程的组织者之一。我参与了《汉文典·文章典》部分的编写。

1989年,记得在呼和浩特市召开编委会会议,会后已是晚上八九点了,那时呼和浩特市的路灯不多不亮,路边的歌舞厅却是霓虹闪烁,传来热闹之音。主编北师大教授刘锡庆先生与王志彬先生,谈笑风生地推着一辆破旧自行车,从团结小区往师大走去。强烈的对比,无法言说。然而我从先生们疲惫的背影,感受到的是乐观、豁达、柔韧与坚强,那种"为天地立心,为生民立命,为往圣继绝学,为万世开太平"的使命和情怀,是暖光一束,让我铭记于心,前行而不息!

20世纪90年代,写作技法的研究有了实质性的提高,全国出了不少教材和专著。在先生的关注下,万奇老师主编的《写作技法实用指要》出版,使写作技法有了相对完整、系统的理论形态。在全国写作学界可谓"首出"之作。

在先生的影响下，我也非常关注写作技法，有时候看到一篇好文章，好作品，不由地就分析作者用了什么样的技法，达到了什么样的效果，长久以往，养成了习惯，思辨而行之，让我受益匪浅。1999年，我写出了9000多字的论文《新时期写作技法的发展》，被《广播电视大学学报》刊发，后被中国人民大学复印报刊资料目录索引库收录。之后，我又写出了几篇相关论文，收获多多。

先生给的压力，给出的光点，让我不断前行。2003年前后，我为内蒙古青年政治学院汉文系各专业撰写"人才培养方案"，在汉语言文学专业开设了"旅游应用文写作"，我常和先生谈这些课程的开设、学生的学习情况，总是得到先生的赞许和支持。

2001年到2005年，我这个写作的"志愿兵"主编了《常用应用文例文评析》《应用写作》配套教材，有学者评此教材：通俗好用。成为青政院"应用写作"课首选教材，一直沿用到2011年。

2008年，我主持的"应用写作"课被教育厅评为内蒙古自治区精品课程。先生经常说，写作是现代人应有的能力，也是一种谋生的手段。几十年的实践证明先生的话是绝对真理。有写作能力的学生，工作之后都是单位的"笔杆子"，是中坚力量，提升很快，个人发展前景广阔。

当我在电脑前敲出这些文字时，不由地热泪盈眶，对先生的怀念之情，从心底漫出。在教学、科研的这条路上，先生始终影响着我，先做人后做事，真诚踏实的信念，已成为融入血脉中的自觉。

三

先生于20世纪50年代致力于研究《文心雕龙》，在内蒙古师范大学开设《文心雕龙》专题课,为"龙学"研究、普及和发展培养了大批人才。在写作的时光中,完成了《文心雕龙创作论疏鉴》《文心雕龙文体论今疏》《文心雕龙批评论新诠》《文心雕龙译注本》《文心雕龙》(文白对照本)系列专著,这是先生对"龙学"事业作出的卓越贡献。2012年先生译注的《文心雕龙》由中华书局出版,且再版多次,在短短的几年内,行销十多万册。虽然如此,先生谦虚的秉性,最反对别人对他的过誉之言、溢美之词。他对自己要求甚严,即使是出版的著作,也要反复再看,生怕还有不妥之处,求真求严的性格,使先生在写作界维系着历久而不衰的崇高地位。

在石羽先生的文章里,录有学者评价:"纵观古今,龙学著述汗牛充栋,有精于创作论者,有精于文体论者,有精于批评论者,但像王志彬这样'三论'皆治者却非常少见。"2005年,上海古籍出版社出版的《文心雕龙学分类索引》,在学科综述中,将王志彬位列与纪昀、鲁迅、黄侃、周振甫、詹锳等并举的"古今龙学十二家"。

先生过世之后,中国写作学会、中国《文心雕龙》学会、中华书局等陆续发来唁电,从不同角度高度评价先生,先生的逝世是"龙学"界的重大损失!是写作学界的重大损失!所有的评价,先生受之无愧,实至名归。先生是我们的骄傲!

先生的几部"龙学"著作,一直放在我的案头,时常翻看,回味着先生的教诲,望着封面上栩栩如生龙的形象,突然觉得先生骨子里,那种始终向着认定的光亮探索前行,那种不屈不挠,持之以恒,做人为学的动力,那种人格的魅力,都源于这飞翔的龙之精神。不是吗?

四

先生爱生如子。先生的身边时有一帮弟子，绕前追后，问长说短，先生的亲和力感染着我们。我们总是不约而同来到先生家。那时，先生住两间平房，师母把家打扫得干干净净，鲜花开着，香茶喝着，和先生聊着写作，谈着人生。时常是先生虚心说着自己的看法，我们总是高谈阔论，七嘴八舌，不着边际，释放着青春的活力。先生微笑，我们大笑，从先生微笑的眼光里，我们感到了温暖，看到了鼓励。"初生牛犊不怕虎，年轻人应该有创新的精神"，先生的话时时回响在我的耳边。

先生弟子如云，散落在天南海北，从政的、经商的、教学的、写书的，应有尽有。如果谁有困难，先生知道了总是鼎力相助，从不说"不"。借钱的，先生说："找你陈姨去拿。"求写序的，先生总是熬夜读其书，提笔为其写。思想、生活、工作、学业，这事那事求帮忙的，先生总是尽力为之，有求必应。从不让人失望。先生就是这样爱生如子，护犊情深，话不多，行动多。真是谁摊上这样的先生，谁有福！我与先生40多年的师生情，情同父子，铭记于心，难以忘怀。

先生病重之际，我和学姐苏娅去医院看望，苏娅手里提着保温壶，壶里是给先生精心熬制的奶茶，真心希望先生能喝上一口热乎的奶茶。在病房里，先生昏睡不醒，我轻手轻脚，立在先生的身旁，先生满脸慈祥，我在内心祷告：让先生快点好起来吧！有一会儿，先生睁开了无光的眼睛，先生的女儿说，您看谁来了？认识吗？先生应声眼亮了，看着我们点点头，握着苏娅的手。我扭转头，泪溢眼眶。先生慈祥的目光永远留在了我的心间。

"鉴悬日月,辞富山海。百龄影徂,千载心在。"先生虽仙逝,但已实现了有价值的人生目标。先生绳墨自矫,仁慈有容的品德,心有光,素履以往,坚定不移的学术追求,是先生留给大家最好的精神财富。怀念先生,记住恩德。永远! 永远!

　　(赵可新,内蒙古师范大学青年政治学院教授,内蒙古写作学会副会长。)

亦师亦友一仁者

高宪哲

　　得知王志彬先生离世的噩耗,内心总有点不愿接受。两年前为了出书事宜,专赴青城,看望他老人家。那时先生身体不错,神清气爽,颇感欣慰! 如今先生离开我们已经半年多了,音容笑貌宛在眼前。回想与先生过往的点点滴滴,感慨万端。虽为同事,但如师如友,令我尊敬、钦佩至今!

　　1982年7月,我大学毕业,分配到内蒙古师范大学。当时的校名还是内蒙古师范学院。上大学时,选修中国古典文学,毕业论文也是古典文学,一心想从事古典文学教学与研究。但被告知,古典文学教研室不缺人,被分配到了写作教研室。我心有不甘,但也无奈。

　　我不愿到写作教研室,不仅仅因为我喜欢古典文学,关键是上了四年大学,就没有上过写作课。我们78级入学几周后,北京师范大学中文系就突然测试写作,在两个小时内,每人写一篇短文。据说系里根据大家的文章,决定78级不开设写作课。文章写作过关了,但写作课是什么? 一无所知。事情就是这么巧,也是哪壶不开提哪壶,毕业后偏偏就被分配到了写作教研室。这让我感觉学了四年,哪门课都用不上! 心里没了底。

　　志彬老师作为写作教研室主任和我谈了几次话,了解我的情况，介绍写作学的发展状况，以及内蒙古师范学院写作学的地位，鼓励我在写作教研领域干下去，并对我给予了极大的信任，安排我给政教系讲写作课，备课时间是一个学期。为保障教学体系的一贯性，还安排我听侯攀峰老师的课。下个学期就要开课，让刚毕业的我有了紧迫感。我加紧了对这门学科的学习研究。按王老师的推荐，从图书馆抱回一大堆书，边学习、边研究、边听课、边备课。

　　有关写作教学与研究，王老师的主要观点是：写作学，大有可为，是一门有深度有广度值得深入研究的学科。写作教学不光要有理论，更重要的是要注重实践。教学中，要讲清楚理论是什么，还要指导学生怎么写，注重学生写作能力的提升。王老师的话，加深了我对写作学的认识，稳定了我的研究方向，开启了我在内蒙古师范学院的职业生涯。应该说是王老师把我领进了写作学的大门。

　　王老师对我们年轻教员，不光在教学上压担子，在科研上，也注重传、帮、带。当我开始上课教学，王老师便安排我为报社一个专栏写评论，锤炼我的基本功。那时的师大中文系，各个教研室都没有专门的办公室，王老师便经常把大家招呼到他家，研究写作教学及科研事宜，一直工作到午饭或晚饭时间，陈姨已默默地安排好一桌丰盛的饭菜。每到这时，我不知道其他几位同事是怎样的感受，反正我是非常高兴。别怪我没出息，因为当时的教研室，就我一个人单身住校，这省去了我回去吃食堂。王老师的目的是提前培养年轻教员，做到科研、教学齐进步。

　　王老师仁和敦厚，德高望重。在他带领下的写作教研室，是一个团结和谐、积极进取的团队。当时，教研室共五位教员，我是最后一位入职也是最年轻的。大家和谐相处，积极进取，在一起便于研究教学与科研,从没有那些钩心斗角、是是非非的现象。虽然每一位同事都是谦谦君子,但更得益于王老师的学术威望与高尚人格的引领与感召。

内蒙古师范学院写作教研室与内蒙古写作界同行关系融洽,影响很大,在全国也有相当影响。那时王老师主编的《写作技法举要》,在介绍写作基础知识的同时,结合例文,着重对写作方法、作文技巧与关键要点,进行提示和指导。应该说,这本教材抓住了写作的核心:怎么写! 当时,全国高校写作教材主要有四种:内蒙古师范学院的这本书、北京师范大学的《写作基础知识》、东北师范大学的《作文法概要》、华东师范大学的《写作教程》。内蒙古师范学院的这部书能与另三所师大的教材相提并论,充分说明了这部教材的特点与影响。

王老师是我的同事、领导,更是我的老师、朋友。他的为人,我非常敬佩。在我离开内蒙古师范学院写作教研室前,王老师已经着手安排大家为《中国古代写作理论辑评》做准备了。几年后,我离开了师院,调到天津工作。王老师说,小高是我们教研室的成员,仍然安排我几篇古代写作文论让我评论。我的那篇《太平天国文论点评》,能收入这套书中,要感谢王老师对我的信任与友谊。虽然我调离了内蒙古师范学院,许多年来,我一直觉得我仍然是内蒙古师范学院中文系写作教研室的一员!

王老师对我的关怀,贴心而细致,令人感动、难忘。在写作教研室工作了几年,相互有了了解,建立了深厚的友谊。我要调走了。王老师说,小高,我们不想让你走,但你们夫妻两地,也不能阻拦,只能忍痛放行。离开写作教研室,到天津工作的这么多年,一直也没有断了联系,每次去天津,他都要来看看我,喝点酒,说说话。前几年,我也退休了,写了一些有关内蒙古生活的文章。

王老师非常关心我的这部书的出版,多次询问有关情况,指点我在哪家出版社出书为好,还邀请我到呼和浩特市面谈。两年前,我专程前往呼和浩特市,到家里看望了他老人家和陈姨,没想到那竟是与王老师的最后一次见面!

　　如今缅怀王志彬老师,念及以往点点滴滴,历历在目,万端感慨,系于心头。他虽为教授,在我心中,他更是一位谦和敦厚的仁者!

2020年9月22日

（高宪哲,天津市政府办公厅原副巡视员。）

雕龙案暖文心路

李子广

仿佛一缕校园晨钟荡漾,层层叠叠的岁月亦尘封不住而兀自顿挫抑扬,余响缠绵——

想,我将何以助人家,使人家快乐无涯;

想,我将何以助社会,使社会灿烂光华;

想,我将何以助自己,使自己品学无差。

人家、社会与我都佳,岂不是极乐世界,文明之花!

大抵是三十年前的一个天气很好的上午,王志彬先生在写作课堂朗读了这首诗。曾经秋肃兵气(由红小兵而红卫兵)十足的我们,一颗颗毕竟年轻的心被一种莫名的情意触动而瑟瑟复苏。后来很晚了才知道,这原是先生的小学班主任许效农老师教唱的一首歌词。先生的先生?我那时才似乎明白了什么。在我看来,这尘世间最美的声音,连同这如苍天般内在宽广的仁善,一皆发自于心而布之于口,在师与弟子之间得以绵延。古语有云,泗水弦歌,恐怕亦不出这层意思之外吧。"金子般的声音与金子般的课堂,感动了我们所有的同学,连同一教室沉静的阳光。从此我的体温、手势和腔调似乎都在渐渐改变。"我在一篇文章中追忆过往,永远感怀那一刻的明亮与温暖。

先生上课似乎从来不看讲义,一杯清茶,一根粉笔,口讲指画,从容挥洒,声调沉缓而有力。讲解《雪浪花》,剖析《谁是最可爱的人》等当代散文名篇;从选材谋篇到字词锤炼,一板一眼,层层深入,最终提炼出一些写作要义。有时还设疑,破解学术难题。譬如为文的"形散神不散"问题,先生质疑、辨难,而后提出自己的看法。偶而,似是兴致来了,先生还拿出自己的作品讲一讲:《香飘五洲》《阿尔山的怀念》,如何提炼主题,怎样谋篇布局等等。记得是讲散文的结尾艺术,说要有余不尽才好,先生举出《阿尔山的怀念》,现身说法,横竖烂漫,结末一句道破,说妙在女主人公最后慢慢走进彩虹里去了。语毕含笑,铃声响起。我们出了教室,觉得真有一道虹影横跨天际,隐约明灭,经久不散。

　　在那时我们还不知道先生多年研治《文心雕龙》的学术行旅,但满黑板地书写古人言论提点写作之道,着实令人钦佩不已,其中当然包括《文心雕龙》的零章碎句。大概是讲文章结构布局,先生引据古人说法——"凤头,猪肚,豹尾。"当下我即想起了我的一位高中语文老师说过的话,教导我们写文章每篇至少要分三个段落。至于这理解确切与否,当时的我并不知晓。直至今日,同学们相聚,提起先生的课,啧啧之余,会时时脱口而出:"凤头——猪肚——豹尾。"

　　我们知道,这话不出自《文心雕龙》;而《文心雕龙》的体大思精是学人所共喻的,素称难治。清嘉庆六年(1801),一代著名学者阮元在杭州诂经精舍,撰写了这样一副联语:"公羊传经,司马记史;白虎德论,雕龙文心。"意思是说,创办诂经精舍旨在作育顶级人才,期望诸生写出像《公羊传》《史记》《白虎通德论》《文心雕龙》这样的经典名著。联中嵌以"经""史""论""文"四字,揭明研究义界;而举"四书",以标格示例,不可谓不高。作为"四书"之一的《文心雕龙》,远的不说,现当代学人如黄侃、范文澜、杨明照等先生皆抛注了大量心力,斩获颇多。然疑问仍然不少,待发之覆,新树之义,尚待来哲。而龙学尤难,谁曰不是?

先生早在二十世纪五十年代中期即开始接触这部名著。万奇兄在其与李金秋女史共同主编的《〈文心雕龙〉探疑》的后记中,简要叙述了先生研治《文心雕龙》的历程,大略云:先生最初的偏爱《文心雕龙》是其道出了他写作中的甘苦,继而有意识地运用于教学实践,进而研读全书,验之自己的写作实践而感悟益深。后来赴南京大学从名家问学,仍专攻《文心雕龙》,听夕在于斯。修业期满返校后,一面开设《文心雕龙》研究专题课,一面撰写了大量相关研究论文。四十多年的学术积累和不断探研渐渐结出了金灿灿的果实:1997至2002年期间,先后出版了《文心雕龙创作论疏鉴》《文心雕龙文体论今疏》《文心雕龙批评论新诠》三书。

我有幸获先生所赠"文心三论",虽无力通读一过,难窥堂奥,但门外一瞥,亦感服先生之立说精审与开新气魄。诚如万奇兄所言,"'三论'均立足写作实践,集词语注释、古文今译、内容提要和疑点辨析于一体,体例完备,特色鲜明。""今人治龙学,各有所重:或在创作论,或在文体论,或在批评论,鲜有'三论'皆治者。"不惟如此,先生以"写作学著作"视之而贯通"三论",卓然成一家言。

为使塞上"龙学"一脉弗坠,先生力学著述登堂课徒之余,组建学术团队以慧命传薪。万奇兄与李金秋女史主持的"《文心雕龙》悬疑研究",即为此团队系列项目之一。我曾在《语文学刊》上看到过部分"悬疑研究"论文的连载,已觉不凡;而后结集为《〈文心雕龙〉探疑》一书,2013年由中华书局出版。先生对这一专题研究与成书过程注入很多心血,万奇兄以"全程监控"概括,可谓语外传神。

我忽然想起了一座古旧的阁楼和一双探寻的眼睛。

"清华大学旧图书馆的四层阁楼,灯火昏暗,倾斜的屋顶使多数地方几乎无法直起身来行走,满是灰尘的地板上,一直堆满了各种各样满是灰尘的旧书,让人觉得是一个埋葬多年的古墓,那里边的各种书籍也仿佛是等待出土的文物,当我走进去,在里边慢慢地翻拣那些旧日书籍的时候,我总觉得是在'考古',在那些尘埃中巡视着过去。"葛兆光先生的这段文字把我们带进了一个尘封的阁楼上。他在阁楼一角的地板上发现有几百本毕业论文,从二十世纪二十年代末至五十年代初,包括了中文、历史、外文、政治及社会学等学科,而留存最多的是写于三十年代的论文。

那是一个怎样乱哄哄的时代,而偏偏却有一些学生和教师做着认真而严肃的学术研究工作。葛兆光感怀于那时学生论文静定客观的态度和先生指导的尽责笃守的精神。"教授使命之神圣在教书,学生使命之神圣在读书。知识的历史就在教师与学生、教书与读书之间延续。"他想起了"薪火相传"的一句古语,认为用来比拟老师与学生之间的传授恰如其分,"教书与读书之间是知识的授受,如火之传于薪,但老师与学生将来研究的内容并不一样,如火之传异薪,只有一点是代代传续的,那就是'火',就是学术的方法和精神,'名师出高徒',其实就是说好学生继承了好老师的真衣钵,先生的学术思路在后生中依然延续甚至更加深入,先生的学术精神在后生中依然执着甚至更加执着。"

大学毕业后,我与同窗万兄同时留校任教;不同的是,万兄得以继续侍诸先生侧接闻绪论,而我则奔走函授一途清芬有隔。但毕竟同在一校,彼此时时过从至于无话不谈。得知他分在写作教研室与王志彬先生共讲席,每每亲承指授,亦感其幸何如之。在一同住单身宿舍的日子里,经常看到万兄挟书来去的匆匆身影。偶去他的宿舍闲坐,见其堆书满案、卡片盈篋。移住校外而有室家之累，米盐酱醋之外，万兄仍不废披览渔猎，绩学、撰文、著书。从桐城文派的文章理论研究到探访彦和文心，或论文或专著，均见诸学刊或梓以行世。这其中自然有王志彬先生提点熏化之功，而万兄自身的恋恋于学克勤专精的努力修为亦是不消说的。万兄确然是先生的"好学生"。

如今万兄执教时日几近三十年，砚田化雨而鬓已星星；其弟子学而有成者亦不在少数。《探疑》一书即有他的一些研究生写的稿件，而使这一集成之作具备了某种象征意味：从王志彬先生对学术团队的经营，到以万兄为代表的撰作与统稿、定稿工作，构成了续续环扣的学术之链。詹福瑞先生在此书序言中充分肯定了王志彬先生"文心三论"的学术创获与"写作视角突出"之后，进而说道："在他的影响和带领下，逐渐形成了一支以中青年教师为骨干的龙学研究团队。这次，万奇教授和李金秋女史主编的《探疑》就是该团队推出的又一部力作。它承'文心三论'而来，为该团队研究的持续发展奠定了厚实的基础。"

清末民初的一位先生说过，读书有君子之学，有小人之学，有妾妇之学。姜亮夫先生解释道，"有些学问惊天动地，是君子之学；有些学问听起来好听，实际无多大价值，是为小人之学；还有一些学问，只供妇人小孩娱乐之用，所以说是妾妇之学。"他希望人们"搞一些光明正大有价值的学问，不要搞叽叽喳喳没有什么学术价值的东西"。《探疑》一书在前哲时贤研究基础上，从写作理论与实践出发探疑、解惑、点津，蹊径独辟，而贯注堂堂正正之道，允称君子之学。

杜甫《槐叶冷淘》有句云："献芹则小小，荐藻明区区。"感于《探疑》一书薪火承传的动人风景，在以万兄为代表的王志彬先生的"佳弟子"之侧，我这位"不肖生"形愧惭怀之余，不避琐琐，撰此

小文,聊宣鼓呼之情而已;至若略有论议,不过是芹献藻荐之诚罢
了。而全面评价此书,则吾曰岂敢。

　　(李子广,内蒙古师范大学文学院副教授,内蒙古写作学会顾
问。)

我亲历的文心三论:
从约稿到出版,历时十四年

黄妙轩

我与王志彬先生交往始于1986年内蒙古写作学会学术研讨会。我们出版社派了几名编辑参会,其中有我。其时,王先生五十多岁,精力充沛,谈吐不俗;他所带一班人马干练,组织、安排、接待各项活动井井有条,如同训练有素的专业队伍。

会议期间闲聊,王先生说是对《文心雕龙》特别感兴趣,断断续续研究了几十年,可惜的是,研读积累的札记和心得在"十年浩劫"期间都遗失了。在场的几位专家教授都鼓励王先生趁着年富力强再捡起来,并期待着他的研究成果早日出来。

1989年5月,在北京参加完《中国写作理论研究丛书》统稿会,在同去海拉尔的列车上,我有幸和王先生有一席长谈。王志彬先生几十年研究与治学,也搞过文学创作和文学评论,作品与文章时常见诸报刊;二十世纪七十年代后期,专事写作学研究,已发表多部专著和学术论文,像《写作简论》(合著)、《写作技法举要》(主编)、《修辞与写作》(合著)、《写作学高级教程》(参编)、《散文写作概说》(专著)等,当时都有很好的反响,有的还用做高校教材,印量也不错。

在这次谈话中,我进一步了解到,王先生1980年得到一个赴南京大学中文系进修古代写作理论的机会。导师裴显生教授特意引领他到南京师范大学中文系拜会著名学者吴调公，推荐王志彬先生从吴先生专修《文心雕龙》和古代文论。吴先生渊博深厚，和蔼可亲，又极重文墨之交。约定王志彬先生每周听一次专题课，隔周与研究生和其他进修教师一起，共同研讨相关学术问题。王先生称吴老的授业风格"严谨而精到，深邃而细密"，"既给我们教学的范式，又给我们深刻的学养启迪"；"隔周一次的面谈，吴先生将自己在文章构思、意境、诗味、神韵、节奏等方面的见解传授给我们。而吴先生治学的经验和方法也潜移默化地影响了我们"。问到文心学，王先生说，从那时起，致力《文心雕龙》的教学和研究，凡几十年未敢松懈。特别是对《文心雕龙》关于写作方法统论部分颇有收益，也破解了一些悬而未决的疑点。我看时机已到，就冒昧提出自己的想法："从写作理论的角度去研究《文心雕龙》，可能会产生一些新的突破。我要向社里打报告，将这项研究列入选题计划。"王先生回答："你这一约，对我是一个鼓励，压力也更大，暂且接下这副担子吧。"

有了这次书稿之约后，我有事没事常往王先生那里跑。一来关注一下他的研究进度；二来可以免费听课。我和王先生虽无师徒之名，却以为找到了一位非常好的导师。也常常把盏对酌，谈天说地。每有佳酿，总要呼朋唤友，共同品评。王先生请的大多为同学、朋友和弟子兵；我则招呼一干年轻编辑，老少同席，好不热闹。偶然遇到王先生给研究生上课，我便悄悄退到另外一屋，留一条门缝静听。先生总是让学生提出学习当中遇到的疑难问题，有什么想法，然后讲说他自己的看法，这样的时候，形成了师生的互动，讨论非常热烈；有时学生提问不多或提不出问题，先生就做一些提示或摆出一些需要特别注意的问题，并讲述他对这些问题的思考和见解，这样的时候，非常安静，只听到先生温和悦耳的声音；有时干脆不说课程内容，而是谈其他研究方向，甚至是别的学科，见闻、见识、思想、观点，奇文共赏，资源共享，这样的时候，气氛更加轻松，是一种文化的熏陶、学术的濡染。我想，这大概是承其恩师吴调公教授遗风吧！

1995年底，王先生的《文心雕龙创作论疏鉴》完稿，按约稿时间算，也将近七个年头了。选题上报后，得到出版社领导的首肯，正式列入图书出版计划，并命我担任责编。由于大家都很忙，有问题而又无法面谈时，大多是电话商量解决；有些时候则用便条或信件方式；遇到能够往见机会，总是带上问题和资料，就地处理。比如，对于"原文注释"部分，我在核实引文时，手中只有周振甫的《文心雕龙注释》，每遇两者不同而询问先生时，先生总是翻着资料：这里从杨明照注本，这里从范文澜注本，这里从刘永济注本，这里从王利器注本，等等，并且立刻一起再与周注核对一遍。偶有与众家注本都不同时，也是先生综合各家之说以后，找到以为与刘勰原意最相符合的词句，其中一些与其他《文心雕龙》学者不谋而合。对于"内容提要"和"疑点辨析"部分，我也提出了自己的感受和疑问，有一些经过先生斟酌之后，进行了修改或是换了一种叙述方式，而更多的因我学力不足提出的近乎幼稚的问题，先生则耐心地讲解说明，何谓前因、何是后果，为何得出这样的结论，其一、其二，道出整个所以然来。

1998年元旦，我带着所有需要敲定的问题，早早到了王先生的住所。我们先从封面开始，郭预衡先生的题签为竖款，舒展而苍劲，底纹为淡色九龙壁图案，古朴而雅致；扉页与封面风格统一，却又有了些许的变化；张长弓先生专为本书的题词，文字书法俱佳；作者近照很是儒雅，简介也十分利索，体现了先生的风格。"内容简介""例言""目录"无甚修改。序言有二，一为先生的执教同仁，一为先生的授业门生。可永雪序以为："从指导写作实践、提高写作理论这个特定需要、特定角度出发，围绕这个中心选文定篇，从《文心雕龙》50篇原文中选出有关写作者20篇，分为导论、上编（作者修养）、中编（篇章构成）、下编（技法运用），形成一种新的框架体系，这就开了将这部名著按专题选编诠释的新路"，而"编著者的覃思精见，往往见之于'提要'和'辨析'部分"。万奇序以为：《疏鉴》有三个显著特点：一为"弥纶群言，研精一理"，二为"辨正然否，独抒己见"，三为"援古证今，据事类义"。"正文""附录""参考书目"，对最关键的几处用字、注音、年月再次进行了核实。

1998年初，《文心雕龙创作论疏鉴》面世，我们二人单独来了一次小酌。我在举杯相贺的同时，极力劝说先生将"文体论"和"批评论"一并搞出来，形成一个完整的系列，岂不更好?!并"将军"说："若是先生的成果出来，且您又认为我小子还能做些事的话，我愿意倾全力，再次做好责编工作。"先生只笑不应，说是恐力不从心。据先生后来回忆说"当时不接，确实自觉功力不够"，可经裴显生、于成鲲相劝和其他学者的应和，"感到盛情难却，就硬着头皮答应下来"，再向"虎山行"了。

先生果然言出必行。2000年11月，《文心雕龙文体论今疏》出版；2002年1月，《文心雕龙批评论新诠》出版。我也实现了自己的诺言，承担了两本书的责编工作。题签仍是郭预衡先生，形成了完整的风格；《今疏》的题词是裴显生，《新诠》的题词是石建国；序言的安排体现了王先生尊重学长、奖掖后学的一贯作风，王志民是教友，间钺和邢乃让是学兄，侯攀峰是弟子；"后记"中表达对恩师"一往情深"的同时，不忘列上几个参与执笔的学生名字和对母校——内蒙古师范大学的感激之情，并对出版单位及编辑致以深深谢意。

《文心雕龙》"三论"是王志彬先生五十年治学的最高成就，也是内蒙古本土"龙学"研究的顶峰。"三论"全部出齐之时，王志彬先生已是七十高龄的老人。

《文心雕龙》"三论"出版以后，在学界引起很大的反响。《文摘报》分别发了书讯；可永雪序在《写作》杂志全文刊登；王志民序在《中华读书报》全文发表，并再行修改，以《野鸭与芹曝》为题，在《中国图书商报》刊载。裴显生、刘锡庆、陈亚丽、董文海、李少冰、罗广德、张洪森等诸方家写了评论文章；马白、尹均生、张杰等学者也给予了高度的评价，称赞《文心雕龙创作论疏鉴》为"写作与文艺理论界研究龙学的最新成果"，是"实实在在为龙学大厦添砖加瓦"，该专著"廓清了多年悬而未决的问题"，"是对三十年来《文心雕龙》研究成果的爬梳整理，条分缕析，为《文心雕龙》的普及作了功不可没的贡献"，"是切合教学需要之著作"。《文心雕龙》"三论"先后被收入《文心雕龙辞典》，并被列为全国高校古籍整理重点书目；《文心雕龙学分类索引》单列"林杉与龙学"一题。

《文心雕龙》"三论"也得到了内蒙古学术界和出版界的高度肯定：《疏鉴》获"内蒙古自治区社会科学优秀成果荣誉奖""自治区图书编校质量优质奖"，《今疏》获第二届"内蒙古图书奖""内蒙古师范大学社会科学优秀成果一等奖"，《新诠》获"自治区图书编校质量优质奖""华北地区教育图书优秀校对奖"。

《文心雕龙》"三论"，从约稿到出版，历时十四年，横跨两个世纪。伴随整个出版过程，我也成长成熟起来，耳濡目染之中，去除许多浮躁之气，为先生身上浓郁的中国传统文化精神折服。

（黄妙轩，内蒙古教育出版社副总编。）

身为世范　为人师表

——纪念王志彬教授

闫晓丽

　　我认识王志彬教授是从编辑先生的著作《散文写作概说》开始的，那是在1985年，当时，我在内蒙古教育出版社做助理编辑，协助王占荣主任审稿。王老师介绍说，王志彬先生是内蒙古师范大学教授，写作教研室主任。书稿是先生用正楷字一笔一画写就，此书是王志彬教授的专著，标志着先生以对散文写作规律的探索为切入点，开始深入向写作学领域进军的起点。先生本着"弥纶群言，辨正然否"的治学态度，全面论述了散文写作的理论和方法，并对当时关于散文理论一些存在分歧看法的问题，提出自己独到的见解。探讨了散文的历史渊源、散文写作的"形散而神不散"、散文的特点、文章结构的基本形式等问题；对散文写作的写实与虚构、发光点、赋形剂、贯穿线、顿笔和绕笔、散文的通感、象征与幻化等技法进行解析。著名写作学专家裴显生教授从三个方面概括了《散文写作概说》的理论特色：一是有较高的理论层次，二是注重方法技巧，三是深入浅出，可读性强。他说："书中每篇都是深入思考、深入剖析、深入比较的产物。引用的例文遍及古今中外，理论上有相当的深度，而在表述上却深入浅出、通俗易懂且富有文采,读来津津有味。"这使我对散文有了更新的认识,也让我爱上了编辑这一行,原来,当编辑可以和古今中外这样有学问的书稿和学者对话,实在是人生一大乐事。《散文写作概说》荣获内蒙古自治区第三届社会科学优秀成果二等奖。

真正见到王志彬教授是在1986年7月,在内蒙古写作学会年会及学术研讨会上。先生五十多岁,瘦高的个儿,精明干练,内敛谦逊,和蔼可亲,办事周到。当时,正值酷暑,先生派人搬来巴彦淖尔盟产的大西瓜,给大家解渴。出席会议的有全国师范大学写作学的泰斗级人物刘锡庆、蔺羡璧等学者。与会学者一致赞扬内蒙古写作学会的团队精神和内蒙古师范大学写作学研究的前瞻性、代表性,称"内蒙古师大现象"。大家说,内蒙古大草原不但有温暖世界的羊绒衫,更有内蒙古写作学会和"内蒙古师大现象"对全国写作界的深刻影响。

会议形成了《中国写作理论辑评》《外国写作理论辑评》的图书选题,我和黄妙轩同志带回内蒙古教育出版社。这套丛书从酝酿到出版历时六年,是写作学科理论研究的奠基之作,梳理了中国古代、近代、当代、现代、外国关于写作的综合性论著、小说、诗词、散文、杂文、报告文学、戏曲理论研究的成果,并进行点评,对写作教学和写作实践具有深刻的指导意义,在写作理论史上产生了深远的影响。丛书主编为刘锡庆教授,王志彬教授为副主编、近代部分的主编。著名书法家启功先生为丛书题名,著名诗人臧克家为顾问,并题词。

1987年,内蒙古写作学会成立,王志彬先生担任会长。经王占荣老师介绍,我加入写作学会,成为内蒙古写作学会的一员。在先生的指导和感召下,三十多年过去,一路走来,健康成长,我由会员、副秘书长到常务副会长,职称也由助理到编审。结识了万奇等先生的弟子们，一个和先生一样，严谨治学、无私奉献的团队。也见证了内蒙古写作学会的成长壮大的历程。

先生一贯秉持以学术研究发展学会的理念，使内蒙古写作学会学术研究硕果累累，《文心雕龙》研究方面的代表作有：1997年，王志彬先生的力作《文心雕龙创作论疏鉴》由内蒙古教育出版社出版，被列入"中国改革开放30年最具影响力500种图书"名单；2000年，王志彬先生的专著《文心雕龙文体论今疏》，由内蒙古教育出版社出版；2001年，万奇、徐新民主编的《文海双舟》收录中国古代文论研究及《文心雕龙》研究论文30多篇，由内蒙古教育出版社出版；2002年，王志彬先生的专著《文心雕龙批评论新诠》，由内蒙古教育出版社出版；2004年，王志民、王志彬、杨效春、高林广等合著的《文心雕龙例文研究》，由内蒙古人民出版社出版，荣获内蒙古自治区第二届哲学社会科学优秀成果政府奖二等奖；2007年，内蒙古写作学会副秘书长李金秋在《语文学刊》开设"龙学研究"专栏，共发表20余篇《文心雕龙》研究的学术论文；2008年，李金秋的学术论文《〈文心雕龙·风骨〉辨疑》发表于《语文学刊》，同时主持课题：《〈文心雕龙〉创作论研究》；2009年，万奇的学术论文《〈文心雕龙〉书名、框架和性质今辨》发表在《内蒙古师范大学学报》（哲学社会科学版）第二期上；2009年，王志彬先生的论文集《回眸文心路》（钱淑芳、岳筱宁评点），由内蒙古人民出版社出版，荣获内蒙古自治区第三届哲学社会科学优秀成果政府奖一等奖；2012年，王志彬先生的《文心雕龙》全本全注全译本，由中华书局出版；2012年，万奇、李金秋主编的《文心雕龙文体论新探》，由中央民族大学出版社出版；2013年，万奇、李金秋主编的《〈文心雕龙〉探疑》，由中华书局出版；2014年，王志彬先生的译著《文心雕龙》（传世经典文白对照），由中华书局出版；2017年，黄维樑、万奇合著的《爱读式文心雕龙精选读本》,由北京师范大学出版社出版。其中,《文心雕龙》"三全"本、《文心雕龙》传世经典文白对照本,7年累计发行15万册,成为近年来中国古籍出版常销书和畅销书翘楚。黄维樑、万奇合著的《爱读式文心雕龙精选读本》,则为《文心雕龙》研究中普及本的佼佼者。

没有梧桐树引不来金凤凰。2017年,中国《文心雕龙》学会第十四次年会在内蒙古师范大学举办,这是先生在《文心雕龙》学术研究方面的威望使然,反映了内蒙古师范大学万奇等一批中青年学者在全国的影响之深厚。

先生居于陋室,无私奉献。内蒙古写作学会因为专注于学术研究,活动经费紧张,先生多次把自己的稿费捐给学会,自己却生活简朴。弟子们也纷纷效仿先生,万奇、苏娅、赵可新、石羽等也把自己的讲座费捐给学会。

先生奖掖后人,多次在评奖中让位于年轻人,积极鼓励支持年轻人勇挑重担,担纲开展学术研究工作,使万奇等一批年轻学者脱颖而出,成为内蒙古乃至全国写作学界的中坚力量。2003年,万奇接任内蒙古写作学会会长,王志彬先生改任名誉会长,继续带领内蒙古写作学会在学术研究和科学普及的道路上创造辉煌。

在先生的指导下,我撰写的论文《史记书法六题》发表在《内蒙古民族大学学报》上,并由先生推荐参加内蒙古哲学社会科学评奖,荣获"内蒙古社会科学优秀成果青年奖";当代文学研究论文《林东海的〈诗法举隅〉和吕进的新诗论》一文入选由王志彬主编的《20世纪中国写作理论史》,2002年由南京大学出版社出版,这是我在学术研究方面由编辑到作者的转变。因此,我感念先生的教诲和提携,钦佩先生的人品和学品,更仰慕先生一生正气,著作等身。

多想再次聆听教诲,一睹尊容,然先生已逝,但风范永存!

2021年2月

(闫晓丽,内蒙古教育出版社编审,内蒙古写作学会常务副会长。)

师·父

钱淑芳

负责收集怀念老师文章的筱宁师妹已经是第三次督促我了："姐，你不写一篇吗？总觉得你不写很遗憾。"恩师辞世近一年，我几欲提笔又几次放下，不单单是每一次的泪水模糊，更是对自己表达的担心——担心难于写出师爱如山，担心难于写出师情似海，担心难于写出那一天老师灵柩前长跪不起的心缘……光阴洒落在键盘上，弥漫着曾经的岁月，但十指落下，敲不尽内心对恩师的情感，这或许就是"情至深处无言辞"吧。

然而，我知道这篇文章可能是平生最后一次也是最深情的一次为老师送别。不写点东西，何止是遗憾？

2020年的教师节，师妹对我讲："没有师父可看，心里有些空落落的。"是啊，自我们1998年毕业算起，老师健在的每一个教师节几乎都是我们同门团聚的日子，我们相约到老师家探望，弹指间二十余载。最近几年，年岁已高的老师和师母，几乎常年住在儿女家，但是每逢年节，尤其是教师节，老师一定会和师母回到学校附近的老房子中——那曾经是我们读书时的"教室"，备好茶水、小点心、水果，坐等像小鸟儿归巢的我们。叽叽喳喳地来，叽叽喳喳地散去，那时候的我们从来都没想过有一天恩师真的会不在。

　　老师面前,我们不是教授、不是编审、不是处长、不是领导,甚至不是学生的老师,我们是一群幸福嬉戏的孩子。还记得2019年5月18日师妹在群里转发了网上一篇令人笑翻了的热搜组图《想象中的论文答辩和真实的论文答辩》,老师连发了三个问号,我跟帖说:"师父看不懂了!"后面跟发三个笑脸,之后写道:"当年站在您面前,不知道是啥样子了,今天学生站在我们面前,忽然就想起自己曾经的样子。感谢恩师!"老师很快发过来三个握手的表情。老师辞世后,我发的惟一的朋友圈就是这个在"王门"群里与老师无比快乐的互动,我知道自己从来就不是一个善于表达的人,发现自己居然在老师生前还曾有那样一句"感谢恩师",想必那一刻,老师一定是欣慰的。

　　如今"王门"的群还在,老师"林杉"的"昵称"还在,但是却永远看不到老师的跟帖、老师的表情,更是没有了与老师愉快互动的时光。

　　老师的心脏一直不是很好,退休后几次发病,都是师母和家里的姐姐哥哥床前侍奉。如果不是"繁忙的我们"偶然想起打电话或去看望老师,谁都不会在第一时间得到老师生病的消息。惯常的情况是,当我们得知消息,多数时候都是老师已经转危为安了。

　　2007年的夏天,恩师大病,手术后几日我才得到消息,和师妹相约,来到恩师病榻前,刚刚站稳,恩师鼻孔里插着氧气管,说话不便,昏花的眼神也就刚刚看清楚我们的面孔,只见他向我竖起四根手指,蜡黄的脸上带着一抹欣慰笑容。我不解,旁边的师母让我猜,我还是不解,师母道:"你是同门第四个考上博士的。"哦,忽然想起考上博士的事,是一个月前我电话里告诉老师的。我的眼泪瞬间流淌。读书期间,老师从未敦促我们考博,我也从未把考博作为目标,所以毕业九年之后,再去读博,完全是自己的兴趣所致。然而在恩师那里,我们每个人的进步都在他的心中记数着。

我们的成绩他记数着,但是他生病或遇到困难,却从来不会在第一时间通知我们。他常说:"你们忙,家里能忙过来。"就是老师离世前的那一场病,都是在发病十几天后,我才知道。期末学校里各种杂七杂八的事情,几乎从国庆节过后就没再去探望老师。老师生病的消息,还是师妹跟我讲,第一时间我们赶过去,老师还和我们客气:"不用总跑,好好工作。"

1997年,我读研期间,喜逢老师的《文心雕龙创作论疏鉴》出版。一天上午,照例的上课,照例的课后做饭、吃饭,在即将离开老师家门的时候,老师要送给我们每人一本书。送书之前,告诉我们,每个人收到的书的扉页上都有赠言,而且只有一个字。我们从老师手里接过书,都迫不及待地打开,我的那本扉页上赫然一个"宽"字。

十年前评职称,受到委屈,忍不住给老师打电话,不记得自己都说了些什么。放下电话后,老师发来一则短信:"风物长宜放眼量。"明知道这一句的前面是"牢骚太盛防断肠",暗自忖度,老师是不是烦我太多抱怨? 日后,细细想来,其实是老师在叮嘱我,失望是有限的,无限的是希望。心中的"牢骚"和社会上的"浊事"需要以宽阔的胸怀、长远的眼光去释然。忽然间,就联想到了毕业时,老师送给我的那个大大的"宽"字。困苦中的从容,磨难中的平静,诱惑前的恬淡,是一个需要以宽广的胸怀慢慢去看清、看透、看淡的过程。在漫长的沧桑世事中,我们会逐渐地懂得真与假、美与丑、善与恶其实都并不一定是泾渭分明。

还记得某一天,去老师家聊天,说起自己成长路上的老师们,我兀自感慨道:"我的命真好,遇见那么多那么好的老师。"恩师却说:"是你人好!"那一刻我的眼泪都出来了。老师就是这样,他总是在不经意的言语中,鼓励我、鼓舞我!

父之于女儿,可以骂,甚至可以举起拳头,但是老师却从不。我们学业懒惰,求实不足,老师不急不躁;我们课堂愚钝,悟性不足,老师不愠不火;我们不谙世事,规矩不足,老师不恼不怒……逝者已矣,生者如斯。小时候,老爸的教育是告诉我人要凭能力吃饭,但是老爸所说的"能力",却没有能力给我。长大后,尤其是跟着恩师读研开始,恩师的宽厚为学的引导,才给了我能力,有了后来的学术之路。

生命中遇见恩师,尽一段如父女般无私之爱的缘分,必是我前生的修行!

2020年12月23日

(钱淑芳,内蒙古师范大学国际设计艺术学院教授,内蒙古写作学会副会长。)

蔼然长者，山高水长

宋凤娣

　　2020年1月8日，在微信朋友圈看到内蒙古师范大学几位师友相继发出消息悼念王老师，我当场石化，大脑一片空白，继而浑身发冷，发抖，泪流不止……

　　自2019年11月28日以来，几乎每天我都要翻看一下微信中王门弟子小圈和内蒙古师范大学师友的朋友圈，那里不时会有师友看望王老师的消息，看到一切安好，我便能够安心一阵。尽管2019年11月25日探望病重的老师，老师的脉象并不乐观，可老师依然挺拔的身姿，临行前老师依然如父亲一般周到细致地安排家人和同门照顾我，尤其是躺在床上充满关切地看着我的眼神，让我坚信吉人天相，我信誓旦旦地鼓励老师："老师您会好起来的，我会给您带来好运的。"心中固执地期待年近九秩的老师能如2012年夏天一样恢复健康。于是每个节气前后我都有些忐忑，而节气过后，我都为闯关成功的老师长长地舒一口气。2019年12月22日是冬至，黑夜最长的一天平安度过，春生冬至时，我心中充满期待；2020年1月2日是腊八，一年中最寒冷的一天也平安地度过了；2020年1月6日是小寒，我心中有些惴惴不安，晚上还与先生念叨不知王老师怎样了，可是又不忍打扰师母和丽姐——经历了送走父母的过程，我深深理解家人在此际的艰难和煎熬，我只有虔诚地祈祷！

2020年1月11日一早，第一次坐上通往呼和浩特的高铁，却是去送别导师！我木呆呆地望着窗外，跟随导师学习的一幕幕却鲜活如昨日……

一日为师　终生为父

本科前两年，不时听到其他老师和学姐学兄满怀崇敬地说起王老师的学问和人品，可是久仰大名，无由亲炙。大三看到王老师开设的专业选修课——《文心雕龙》研究，就毫不犹豫地选上。每次上课我都早早坐到第一排翘首以盼。头发花白、魁梧挺拔的老师讲课时充满激情、神采飞扬，时而慷慨激昂地引经据典阐发，时而娓娓述说自己在研读《文心雕龙》中遇到的困惑，时而又欣喜地讲述自己的研究心得体会。印象最深的是讲《文心雕龙·神思》篇中的"志气统其关键"这一问题，老师广博的学识，立足写作实践的实事求是精神，让我发现研究人文社科学术问题也可以如此贴近生活，学术研究也可以很亲切。这与我往常阅读艰涩的西方美学、哲学译著是完全不同的体验——二十世纪八十年代末九十年代初的大学生，大家热衷的是囫囵吞枣地阅读西方译著而故作高深，几乎无暇多读中国古代典籍，而老师的《文心雕龙》专题课将古代经典的美好展示给我们，由此为我们打开了一个崭新的世界。课上我观察到老师常常拿着很多卡片，于是我也试着把自己原来的笔记换成卡片；老师不是简单综合各家之说，而是理论联系实际从不同角度进行条分缕析，这种研究方法上的示范让我终身受益。课下我常常追着老师问问题，作业的小论文也受到老师的表扬，并指定我为课代表。这给了我极大的鼓励，也直接决定了我后来跟随老师读研究生，甚至成为我博士毕业后选择从事古籍整理并坚持下来的动因。

1994年，远在边陲当中学教师的我试探着给老师写信表达想报考老师研究生的意向，老师很快回信并热情鼓励、指导我。可是通过入学考试后我却犹豫选择学习什么方向了。因为阅读西方文学和理论相对多些，我担心自己古代文学和文化的基础不够扎实而让老师失望，于是想改换方向。听我说欲换研究方向时，我看到老师略有失落的表情，可是老师随即鼓励我。在以后的学习历程中，老师从没有因为我曾经幼稚的言行而有丝毫的区别对待，反而每次课后都会特意问我还有什么问题，并一再为我们分析打基础与出成果之间的关系，也鼓励我们成为写作学创作论这条道路上的志愿兵。

老师一直以其博大的胸襟包容我的幼稚甚至任性，像一位宽厚的父亲宠溺地牵引着自己还走不好路的幼子前行。记得在本科时曾跟老师说：从知人论世的角度说，刘勰的《文心雕龙》在思想上或许也受到过佛教的影响，因为他曾经出过家啊。老师说这方面的资料比较少，另外佛教思想博大精深，从这个角度切入难度比较大。而我竟然不知天高地厚地泡在工具书阅览室和哲学阅览室将近一个月，每天翻查《佛教大辞典》及各种佛教书籍。后来我沮丧地向老师汇报：真的太难了，同时觉得自己的基础太薄弱了。老师宽容地笑了笑，建议我研究问题先从一个自己可以把握的小点切入，并说漫无目的地追求广博打基础是害人的。

研究生阶段，每周至少一次去老师家上课，老师常常手把手地引导我们发现问题，并鼓励我们围绕问题竭泽而渔地搜集资料。有时还会给我们一些题目，让我们去写文章。我们所写的每篇文章，老师都会字斟句酌地帮助修改、润饰，最后为我们推荐刊物发表时却从不署自己的名字。这让我们切实体会到了研究的成就感，而其他专业研究生对我们溢于言表的艳羡也颇令我们庆幸和自豪。据说犹太人的父辈会在书本上涂抹蜂蜜诱引着孩子养成读书的好习惯，而老师就是那位满含殷切期望为我们涂抹蜂蜜的父亲。

我们毕业后，老师还把我们的毕业论文的各部分分别整理出来推荐发表。2005年又把我们的毕业论文结集为《明清小说评点艺术论》出版。在后记中我曾写道："记得1998年我们毕业后，先生就一再鼓励和督促我们整理并发表我们论文中比较成熟的章节，当我们的论文受到其他研究者的关注，也是导师首先打电话告知我们。我们不会忘记一向严肃的先生在告诉我们这些消息时语调中压抑不住的喜悦，正是先生的鼓励坚定了我们的学术自信，因此，收集在这本小册子中的论文绝大部分都已发表过。"

同门钱淑芳师姐曾经感慨："师父是把我们扶上马还送一程啊！"其实老师何止是送一程！老师如父亲一般一直牵挂着我们每个人的成长。当我向老师表达准备报考博士研究生的意向时，老师非常高兴，耐心询问我的研究方向和打算，并积极为我创造机会引荐导师，甚至教导我拜见导师时应该注意的礼仪和谈话细节问题。1998年考博时间与师大评阅自考试卷的时间正好冲突，为让我安心去考试，已六十多岁、多年不参加评卷工作的老师又重新参加一天十几个小时高强度的阅卷工作。记得考博成绩出来的傍晚，济南下着瓢泼大雨，我第一时间趟着没到脚踝的雨水去电话亭向老师报告，老师听到了哗哗的大雨声让我赶快回宿舍，我听到老师还没放下电话已经兴奋地跟师母说："宋考上了！"听到老师由衷的喜悦，让我分不清自己脸上流的是雨水还是泪水！

2010年我给老师打电话，说明打算把老师的《文心雕龙创作论疏鉴》《文心雕龙文体论今疏》和《文心雕龙批评论新诠》三本书收录到"中华经典名著全本全注全译丛书"之中。当时我颇为惴惴：这套丛书刚开始做不久，我们对其未来的市场表现并不是非常清楚，因为丛书体例所限，对"三论"的删改又比较多；稿费也比较微薄，老师会应允吗？没想到老师非常爽快地答应了，并且还说："如果你需要，就拿去吧。"在签合同时，老师特意将合同条款中的"署名"一栏空下，我才明白老师让我"拿去"的深意！于是我与姜泽阳老师商量后，擅作主张直接署了老师的本名——老师为了破除名利思想绝大多数文章和论著都是署的笔名。

2012年6月，老师的"中华经典名著全本全注全译丛书"本《文心雕龙》出版了，这年又恰逢老师八十大寿，我们同门打算为老师举办一个祝寿仪式，我带领先生和孩子回到母校。可是非常不巧，老师生病住院了。在医院看到略显憔悴的老师我却爱莫能助，心疼不已，暗想：以后一定要勤给老师打几次电话。

可是事实上，此后我连电话都打得很少。只是重要节日从钱师姐处打听老师的情况——老师的听力有所下降，常常听不清我在说什么，而老师唯恐我挂念每次都只报喜不报忧。尤其是2013年，从年初开始，短短十个半月，我的父母相继突然去世，我陷入难以自拔的痛苦、懊悔、自责之中，整日以泪洗面，心神恍惚……

2016年老师发微信告诉我中国《文心雕龙》学会第十四次年会将于2017年在母校召开，欢迎我回去。此后万奇老师和高林广老师也发出热情邀约。可是我那时还没有走出父母骤然离开的伤痛，加之又赶上孩子小升初，我终于没能回去。

此后我常常怀着深深的歉意，在重要节日用微信奉上真诚的祝福。老师的几本书重印时奉上重印单的照片和重印送审样书的照片让老师开心一下，此时往往在王门群里掀起一股暖流。好在"中华经典名著全本全注全译丛书"本《文心雕龙》和传世经典文白对照本《文心雕龙》及中华优秀传统文化百部经典读本《文心雕龙》，自2012年6月出版以来，截至2019年底累计达到18个印次，总印数将近15万册。对于每年两三次的重印机会，我像小时候考一百分后想向父母报喜一样期待。

2016年5月老师写了《文海泛舟六十年——我的学文自述》发给我，看到其中老师有说"2010年中华书局编审宋凤娣博士"，我很是羞愧——每日沉湎于为他人作嫁衣和家常琐事中，我竟然忘记了自己还是个博士，也要评职称！于是在当年申报了编审职称，并顺利通过——我前行的每一步几乎都是在导师的鞭策下推进的。

学高为师　身正为范

有人说，一个品格正直高尚的人，一位成就卓著的学者，一位杰出的教育家，一位成功的学科带头人，任何人只要占得其一就会觉得不愧此生。而老师可谓一身兼此数种功德。而对老师的学术成就，非我作为弟子所能全面评价的，只能就我亲炙所得略述一二。

老师常常教导我们说：学品出自人品。而在我们毕业之际，老师在送给我们四个人的《文心雕龙创作论疏鉴》的扉页上分别写了"刚""柔""宽""厚"四个大字，以此作为给我们的临别赠言。这四个字其实也是老师一生坚守的品格修养。

跟随老师读书的三年里，老师常常留我们在家吃饭，每次总说："陪我们吃顿饭吧。"然后就亲自动手和师母一起准备美味佳看。每次老师都会像个孩子一样有些得意又有点儿羞涩地跟师母说："孩子们在这儿，我稍微喝点酒啊。"作为医生的师母深知心脏不太好的老师不宜饮酒，但也笑着默许。老师发现有特色的饭馆也常找机会带我们去尝鲜。觥筹交错间，老师会话些家常，也会对一些社会现象提出自己的看法，甚至常劝我们说，文人还得要会喝点酒。

2019年3月8日老师还在微信群里发信息："各位才女，三八快乐，吉祥如意。"6月16日父亲节，大家还排队祝福老师和师母。7月2日老师还特意发来家中仙人球开花的四张照片，那种热爱生活的欣喜情绪也深深感染了我，我情不自禁地向同事炫耀，还跟老师说：这是"花开时节动京城"。7月18日杨爱君师妹晒出老师获得的国际汉语应用写作学会终身成就奖证书，同门欢呼，对我"为恩师骄傲"的微信，老师回复道："谢谢凤娣亲切、仁厚的关照和祝福；顺祝吉祥如意，幸福安康，时有进境，层楼更上。我们这代人老了，做不了什么工作了，去年我编了个《塞上龙谭》目录索引；现在正摘录《文心萃语》。不考虑出版的事了，留给弟子兵们做再进之阶吧！"我还劝解老师："感谢恩师言传身教，让弟子们不敢懈怠。暑热天气，您和师母一定要多保重身体。健康为本，学问怡情！"看到同门看望老师拍的照片还写道："看照片，恩师精神矍铄，不仅仅让照片中各位师姐师妹喜笑颜开，也让远方的我们心安欣喜。"

无情未必真豪杰，怜子如何不丈夫。老师在的微信群里总是洋溢着温馨的家庭气氛。大家每有一点进步都会到群里说说，就会收获更多的开心和祝福。2020年7月21日老师的"中华经典名著全本全注全译丛书"本《文心雕龙》第十三次重印1万册，可是签字时我却无限伤感。24日流泪将重印发稿单照片发到群里，物是人非,引起无限悲戚。

随师学习的三年,老师几乎没有对我们疾言厉色过,一直循循善诱,不厌其烦。唯有一次,记得研究生一年级时,因为功课比较紧张,老师布置我们四人读的书大家在一周内都没有读完,这直接影响到了下次课的讨论。到了该上课的时间,我们四人忐忑不安地走进老师家,看到我们怯生生的样子,老师还以为我们是因为第一次进行课堂讨论有些不自信,老师兴致勃勃地调动我们的情绪,听到我们四人低着头嗫嚅道:书没读完……老师一巴掌拍在茶几上,我们四个人吓坏了,羞愧得抬不起头。老师有些着急地说:三年很快就会过去的……从此我们再不敢懈怠。

因为硕士点问题,我们是老师带的第一届研究生,当时老师已经六十多岁了,一直身负强烈的责任感和使命感。现在我也年过半百之后才深切体会到老师那种爱之深而责之切的紧迫感。正是这种强烈的责任感、如饥似渴的求知欲和只争朝夕的勤奋,使老师在1997年、2000年和2002年分别出版了《文心雕龙创作论疏鉴》《文心雕龙文体论今疏》和《文心雕龙批评论新诠》三部著作,在《文心雕龙》研究上形成独树一帜的影响力。犹记得协助老师校对《文心雕龙创作论疏鉴》清样的情景,得以亲眼见证老师的一丝不苟,这种亲身示范的教育力量远胜于一切语言的教诲。

老师一直强调研究创作论一定要有自己的创作体会,因此要求我们学习什么文体就自己动手写一篇。至今还记得我们四人在一起切磋填词的情景,对古人"二句三年得,一吟双泪流","吟安一个字,捻断数茎须",甚至对刘勰的"神居胸臆,而志气统其关键;物沿耳目,而辞令管其枢机"都有了新的体会和认识。

老师几乎想把当时能找到的最好的一切资源都带给我们。老师曾带我们去内蒙古作协副主席张长弓先生家,请张先生给我们讲小说创作课，也曾请内蒙古戏剧家协会副主席赵纪鑫先生讲戏剧欣赏课。两位在各自领域实践经验丰富的先生言之有物、有的放矢的讲解，开阔了我们的眼界，而这种取法乎上的学习方式让我们受益无穷。

研究生三年，老师一直以吴调公先生的赠言"居今探古，见树见林"来要求我们。除了设置丰富的课程开阔我们的视野，还为我们每个人布置小论文的写作任务作为练笔，训练我们找到切入点深挖成文的能力。老师常讲写作论文要有创见性，而写作创见性论文的方法就是要"弥纶群言""钩深取极""辨正然否""独抒己见"。关于如何找到切入点，老师也提出具体要求：对研究对象的有关信息，尽可能"竭泽而渔"的前提下，抓住研究对象的八个点，那就是空白点、分歧点、交叉点、攻坚点或称深化点、需求点、锲入点或称突破点、汇集点、独特点等等。这种授之以渔的方法论传授给了我们去广阔天地挖掘宝藏的金手指。

还记得当年布置给我的是写作《文心雕龙·物色》篇的注释、译文、题解和疑点辨析。我借助老师给的各家研究《文心雕龙》的论著，加上自己收集的各种材料，运用老师教我们的方法一字一句地先读通《物色》篇，然后再排比资料，寻找疑点，不时找老师答疑解惑，最后熬了几夜终于成文。老师拿着文章详细分析，提出修改意见，经过反复修改，最终得到老师的首肯。经过这样的实战训练，到最后写毕业论文时就不再畏惧了。到博士期间，我的研究对象由物色这一点自然扩展到了魏晋南北朝这一历史时段的自然审美现象研究。

在2005年《明清小说评点艺术论》后记中，我曾写道："小说评点最近几年逐渐得到古代文论和美学研究界的重视，不仅有相关的专著出版，也有不少博士生选择这一领域完成自己的博士论文,甚至还有博士后在从事这方面的专门研究,但是十年前,这一领域却非常冷寂。而在十年前的1995年,在内蒙古师范大学文艺学创作论方向的硕士研究生入学考试中就有关于小说评点的考题。非常幸运的是,十年前我们四人考取了王志彬先生的研究生。入学伊始,王先生就告诉我们要关注小说评点和诗话、词话这些中国传统的文学批评方式并搜集相关的书籍和材料……而今,距我们开始关注小说评点研究,时间已经过去了整整十年,而距我们的导师王志彬先生关注评点,时间又过去多少年了呢? 我们不敢妄加揣度,但我们知道,一向严谨的先生从不会如此执着地将年轻学子引向自己还没有考虑成熟的研究方向。"来到中华书局工作后,我曾参与"四大名著名家点评"本《红楼梦》和"古典名著名家点评"本《金圣叹批唐才子诗·杜诗解》的整理和编辑工作。还曾经参与策划出版两辑"中华经典诗话"丛书。这些书籍一经推出,就获得了非常好的社会反响和经济效益,而这些工作都萌芽于二十世纪九十年代跟随老师学习的三年。

　　老师在《文海泛舟六十年——我的学文自述》中回顾自己在教书育人岗位上做得比较有价值、有影响的实事:"一是致力于写作学科的基本建设,建构写作教学和理论研究的完整体系;二是倾心于《文心雕龙》的研读,把它作为一部独具中国特色的文章写作理论著作,揭示它的本体性质和内涵。我满怀着兴趣和决心,试图把写作学科与《文心雕龙》联系起来,使之相互渗透、相互作用,提升写作学科的学术品位;强化《文心雕龙》古为今用的实践意义。"在这举重若轻的叙述中,包含着老师多少无私的奉献! 在远离文化中心的塞外,信息闭塞,资料匮乏,人才短缺,从无到有构建起一个完整的学科体系和人才梯队,这需要怎样的视野、毅力,又要付出多少心力! 而将《文心雕龙》这样一部博大精深的古代经典的研究推进到一个新的高度,并推出一系列有影响力的学术著作,这又需要怎样的睿智和心胸。没有俯首甘为孺子牛的牺牲精神又怎能凝聚起人心?又怎能缔造出今天的"内蒙古师大现象"?老师是用一生的实践诠释了自己恪守的"学品出自人品"准则。

在送别导师返程的高铁上,想起那个美丽的传说:战国时邹衍善音律,来到地美天寒、五谷不生的渔阳郡黎谷山,吹律而使地暖春回,五谷蕃生。恩师在北疆边地资料匮乏、基础薄弱之地树立起《文心雕龙》研究的一面旗帜,聚集起一支队伍……恩师用一生垂范弟子,格局成就人生境界!

居今探古呕心沥血铸文心皇皇三论余芬犹在,
奏律回春鞠躬尽瘁滋兰圃蔼蔼仁者风范长存!

2020年10月30日

(宋凤娣,中华书局编审。)

最好的怀念

刘春宇

盛夏，我打开恩师王志彬先生译注的中华书局"三全"本《文心雕龙》，和其他著作相参看。此时，离先生随彦和南行已六个月有余。对我来说，对先生最好的纪念，就是重新阅读、学习先生的述作，这一本本恩师的著述就是回到师心的手执之丹漆礼器。先生是我精神上的父亲。

多年以后，在经历了工作上的种种选择变故后，发现自己始终对《文心雕龙》有一种亲切、特殊的情感，这都是因受教于先生而留存的一点阅读和写作的基础，是先生为我们留下的宝贵的精神财富。这种无法割舍的感情包含了太多先生的成分，想到《文心雕龙》，就想起先生为我们授课的时光，先生缓而有力的语调、坐定而挺拔的身姿、锐利而宽厚的眼神，与先生谈话的种种过往又都浮现在眼前。自先生离去，无论白天和夜晚，每想起先生，或在朋友圈看到纪念先生的文字和照片时，就禁不住泪流满面，无声悲恸。

回想25年前，吾辈在恩师门下就读，先生《文心雕龙创作论疏鉴》一书付梓，在"《文心雕龙》研究"专题课的教学中，先生就篇中疑点，每周与大家分享观点，督促大家阅读、阐发，还嘱咐大家提出反对意见。我们就这样对整个《文心雕龙创作论疏鉴》的立意、体例、观点都逐篇进行了学习、研讨。后来,随着学习的深入,先生甚至让我们这些晚辈后学参与到《文心雕龙批评论新诠》的原文译注、疑点辨析的写作中来,我在先生指导下尝试了《知音》篇和《辨骚》篇的翻译和注释。先生非常重视我们小小的疑惑和感悟。现在回想,我们对问题的理解和阐发大多浅陋,但我们着实通过先生逐篇的讲解、梳理,通过对原文的阅读、译注和文献索引,粗通了刘彦和的文心。

先生的《文心雕龙文体论今疏》和《文心雕龙批评论新诠》,先后于2000年、2002年刊行。我等后辈深受鼓舞、鞭策。那段时间,我已离开母校和恩师,远居半岛一角,后又执教域外,只在2000年春节和2004年夏季回国,去看望了师父。

2000年那次见面,和师父、师母一家人还有万老师、淑芳姐、筱宁海光伉俪及诸多师友聚会,竟喝到大醉,吐在师父家客厅里。想到刚毕业意气风发的自己,在工作的第一年里感受到失去组织的孤寂,心里有所郁结,幸而海光师兄将我及时带离师父家。现在想,那是孩子见到父母的那种委屈吧。在我心里,先生致力建设的写作教研室的教学科研团队就是我们这些学生的家。每次聚会,每次见到老师们、同学们,都有回家的亲切、热闹、满足。上学的时候,先生对我们像对自己的儿女一样,毕业了回来,这种家的氛围让我羡慕留恋,于是那种离开家偏居一隅后的失落感让我想起毕业前的往事。

我在内蒙古师范大学中文系入学时,按入学时的身份和政策,毕业的去向不能出区,我也一直是这么认为的,但后来发现,这个政策也不是约束性的。在自己找了区内一家单位未果后,先生为我联系了内蒙古人民出版社。出版社听说是先生的学生,表示非常欢迎。在出版社政治处安老师安排下,我还去了社里和社长见面。就在要毕业的那段时间忽然得知,交一定数量的培养费毕业生就可以出区。我下定决心,离开内蒙古。先后有四五所高校有接收意向,我把情况告诉了先生,先生嘱我尽量去本科院校,还要我跟出版社安老师说一下这个情况,但到毕业时我竟没有把这个情况告诉出版社,现在想起,仍然愧对先生和安老师,有失体面。先生在后来见面时,却从未提起。回想这些,当时我的内心真的是想留在母校的写作教研室,留在老师身边,做一个被爱包围的学生,但我不敢开这个口,我知道自己的执教能力、学识都还不够。三年中,先生那句"做写作教研室的志愿兵",我入耳入心。就是在这样的怅然和对新生活的希望中,我毕业了。

2004年,我回国再回母校看望师父,师父召集了更多师友见面,吃饭,喝酒,聊天,非常开心。那时师父、师母身体都好,大家心情也好,师父、师母、师友还是那么亲切,又让我沉浸在回家的感觉中。

回国后,我忙于两地生活,逢年节和师父通过微信联系。有一日,师父问我可否写一篇有关"文体论的现实意义"的文章,我答应了,但因为久不读书,竟没有写出来。于是,总觉得愧对师父,没有实现对师父的承诺,辜负了师父的期许。现在想,如果那时我能静下心来读书写作,也就能较快地回归到研究队伍啊!

有一年,师父到安贞医院做心脏支架手术,我知道了去看望,想帮着做些事情。先生嘱我拿些闲书去,我拿了五六本书,印象中有《明朝那些事儿》、中里巴人写的书等。那时,先生气色很好,由师母和小颖哥陪着,手术也很顺利。回去时,我执意送先生,到西站地下车库后,我在前面拖着行李,先生一行和我前后脚很轻松地走着,走捷径去到候车室,我就是怕先生一行绕来绕去,拥挤劳神。对刚做了手术的人来说,保持精力、体力颇为重要。先生很高兴,说多亏我带路,少了劳神。

2013年,师父已经很熟练地使用微信,在师父80寿辰时,我还写了七律表示祝贺,师父非常高兴。遗憾的是,当时的文字没有保留。

2019年夏,我听说那一段时间师父身体羸弱,不喜饮食,便利用暑假去看师父。这次我去时,带上了自己刚写的一篇文章,内容是关于《文心雕龙》的写作思想对汉语二语写作教学的启示的。不写东西,我是不敢来的,见面时我这样跟师父说。

去前,我怕师父看东西吃力,打了大字版论文给师父,师父很高兴,还问我给万老师看了没有,我说给万老师和建忠都看了,两位老师都提出了意见和建议。说到近况,师父说近来眼睛、耳朵、体力、精力都不如前。但先生手上总是拿着一些版本的《文心雕龙》研究著作,讨论着未来的写作计划。那时,我心里多有愧疚,竟和师父又分开了这么久,才再次看望师父。

中午时分,师父和师母安排午饭,我随师父、师母和筱宁、金秋、祥丽众师友到师大教育宾馆的风味餐厅,师父专门带上了自家泡好的高度药酒。师母说,平时会客吃酒,先生一般喝一小杯高度白酒。这次,见我和众师友来了,竟又多喝了两杯。我几杯下肚,已酒酣耳热,脸红了起来,师父看起来一点都没事,酒量还是那么好。席间,我们几个学生聊起了小学生诵读经典的话题,突然,师父说,你们刚才说的什么,我都没有听到。我坐在先生左侧,想来是先生的左耳听力已很弱了。本来出门时,先生想戴上助听器,但又忘在电话旁。助听器戴起来听力好很多,但也有很大的电流声,先生有时就不喜欢戴了。想到先生视力不好,电脑打字非常困难,我就特别想留在先生身边一段时间,做一段时间学术助手,帮先生做一些事,但这个想法那天我竟没说出口。我那时以为，我还有机会帮先生做事，不想此次见面竟成永诀。

　　现在想起来，我在先生的有生之年，回去的次数太少太少了，和师父聊的太少太少了，似乎远离了师父和写作教研室这个家，没有充分理解、传承师父的思想，也没有实践先生"做写作教研室的志愿兵"的铿锵期许，我愧对师父。在师父暮年时，我才有勇气再和先生谈论先生一生所执着、挚爱的研究，更觉得愧对先生的教诲。

　　尽管这样，我每次回母校去看师父、师母，见到师友们时，那份早就铸就的归属感让我总是怀念起师父、师母爱我们的日子。

　　先生，我永远怀念您！

　　　2020年6月28日初稿，9月12日二稿，10月6日三稿

　　　（刘春宇，北京联合大学师范学院讲师。）

悼志彬师

石海光

2020年1月8日，闻志彬师去世噩耗，终日昏昏。我本非先生门下，缘内子之故，得先生不弃，视如己出。今情难自已，所念尽志彬恩师片事只言，思既难以连属，文自无法成章。仅此以托哀思耳。

蒙童初学文，幸遇人师体制存。博而能一助心力，法而无法通古今。文兼比兴开衢路，声倚雅颂辨纷纭。垂训片语即警策，弥纶群言苦用心。笃行致远，取极钩深，韦编三绝，昌论文心；谠论弘塞上，文思起陶钧，霖雨润翰海，佳木秀繁阴。乐见梓楠同受范，孰论只手难擎莽昆仑？原道宗经传不朽，体性养气思树人。不言之教广辞训，其声蔼如叙寒温。玄驹丹鸟话物色，玉液香茗润齿唇。料有梦牵肠断事，之子于归自安神。嗟乎！树固欲静风不止，柱折北天陨师魂。山高海阔知何处？跪乳反哺已成尘。惟祈天公从我愿，来世再谒吾师门。

恩师千古！

（石海光，内蒙古师范大学文学院副院长、副教授，中国古代文学理论学会理事。）

想念恩师

李红茹

听到恩师去世的消息，我正在开车上班的路上，瞬间大哭。

人在特别悲痛的时候，是写不出什么文字来的，当时在朋友圈看到有老师悼念恩师，被其中一句话瞬间击中：捶胸蘸泪不成句。这也是我当时的感受。

上一个教师节，我们研究生同门的微信群里，问候老师和师母节日快乐的信息还此起彼伏，也有师妹去看望了老师并发了照片，我虽无暇细看却知道心里有一处地方是妥帖而安稳的。直到忙完了一天的事情，静静坐在家中，再次翻看群里老师的照片和他在群里回复大家的文字，心里面只觉得暖暖的。照片上老师比几年前见到时瘦了一些，师母还是那么可亲可敬，永远都是那么笑眯眯的。

在那之前的一个夏天，我回呼市去看望老师，第一天我去了郊区看望在哥哥家的老师和师母，两天后，老师回到师大宿舍再次邀请我去家里，我也再一次开开心心地去见老师。老师早早地下楼接我，又走很远很远的路送我，还亲自下厨给我做饭菜。我们都似乎怎么也坐不够，聊不够。

短短几个月的时间，老师怎么就离我远去了呢？

我很想写写我的老师，但胸中千言却无从下笔，想说的话太多，一时真不知从何说起。

我的老师王志彬先生，笔名林杉、杉木，是内蒙古师范大学文学院教授，曾任中国《文心雕龙》学会顾问、中国写作学会常务理事、内蒙古写作学会会长。曾获曾宪梓教育基金会教师奖，享受国务院政府特殊津贴。当畅销书年代已成为历史的时候，老师关于《文心雕龙》的系列古籍学术著作，却成为当之无愧的畅销书。2005年，上海古籍出版社出版的《文心雕龙学分类索引》，将志彬先生位列与纪昀、鲁迅、黄侃、周振甫、詹锳等并举的"古今龙学十二家"。

老师学问好，又勤奋谦虚。三大本龙学专著，都是晚年笔耕不辍的产物。当看到别人说他为"古今龙学十二家"时，我忍不住为之骄傲发了一条微信朋友圈，他看到后特意给我发信息说："所谓'十二家'云云，只是编者的一种类分技术处理，实无'同列'之意。怀着深切的愧疚，感谢红茹并各位师友的美意。"

老师学问好是毫无疑问的，更重要的是老师其人，有一种无法言说的人格魅力。

我从没见过一个人可以这样，心细如发却大气厚重，对待身边的每一个人都温和有礼，比文质彬彬这个词能形容的还多了许多温度和真诚。既关注学生的学术进展，也关心学生的每一点生活琐事。甘为人父，尽其所有去帮助他的每一个"孩子"。也正因此，他的"孩子们"都不知道该怎么爱他才好，总是找一切机会往他身边凑。

老师的学生多得数不清，但据我观察，无论多大年龄、什么性格、从事何种职业，只要坐到老师身旁，都立刻变得欣欣然，像个天真快乐而又忍不住想在大人面前撒撒娇的小孩子。

当然，我也是其中一个。有天大的事，往老师身边一坐，心就定了。像是有一个巨大而无形的场，将人暖暖地罩着，让你只感受到说不出的美好。

十五年前，老师七十大寿时，我曾写了一篇小文回忆老师与我之间的点滴，现在看，那时的文笔太过幼稚，但内中所叙之事却句句不虚，至今仍历历在目。

那篇小文里写道，我的本科毕业论文也是老师指导的，当时考研的成绩并没有下来，老师也不知道我考得怎样，但他坚定地鼓励我啃《文心雕龙》这块硬骨头，并对我的思考大加肯定。我写好后，老师是比较满意的，但马虎的我却将论文封面上的标题写错了，老师并没有过多责怪我，只是在评语里风趣地写道："本想给该生95分，但由于其马虎，错抄标题，故扣去5分，以示警告。"

老师带我们去外地开学术会议。会议间隙有一日空闲，老师放我自由出行随便转转。那时还没有矿泉水出售，我疯跑了一天后回到宾馆，正渴得喉咙发干，老师笑着递过一杯温开水，"跑得口渴了吧，快喝点水。"原来正是为我准备的，温度刚刚好。

读研之后，几乎长在老师家里。上课时在老师家的客厅，下课后就直接进厨房吃饭。老师和师母常常亲自下厨给我们做好多好吃的，老师最拿手的是扒白菜，至今想来都流口水。有时候怕我们不好意思总是蹭饭，老师就说让我们陪他和师母一起打扫"残渣余孽"。其实，哪有一丁点剩饭菜，都是老师和师母特意留给我们的美食。遇到节日，老师还会带我们到外面的餐厅"改善伙食"，喝点小酒。

师母更是好，永远都是笑眯眯的，给我们备好咖啡、糖果，了解我们每个人的脾性，操心我们的冷暖。失恋了，和同学闹意见了，都爱和师母唠叨。成家后，带孩子去老师家，就像回娘家，师母会硬往孩子手里塞红包。

有一种感觉,我一直藏在心里。那就是我一直觉得老师像我的爷爷。也许是我从小父亲一直在外地工作,爷爷最疼爱我吧,老师慈爱的目光,总让我想起自己的爷爷。有一次我忍不住和老师说起这个感觉,老师爽朗地笑了,说:"爷爷有点太老了,还是像父亲比较好。人们常说'师徒如父子',我以前不是很理解这种话,现在我觉得这句话很好,一旦我把自己放在父亲的角色上,就没有私心了。"

就是这样的"父亲"老师,才会在我毕业后来北京时,给我一位在北京的师姐写信,说我是个不太擅长交际的人,但待人真诚,心地善良,这次一个人到北京,请她帮忙好好照顾我——一个完完全全牵挂女儿的慈父,就是这个样子吧。

说来都是细处,但细处最暖人心。

几年前,我写了一本小书,内心以为是个小小的"成绩",想要向老师"献宝",于是想请老师作序。我显然忘记了自己已经毕业十余年,老师已是八旬多的老人了。老师很爽快地答应了,并发来短信关心进展,表示"深以为念",这让我更加忽视了老师的高龄和身体状况。

收到我的样稿后,老师说,"快件妥收,先为你祈福吧!我努力每天读10到15页。"中间担心我着急,又发来短信:"等着急了吧,我刚开始写序文,眼睛不争气,请再稍等。"这才让我恍然惊觉,这件事对老师的身体来说是个巨大的工作量,真后悔自己的冒失。

等到终于写完了,老师居然说:"前几天把序文弄完了,没信心出手,请几位师友传阅,稍事改动后,再请你定夺。"本以为老师翻阅后会简单地写上千八百字,可老师认认真真写了一大篇,几乎就是一篇完美的学术论文。老师作为学问大家,熟谙文字,擅写散文,竟说出"没信心""请你定夺"这样的话!

最后,老师说:"我很高兴,只是太慢了。一篇序文,拉开架势弄了两个半月,让人笑话! 无可奈何,老了。"

看到这些,想着老师一字一字写序言,一字一字给我发短信,我真是深感自己的唐突,自责、感动,泪眼模糊以致想要大哭。

何其有幸,今生成为老师的学生。只恨自己笔力不足,写不出心中所感的一二。

如今世上再无恩师,只留一段师生情,温暖我的余生。

2020年11月北京

(李红茹,中国融通集团新闻中心主任记者。)

致敬恩师：写给恩师的一封信

李金秋

师父，您……您好吗？

人间已是四月天，却依然是寒意不减，而杨絮、柳絮飘来飞去，洒落在青城的大街小巷……

师父，您知道吗，第一次听到您的名字和《文心雕龙》还是在26年前，在万奇老师讲授的大一年级写作课上。散发着油墨味道的20几页的"写作大纲"讲义，章章节节都是您文学创作实践和文章写作理论的完美总结，精炼形象，甚至很多的写作学理论是您的原创性研判……万老师干净利落的讲授，飘逸洒脱的板书，让爱写点"小玩意儿"的我特别喜欢上写作课。而万老师常常提到您，满是幸福与自信，那时的我就满怀期待：一定要见见您，被中文系的师生们尊为"二王"的先生，那将是何等的荣耀啊！

师父，第一次见到您的情景至今记忆犹新。那是在大三的第二学期刚开学，班长志强通知我们，邀请您来给我们做讲座——关于毕业论文的写作指导。我当时高兴万分，早早地到教室前排静候。那天，您穿着一件灰色长袖衬衫，面容和蔼，步履矫健，见到您的第一感受是"腹有诗书气自华"；在您亲切自然的讲授中，我学习到论文选题要从自己感兴趣的内容入手，有可能这样的选题会在以后的学术研究中继续下去。题目的拟订上要做到"小切口,深挖掘",忌"大而空";论证的过程要遵循"弥纶群言、钩深取极、辨正然否、独抒己见"原则,近两小时的讲座,您娓娓道来、张弛有度,始终是身姿挺拔、气定神闲。我被深深地震撼了!

之后,我们开设了选修课——"《文心雕龙》创作论研究"(万奇老师授课),读到了您的第一部"龙学"专著——《文心雕龙创作论疏鉴》(1997年版),是您三十余年时间打磨出的力作,其中的"疑点辨析"是全书的精彩处,在一些观点的论述中并不是"非此即彼",而是"此中有彼、彼中有此",打破了我之前学习中"非黑即白"的观点。在论证时,条分缕析、擘肌分理,最后得出令人信服、公允的结论。这样包容踏实、严谨有序的治学方法在后来的读研学习中深有体会,并受用至今。

现在想想,当时的一门课程、一次讲座、一个学科,打消了我本科毕业后以教书安身立命的想法,开启了我考研拜师铸文心的另一条人生路。

师父,您还记得吗,1999年考研因为英语的2分之差未能入师门,我准备放弃已分配好的工作,留呼市一心考研。我打电话告诉您这一想法时,您语重心长地说:"一个女孩子,不要把自己逼得太紧,这样太辛苦了。只要有想法、有追求,任何时候都不晚。况且包头离呼市也不远,有问题或者有困难随时打电话或者来家里。"您的这番话一直鼓励着我,利用工作之后的时间复习功课,而在2000年因右臂受伤住院一月有余,虽曾每天坚持写字百个被大夫训说"再写手就废了",也曾参加了当年的考试终因无法坚持3个小时而放弃,好在您当年未招生(后来得知,师父有一招生要求:隔年招考。一是为每一届学生负责,二是为均衡该硕士点其他导师的招生指标)。2001年,经过近两年的努力,我终于如愿以偿地考入师门,成了您的弟子。也正是经历这"一波三折",

自然加倍珍惜"积学以储宝"的读书生活。

师父啊,在这三年的读研时间里,您不遗余力地把我们从学术的门外领进来,有方法:讲解——辨析——总结,读书——研讨——练笔;有内容:文质观、情采观、通变观……"《文心雕龙》系列研究",包括例文研究、序跋研究、评点研究……有实践:写书评、文评,在您的多次指点完善后得以发表;参与《文心雕龙例文研究》《20世纪大学生毕业论文写作指导》部分内容的编写;撰写"龙学""写作技法"方面的论文,在学术期刊上一一发表。永远记得:每周两次去您家里上课的情景,我们四人围坐在客厅圆桌,喝着师母煮好的香喷喷的奶茶,间歇时您给我们发糖果、拿点心;每周您都会为我们改善伙食,怕我们难堪,您常常说:今天在家吃饭吧,尝尝我的手艺;我想吃剔鱼子,你们陪我一起去打牙祭吧……久而久之,我们也由刚开始的不好意思逐渐变得理所当然了。那道令历届弟子念念不忘的您的拿手菜——扒白菜,那么一大锅什锦大菜都被我们吃得精光;您爱喝点高度酒,所以弟子们也跟着都能喝那么一点……永远记得:我们四人的毕业论文写的是明清时期杨慎、曹学佺、纪昀、黄侃评点文心,手头资料匮乏,我们要去国家图书馆查资料,临行前您是左叮咛右嘱咐,路上的安全、四个人的分工、与馆藏人员如何沟通等等,还打电话给正在北师大读博的爱君师姐,让她好生关照我们……您如此的事无巨细,生怕我们在外受了半点委屈。如今,我们也已为人父母,更能深刻体会到您的无私父爱……

师父,您对每一个弟子都关怀在心,亲力亲为。研究生的毕业实习,按照惯例,大多数专业的学生都是去学校讲上几节课即可,而我们师门的同学却不限于此。靠着师父您多年与出版社、报社、编辑部的深厚交情,推荐我们到这些地方去实习,既能做到学以致用，又能拓宽就业之路，正是如此，毕业后我留校在学报编辑部，负责《语文学刊》高教版的编辑出版工作。为了把刊物办得更加有特色，几经调研后于2006年开设"《文心雕龙》研究"专栏，在全国属于首创。创立之初亦是艰难——稿件不足，已是古稀之年的您为了扶持这个栏目维继下去而开始撰稿，并向学界的朋友、学生们极力推荐，正是在您的鼎力相持和众师友的帮助之下，稿件纷至沓来。其间，陆续刊发了50篇《文心雕龙》的疑点辨析的论文，为后来在中华书局出版《〈文心雕龙〉探疑》奠定了基础。现在"《文心雕龙》研究"专栏已发表论文近200篇，港台学者也多有稿件传递，成为刊发"龙学"文章的重镇。2017年，中国《文心雕龙》学会第14届年会在内蒙古师范大学召开，更加助推了该栏目的学术影响力和传播力。而所有成绩的取得是和师父您的全力支持分不开的。

师父啊，啰嗦了这么多，还想跟您说，我们一直有一个愿望——给您过个生日，但每次都被一向低调生活的您拒绝。为了弥补这个遗憾，这一次由石羽、万奇老师统筹，学校的科技处、文学院支持，众弟子响应，由中华书局出版的这本纪念文集，借以表达我们对您的感激、感恩和思念之情，希望师父莫怪。

师父，您还记得给我们四人留下的未解之谜吗？临近毕业时，您赠送给建忠、小何、祥丽和我四个字——灵秀稳健，我们曾试猜认领，向您求证您心中的答案，您总是笑而不语，我们至今未解。在我心里，这四个字都是我所欠缺的——灵、秀是先天的禀赋，稳、健需要阅历的打磨。您是不是希望我们在今后的工作、学习中弥补不足，做到扬长避短，日有所进啊！师父，我这样的理解对吗？

一入师门，恩情似海。我知道，每一个弟子（无论是入室还是私淑)都是您心上的"宝儿",无论天资聪敏与否、弛速如何,王先生的"护犊子"是大家所公认的。我们明白,您的"护犊子"并非无原则的袒护,而是关上门来自己解决问题,这对我们每个人来说都是一次次成长的历练与反省……在每一个弟子心中,您是一盏明灯,指引我们一路轻松前行;更是一座大山,让我们心有所依无羁绊;还是那大海,给予我们开阔的视野和无穷无尽的力量……

师父啊,每每想到这些过往,心中总是暖暖的。人之为学,第一在得明师。上天对我何其眷顾,能入师门求得做人治学之道,受明师之教诲,享名师之恩泽,而不知何所报。从我的本科毕业论文《刘勰论写作之情》到硕士论文《〈文心雕龙〉曹评中的创作论研究》,和"龙学"重大课题的参与编写,再到工作中《文心雕龙》研究"专栏的经营,为之努力付出而甘之如饴,是值得我一辈子要做的事情。子曰:"父在,观其志;父没,观其行;三年无改于父之道,可谓孝矣。"谨记!

师父,从不觉得您已离开了我们。因为您对我们常说的话"凡事往前赶三步""写作需要志愿兵,更是自愿兵……"犹在耳畔,曾经的往事仿佛就在眼前,言不尽,意无穷。无论外面天气怎样严寒,还是生活会如何艰辛,每每想到这些都是温暖幸福的模样。

愿师父安好!

2021年4月20日

(李金秋,内蒙古师范大学编审,内蒙古写作学会副会长)

忆念恩师王志彬先生

白建忠

一个人在一生中,会遇到许多老师,但遇到一位真正赏识你,并对你所有缺点都能包容的老师,可谓少之又少。对于我而言,王志彬先生就是这样一位老师。王老师于去年年底离开了人世,在住院期间,我去探望老师。老师躺在病床上,消瘦了很多,能勉强着坐起来说几句简单的话,和以往见了面一样,先是问我老人怎么样,孩子怎么样。记得与老师离别的一瞬间,我的表情很沉郁,老师紧紧地握住我的手,说道:"建忠,你看上去不快乐。"我强忍着眼泪,低着头不能言语,老师又说道:"祝你快乐!"我分明能感觉到老师说话的时候,也是哽咽着。我与老师就这样永远地分开了,我当时隐隐感觉到,这应该是与老师最后一次见面了,"祝你快乐"四个字成为老师对我最后的祝福与嘱托。后来,时隔一个月后,收到老师去世的消息。我参加完老师的葬礼后,从呼和浩特回到临汾,一天傍晚,走在空旷的大街上,寒风习习,四顾茫然,不禁想起了王老师,感叹自己已过了不惑之年,关心我、爱护我的人,一个一个地离开了。我现在最怕独处,每天奔波于喧嚣的人世间,或许能消解诸多的思念与忧愁。

我本科毕业之后,跟随王老师读研究生。第一次见到王老师,觉得王老师很严肃,后来渐渐地觉察到,王老师其实很和蔼,善于体贴，关心学生，说话循循善诱，温文尔雅，是一位谆谆长者。正如韩愈所说："仁义之人，其言蔼如也。"在读书期间，每次去老师家里，我们交流最多的是《文心雕龙》。老师一生执着于学术，尤其对于《文心雕龙》，付出了许多时间与精力，接连出了三本《文心雕龙》的研究专著。我现在也执迷于《文心雕龙》之中，并在国内核心期刊上发表了几篇《文心雕龙》的研究论文，得益于老师之鼓励与启发尤多焉。在我读研究生的第二年，老师竟然让我给本科生讲《文心雕龙》的选修课。记得老师那时已七十多岁了，带着我走进教室，把我介绍给学生，然后坐到后面的座位上，认真听我讲课，我当时十分紧张，已不记得是怎么走上讲台的。后来我讲了半年的《文心雕龙》课程，学到了许多东西。至今想起来，我的点点滴滴的进步，离不开老师的关怀与期望，师恩难忘！

每次去老师家上课，我们几个学生都是轮流发言，最后，老师进行评论、总结。有时候，到了中午，我们就在老师家吃饭，老师亲自下厨，做他最拿手的扒白菜。老师喜欢饮酒，而且喜欢饮高度酒。记得有一次，我们喝的是72度的酒，这应该是我一生中喝的最高度数的酒。那种其乐融融的气氛令人万分怀念，那一段美好的时光再也不会回来了。我的硕士毕业论文写的是杨慎评点《文心雕龙》，这也是老师帮我选的题目，未曾想到，从此以后，杨慎研究一直伴随着我，至今仍然如此。现在我已出版了两部杨慎研究的专著，这些成果的取得，都离不开老师的指点与帮助。

硕士毕业之后，我又去广州读博士，博士毕业之后，参加了工作，其间十几年的时间，与老师一直保持着联系。有时候，一段时间未与老师联系，老师就用微信问我过得怎么样，后来我逐渐形成了一个习惯，隔上十几天就会主动问候老师。老师到了晚年，眼睛不能长时间看东西，看的时间长了，会疼痛难忍。我的第一本专著出版的时候,请老师赐序,老师欣然同意,写了三千多字,后来我才知道,这是老师坐在电脑前,用两根手指,一个字一个字敲出来的。在临汾工作了十几年,几乎每年我都回去看望老师。若有好的消息,第一时间告知老师。去年暑假,我去看望老师,当时老师还未得病。中午吃完饭,在我离开之前,老师站起来,从衣柜里找出一件衬衣,说是他一直没穿,可能有点大了,我壮实,让我拿回去穿。现在这件衬衣还挂在我的衣柜里,每次看到,当时的情景犹历历在目,不由得潸然泪下。

我所研究的明代文学家杨慎,"怜才造士,有一善皆极为奖励。"我天生资质驽钝,才疏学浅,乏善可陈,承蒙老师不弃,一直指引着我前进。现在,老师已离开了我,剩下的路,只能自己一步一步地走下去了。

愿恩师在天国没有病痛的折磨,依旧遨游在文心的园地中。

2021年2月

(白建忠,山西师范大学文学院教授,中国《文心雕龙》学会理事。)

何其幸运，能成为您的弟子

何　颖

　　恩师故去已一载有余，期间几次提笔想写些什么，终因哀伤无法挥去而不得不中断，情绪不断在胸中翻涌，可化作文字却传达不出万分之一。恩师故去后，我未能送他最后一程，这已成为我永远的遗憾，我不想也不能再让这种遗憾延续，因而再度提笔。原以为时间能抚平心中的伤痛，不想，悲伤仍旧从心底涌出，最终化作清泪无声流下。

　　十几年前，我懵然撞进师门，那时的我根本不知自己有多幸运，只知道在师兄弟姐妹当中我是基础最差的那一个，因此常常把自己隐没在角落里，恨不得像鸵鸟一样把头埋起来。然而，我的每一点小成绩、每一次小得意、每一寸小进步，恩师都看在眼里，而且从不吝于对我的夸奖，就这样，在恩师那慈爱的目光下、亲切的话语中、和蔼的笑容里我一点点自信起来，一步步成长起来。

　　恩师不仅传授我们知识，更重要的是教导我们如何治学。"弥纶群言""辨正然否""擘肌分理，唯务折衷"……这些听起来晦涩难懂的文字，恩师都会在平时的教学中让我们慢慢体会，用润物无声的方法把它们浇灌进我们的心田。每一项作业、每一次研讨、每一场交流对我而言都是锻炼的好机会、提升的好方法。在恩师的鼓励下,我渐渐地从畏手畏脚、小心翼翼变得自信起来,发言的次数越来越多,声音也越来越大……恩师家里那十几平米的客厅,是我最爱的"教室";与师兄弟姐妹们在一起的讨论,是我最喜的"课堂"。

"非淡泊无以明志,非宁静无以致远",恩师的沉稳、淡泊是留给所有人最深刻的印象。近二十年的时间,我从未见过恩师生气发怒的样子。相反的,他那轻柔的声音、亲切的话语,再加上温暖的笑容,好似有一股魔力,能瞬间让焦躁与怨气荡然无存。不止一次看到有人因恩师受到不公正的待遇而义愤填膺,可是他自己却微笑面对,欣然接受。他的这份胸怀与气度,感染着身边的每一个人,也让人们由衷地钦佩。

学子们把恩师看作父亲,恩师亦把学子们当作自己的孩子。我们隔三岔五就能品尝到恩师和师母的手艺,让我们这些漂泊在外的学子感受到家的温馨。从学习、工作到家庭、子女,恩师都会细心询问,听到我们取得一点小成绩,他就会大大地夸赞一番,就好像在说:"不愧是我的孩子,就是厉害!"弟子们遇到什么问题,都会向他诉说,他会耐心地听、仔细地分析,然后告诉你他的想法。

恩师的身边围绕了大批学子,他们都为恩师深厚的学养与谦逊的作风所折服。恩师带领着大家逐步迈向"龙学"的高峰,使得内蒙古的"龙学"研究成为一个现象级的事物。无疑,恩师是这个团队的旗帜性人物。退休后的恩师,仍然笔耕不辍,以七十多岁的高龄学习打字,虽然笨拙但却是那么可敬。他或许不知道,当他用开玩笑的口吻告诉我们他辛苦了一天打的文章因为断电而功亏一篑时,我们更多的是心疼与不安,可他却不愿麻烦任何人,仍坚持自己录入;在他生病期间,最牵挂的也是那本还没有完成的"龙学"著作。这样的学者，怎能不让人肃然起敬？

　　写到此处，我的眼前浮现出恩师的笑容，那么真切。耳边回想着恩师的话语"何，你的想法呢？""何，回答得不错！""何，你很聪明，继续努力"……记得读研期间入党的时候，我的介绍人宣读了恩师写给我的评价，具体的文字有些淡忘了，只记得评价很高，我想那是恩师对我的鼓励，是我一生都要努力的方向。

　　　　　　　　　　　　（何颖，内蒙古教育出版社编审。）

中秋看望师父小记

王凤英

月明星稀，华灯初上，走在内蒙古师范大学家属院熟悉的小径，树影斑斑驳驳，窗内飘出晚饭的余香，优美的钢琴曲此起彼伏，新修的柏油路线条分明……2003年与导师结缘，从此就喜欢上了家属区这个校园的附属。十几年来，通往师父家的小路也留下了自己深深浅浅的脚印，抑或能捕捉到一点青春的影子。物是人非。不变的是那一栋栋旧楼和师父家永远温暖的灯光，变化的是易逝的流年和风景。

中秋之际，看望老师，勾起好多回忆，有感而发。上次看望师父还是春节的时候，半年时间，老师瘦了不少，头发好像也白了更多，看着有些心疼，好在精神不错，家里又添了小重孙，四代同堂其乐融融！老师很高兴，聊了许多，说到新配的助听器效果好，就是眼睛有些模糊，更多的是问我的近况，从工作聊到生活。在他眼里，我们永远都是需要保护的孩子。

匆匆地来，又要匆匆走。每次都有说不完的话，时间总是不够。忙碌的日子，当时觉得每一天都很长，回头再看那些日子却是如此之快。下一次再见师父师母又是什么时候呢？

每次离开老师家，心情都很复杂。有温暖和充实，在那里，可以敞开心扉，像个孩子，在他们眼里，我本来就是孩子。他们关心你飞得高不高,更在乎你飞得累不累。可以和师父师母倾诉,可以报喜,亦可以报忧,临走时总会获得一些启发和安慰,说实在也有留恋。外地的师兄师姐们可能相隔百里千里,见面不容易,其实我们虽在一个城市,看似很近,一年的见面也是寥寥,所以每次也都不舍。真是很留恋读研在师父家上课那三年的慢时光……

还记得当年报考研究生,第一次去老师家的情景。那天他正在给研究生上课,几个学生散坐在沙发的各边,围成一圈,屋里茶香四溢,一位高高清瘦慈祥的长者居于其中,衣着朴素,眉宇却尽显儒雅。老师向他的学生介绍了我,只问了简单的问题,倒是他的研究生们个个好口才,思维也敏捷,一连问了几个"刁钻"的问题,老师见状,为我解围。后来有幸入师门,我也成为门内弟子,享受和师兄师姐们一样的待遇,也问着下届师弟师妹们类似的问题。

在老师家吃的第一顿饭记忆犹新。那是老师和师母的拿手菜,名曰"扒白菜",师兄师姐们都吃过:一颗圆白菜,放在高压锅里,上面铺满红烧肉,大火小火足足熬上一个小时。揭开锅盖的一刻,肉香菜香挡也挡不住地往鼻子里钻,诱惑你的味蕾,那特殊的味道就永远留在了记忆里。弟子们总是心心念念这道菜,每有聚会,也总是想起这道菜。我曾经偷偷尝试做过,却怎么也吃不出师父家里的味道。在物资匮乏的特殊年代,师父师母把苦日子过出了乐趣。突然想,师父的成就得意于他的勤奋和钻研,他身后的师母无疑是一位了不起的女性。在我的记忆中,师母的脸上总是洋溢着笑容,话不多,但是温暖得体。她默默为学生和客人斟茶斟水,甚至经常给学生们做出可口的饭菜。现在生活条件好了,师母做饭除了辛苦一些,食材应有尽有。很难想象,二十世纪七八十年代,师父师母工资微薄,还有两个孩子,却想尽办法让来家的学生们吃一顿饱饭还要吃出些改善伙食的味道,有多难!真真要赶上巧妇做无米之炊了。我们可爱可亲的师母多少年如一日,无论哪个年代,都给了离家在外的弟子们以家的温暖。师父师母相濡以沫,对我们也是一种潜移默化的教育。有一年冬天,我和爱人一同看望师父,回家路上,两人不约而同感慨师母的慈爱,师父与师母的默契,当时天冷路滑我们挽着胳膊,我分明感觉爱人把我的手握得更紧了。

读书亦要行路。有机会跟着老师出门,异常兴奋。在包头,见了师父的同事和好友,领略了黄河的壮美;在恩格贝沙漠,见到了已为当地领导的师兄。我这个没怎么出过门的土孩子,跟着师父见了世面。每一个弟子,无论官职多高,财富多少,在老师面前都是毕恭毕敬,也总是怀着感恩和敬仰之情。

毕业论文的写作是对三年学业的总结,也是对老师三年教导的感谢。战战兢兢,全身心投入了三个月,初稿出来,忐忑不安地交给老师。还清楚地记得老师当时的表情,时而点头,时而皱眉,时而沉思,我就在旁边一直紧张。老师先是鼓励肯定,然后提了修改意见,给了我答辩的信心,甚至后来很幸运地抽到区外盲审也并不紧张。师父常说,手中有稿心不慌。弟子们每每取得一点进步,师父总要肯定鼓励赞许,浓浓的父爱曾给了我们莫大的力量。

高山仰止,景行行止。厚重的师恩承载着爱与宽容。会心的微笑,鼓励的话语,深情的叮嘱,良苦的用心,饭桌前散发的温暖,课堂上点燃的激情。传道,不计得失;授业,不辞辛苦;解惑,不厌其烦。师大教授芸芸,学高者甚众,像老师这样身正为范,待生如子者却也很难得。也许在别人眼里,他是龙学大家,但是在我眼里,随着时间的推移,他越来越像是一位父亲。人说爱情久了会成为亲情,师生的情意久了也会转化为亲情。

2018年9月

（王凤英,呼和浩特职业学院人文与旅游系党总支书记,副教授,内蒙古写作学会副会长。）

霜余已失长淮阔　空听潺潺清颍咽

张慧磊

　　特意选择这样一个有阳光的午后,我沐浴在这暖暖的冬日,看着自己的影子出神,思绪像添加了杏仁味的柳絮,薄薄地笼罩在心头,夹杂着丝丝苦涩。写字台前,我放弃了电脑、手机和iPad,选择用一支铅笔和几页稿纸,书写着内心浓浓的情感⋯⋯

　　一杯茗茶一段讲义一顿美餐——意难忘

　　写下这一段文字时,正是冬日15:00左右,抬头仰望窗外北京的蓝天,此时一只鸟从湛蓝的天空掠过,耳边是附近学校孩子放学的嬉戏打闹声,如同内蒙古师范大学校园下课后的喧哗,如同师大家属院下课后师徒欢聚一堂其乐融融的谈笑声——五月的呼和浩特,天气骤暖,当年的室外是一地的欢腾,与屋外的热闹相映衬的是您的幸福与淡然。室内客厅的沙发上,您安详地坐在那里,一头花白的头发,慈祥又睿智的双眼满足地望着自己的弟子。我们拿着准备好的讲义,围坐在您旁边,一一向您汇报学习心得与体会。茶几上放了一摞摞的书,还有一壶暖暖的茶,走廊里偶尔有师母轻轻走过的声音响起。

　　记得第一次讲课,您让我们准备查几段话的含义。您送给我的话是"有所为有所不为",准备一周后,您让我解释含义,我阐述完,您笑而不语。当时我百思不得其解,事隔15年后的一天,当我奔波在两点一线,努力想在家庭和工作中寻找平衡时,当我既想突破事业的瓶颈期又想把日子过成诗时,当人至中年的我,在一地鸡毛的周遭中努力想让我的生活与工作方方面面都出彩时,突然您当年的这句话如一道闪电划过我的脑际,竟然有流泪的冲动。您一定懂得我是一个怎样的人,您一定心疼我在方方面面的疲于周转,所以您告诫我有所为有所不为。时隔多年,这句话仍然暖过我的心田,就像沐浴在您温暖的目光里。

每每讲课快结束时,就会闻到厨房里飘来的扑鼻的饭香,于是我抬头悄悄看他们,大家也都偷偷地相视一笑,思绪悄悄溜走:师母今天做的什么好饭? 师父一定是看到了我们的小动作,于是放下书本,会心一笑:"好,今天就到这儿吧。走,我们去看看你们师母准备了什么好吃的?"然后又踱步到客厅的橱柜,打开柜门,指着一瓶瓶美酒,如数家珍:"这是你们师兄从西安带回来的,这是你们师姐拿过来的,今天我们就喝这一个。"师父的眉眼间都绽放着满满的笑意与自豪:一名教师的骄傲!

写到这里,我的嘴角已浅笑弯弯。那年师傅身体尚好,放下书本,就系上了围裙:"今天我要做两个菜,一个是花椒素炒西葫芦,一个是扒白菜,以前我做,你们师兄师姐都吃得光光的!"我们五人都雀跃起来,各自分工,为师父师母打下手。师父做菜时,师母大多是一脸微笑地看着他,有宠溺,有幸福。终于扒白菜上桌,师父说:"扒白菜要大口大口地吃,才能吃出滋味,才更香!""哇,太好吃!""再夹一口!"师父露出了慈父般的笑容,是的,慈父,无论多累都要让儿女吃饱的父亲的笑容。那时,每周上课,几乎都会在那个温暖的房间吃一至两次饭。现在想来,师父一定是想着我们离家远,吃不好,千方百计为我们营造一种"家"的味道……多年以后,这种味道仍然温暖着我,只是师父做的扒白菜再也吃不到了……

一节课一个红包一封信——要坚强

想一想,这世间的缘分真是奇妙。与师父最初的相识,是本科三年级的一个下午。当时正在文学院的阶梯教室等着上《文心雕龙创作论研究》,只见一位年轻老师和一位白发先生推门而入。那时您身姿伟岸,站在那里竟然讲了45分钟。印象中,您穿着朴实的灰白色上衣,一头灰白色头发,一张一说话就会微笑的脸,慈祥睿智。那节课吸粉无数,当时教室里安静极了!偌大的阶梯教室,所有人都在听您讲课,如沐春风、若临秋水,说的就是您这样的大家吧!下课后,大家都纷纷打听,这是哪位先生?打听的人就会被"嘲笑"孤陋寡闻,"大名鼎鼎的中文系教授,二王(另一位是王志民先生——作者注)之一志彬先生啊!""啊,果然是气度非凡,百闻不如一见!"

那时的我,当时还没想好考研,更没有选好专业,但是这节课却坚定了我的信心:一定要投奔到您的门下。回忆中,这是一个拉深的镜头:纵深的阶梯教室里,我们坐在台下一脸的崇拜与满满的求知欲,您站在台上,熠熠生辉。而《文心雕龙》因为您的传道授业解惑,它就像一杯茶,慢慢浸润到每一个人心中,在脑海中缓缓流过,岁月愈流淌,品质愈醇厚。

2006年,我的世界塌方了,最爱的父亲突然去世,那种痛以至于14年后的我依然不敢面对。那时接到电话,恐慌无助中都忘记跟师父请假,慌乱返程。待事情处理完后,拨通电话,一声"老师"后就痛哭起来,泪不能已。电话那端,您心疼地听着我的哭泣,待我略微平静后,您叫着我的名字,说:"不怕不怕,孩子保重,照顾好妈妈!"开学后,第一课,客厅里,您和师母看着憔悴的我,心疼不已。您默默凝视着我,用力拍拍我的肩膀,"孩子,受苦了,要坚强!"我低下头,泪水恣意横流,师母走过来搂着我,拍着我的后背默默不语,然后塞给我一个大大的红包,我拒绝推让,师父说:"拿上吧,以后有事就说。"那个红包又厚又重,这份浓浓的情谊,是我一生不能承受之重……是我的铠甲,也是战胜困难、打败生活中所有拦路虎的铠甲,谢谢恩师,谢谢师母!

即将毕业季,研究生二年级的下半学期,跃跃欲试的我们已纷纷找实习单位,开始规划自己的未来。因为唯一的姐姐在北京,所以我的职业规划也是北京。但毕竟是首都,找工作太艰难,所以师父时时关注着我的动态。2007年夏,即研二暑假,得知我要到北京找实习单位,师父默默地交给我一封信,说这是一个多年不联系的老友了,可以试着去这个地方实习找工作,还给了《中国交通报》一个师姐的电话,嘱咐我多方联系,不要着急。信中片段内容如下:

今有张慧磊同学前往相烦,拟在贵报见习和实习一个假期,接受您和各位老师的教诲,妥否,请分神指点,先谢谢了。编安谨颂。

这就是恩师,永远想护徒弟周全,并竭尽全力! 虽然最后由于各种原因,我没有联系《中国交通报》,但信却被我永远珍藏起来,如今打开,当年的笔迹已模糊,但师父字体遒劲有力,那份深深的护犊之情仍穿过岁月护佑着我。

毕业了,临走前,最后一次爬楼走进那个温暖的家和教室,我与师父师母一一拥抱话别,承诺不久后就回来看他们。二老就像看着即将出征的子女,有不舍更有祝福,"加油,慧磊,保重! 别太辛苦!"

说好的不久,一晃已是几年后,师父住进了北京安贞医院。那时我刚生育不久,得知消息后,我和妈妈便火速赶往医院。病床上师父略显憔悴，师母永远是微笑不语，默默地站在师父身后照顾着他。因探视时间有限，怕打扰师父休息，便匆匆返程，而给恩师准备的礼物，又全部让我们带回来了，师父一直说我妈妈不易，让我照顾好妈妈！再往后，在每一个电话和每一则微信中，在我辗转于滚滚红尘中，时间在悄悄流逝。在人生的跑道上，当我们大踏步往前冲时，师父永远是为我们点亮灯塔、擂鼓助威的人；当我们取得一点进步时，师父都开心得不得了，毫不吝啬地表扬我们，真心地为我们祝福！

一次探望一种流泪一生送别——永怀念

2019年那个冬天，说实话，我像是有心灵感应般，想起师父就会心慌莫名。那段时间，我一直借调其他单位，忙碌的日子顾不得梳理时光，更来不及看路边风景。隆冬11月的一个周一，师姐在大群里沉痛地说师父状态不好，大家有时间就多去探望。我慌了，赶紧订票，因事发突然时间紧张，工作难以调整，最快只能周五走周六一早到。火车上一路辗转，一夜无眠，想着在微信群的前几日视频中看师父还那么精神，还可以端坐在椅子上，吃着包子和小菜，我就心痛不已，又难以置信，曾经您总说自然规律不可抗拒，可您还是战胜了病魔！这次多么希望，所向披靡的您还能带给我们惊喜……

次日清晨的呼和浩特，寒冷入骨，久违了这片土地。自毕业离开十余年后方才踏回这里，一晃半生，于师父而言我满心愧疚、深感不孝。到了师父儿子家中，与师母拥抱，师母瘦了，师父病重，我们无法体会她的心有多痛。师母说，"走吧，去看看你们老师。"待我们褪去一身寒气，走到卧室，眼泪就止不住地掉……岁月啊，太残忍。昔日精神矍铄的恩师躺在那里，瘦弱无比。心疼地握住他的手，又瘦又凉，师母说："快看看，谁来看你了？"师母的话拉回了师父缥缈的思绪,师父的目光很深邃,先看着别人,然后缓缓移到我的脸上,凝视着我,良久说了一句话,至今我无法确定是"你回来了!"还是"慧磊回来了!"可我宁愿相信是后者,坚信师父认出了我。

回京后,总是怕手机响,不敢看手机,又怕错过什么。1月7日我女儿感冒发烧,我昏昏沉沉一夜未眠,起床上班,在狂奔赶地铁的路上,手机微信的提示音此起彼伏,这让我心慌意乱,划开手机界面,目光扫到大群里的艾特所有人,让我心惊肉跳,还有师兄一连串的未听语音令我不知所措,冥冥中我像猜到了什么。深吸一口气,屏住呼吸,打开微信群,看到了万奇师发的讣告,点开师兄的微信,是长长的一段语音却惟有哭泣。走在换乘的地铁,我看不清路。站在人潮人海中,我无力地依靠着墙壁泪水横流,来来往往的行人都纷纷看我,我好想告诉他们,世界上我最好的老师走了,从此世间再无恩师。

胸怀弟子感肺腑,狂澜力挽酬文心。音容笑貌宛在,阴阳两隔泪纵横。

缅往昔,斯遥寄。近泪无干土,低空有断云。

世间再无志彬师,恸环宇!

师父啊,一周年了,若天国有梯,好想去看看您,再听您讲讲课,再跟您聊聊天,再陪您散散步,再或者什么都不做,看一眼就好……

2021年1月10日

(张慧磊,新华网中级编辑、记者。)

我与先生

孙玮志

在我的思想与情感深处，其实一直在回避写这篇文章——我一直不想、不敢、也不愿接受一个事实：我的王老师真的走了。永远……永远……永远……都见不到了。但先生的纪念文集即将出版，考虑到写这篇文章，也是弟子能为先生做的一点事，尽的一点心，于是含泪写下我与先生的二三事。这些事远远构不成我与先生交往的全部，但却构成了我人生历程和情感历程中非常重要的内容。

一、先生给我的事业平台

我与先生初识于1999年，当时我即将大学毕业，突然萌生了考研的念头，冒冒失失地给素不相识的先生打了电话。先生亲切地鼓励我备考。通话时我一直有种感觉：这个老师说话好温和，听他说话好舒服，会给人一种平和的力量。我与先生后来的交往中，这样的印象不断地被强化——与先生交谈，总有一种如沐春风的感觉，让人觉得心里很熨帖。

2000年，我大学毕业，首次参加研究生考试，考得并不理想，未能达到录取要求。大学毕业时，正值懵懵懂懂、不知风险的年纪，当时冒失地放弃了国家给的分配指标，投身商海，创办了一家广告公司。日后的境遇让我充分领略了这样的决定是多么的草率，在随后的四年里我经历了很多艰难时刻：家里人不理解，家外边赚不到钱。曾真切地记得，一天中午围着一个卖馅饼的摊子转了几圈，最终愣没舍得买一个五毛钱的馅饼。

　　在商场里挣扎了几年之后，我决定再次考研——考研对于很多人而言，可能是找一个晋升的平台，而对当时的我而言，则更像是找一条生路。于是我再次拨通了先生家的电话，先生听了我这几年的遭遇之后，深情而坚定地说了一句："孩子，考学吧。"在很多人看来，这可能是平淡无奇的一句话，但于我，则真是改变我人生命运的一句话——它让我看到了前进的希望，甚而是生的希望。之后也正因为上了研究生，开启了我新的人生篇章，登上了一个新的平台。后来能够找到一份相对理想的工作，过上一种相对体面的生活，在很大程度上都得益于考研成功的这一步。而这一步，是在先生的鼓励、引导与教导中走完的。

二、先生给我的情感慰藉

　　先生之于我，好像不仅是老师，更像慈父。很多的心事，都愿意向先生倾吐，他总是会满怀慈爱地听你讲述，帮你分析。读研时，女朋友催着我结婚。我征求先生的意见，先生说："目前工作事业都没有着落，结婚恐怕为时过早。如果你们俩真心相爱，应该可以彼此等待。我不希望很多该有的准备都没有的情况下，你被轻率地'定格'在某种状况里。"结合我后来的人生经历来看，先生的这番分析无疑是有先见之明的：当初如果在不具备养家能力的情况下结婚，我很难想象后来能够不受约束地选择就业地、读博士、到美国访学、到中国社科院访学、再到如今四处讲学。可以说，在我人生的很多重要节点上，都是先生帮我拿的主意。而回过头来看，这些主意很多都是对的。这一方面得益于先生的人生阅历、见识与智慧，另一方面也得益于他对弟子真切的爱。

一个男孩成年之后，往往是不愿意轻易对人吐露心事的，但向先生倾诉心事几乎成了我的生活习惯。这种习惯从读研时开始，一直延续到先生去世——如今再想说，不知向谁诉。想到此处，不禁泪目。记得当年女朋友因为我拖着不愿结婚，最终选择嫁给了别人。我曾为此长期地陷入痛苦当中，先生时时给我宽慰，天天叫我到家中吃饭，师母变着花样儿给我做好吃的。我也像个孩子一样在他们面前哭诉。先生和师母就像父母一样给了我无尽的关爱，让我度过了一段心理、情感上极度艰难的时光。

先生于我，不仅像老师，更像是细致入微的父亲。先生知我爱出汗，每次夏天去先生家，先生都会准备好他自己的一件白背心。每回一进家，先生都会说："玮志，洗个脸，快换上。"硕士毕业之际，我决定要考博，先生帮我联系导师，赴考之时，师母给拿路费。凡此种种，如今想来，历历在目，却也让弟子泪流满面。恩师啊，怎能让弟子不想你？

三、先生给我的人生教义

"每临大事有静气""有所为，有所不为，才能大有作为""快乐每一天，快乐也是一种能力"……这是先生经常讲给我们听的话，而他自己也不断用他的人生阅历、行为举止来诠释着这些话。先生用他的"言"与"行"把这些道理传播到了我们心里。而结合我个人的成长来看，这些话让我受益终生。

　　先生无心仕宦,三十多岁时婉拒了担任副厅级干部的邀约。他把一生的心血投注到了学术和教育弟子当中。七八十岁高龄时仍然笔耕不辍,《文心雕龙创作论疏鉴》(1997)、《文心雕龙文体论今疏》(2000)、《文心雕龙批评论新诠》(2002)等著作在学界引发了较大的关注。先生译注的《文心雕龙》在中华书局出版,截至目前印刷13次,累计发行十三万余册,正在形成深远的学术影响。自古治学有"我注六经""六经注我"之说,先生在注解经典的同时,也用经典注解了自己——在先生的身上,真切存在着古圣先贤的遗风。这些风韵成为弟子们心中弥之珍贵的精神财富,也是我们这个时代真正需要的东西。比之今日某些无良导师,我的先生要比他们强出千倍、万倍、百万倍。

　　曾记得,硕士毕业论文开题时,当时现场有五十余人观摩。开题仪式开始前,现场交头接耳,不时还有年轻人的嬉闹声。待先生走至门边时,现场所有人不约而同——无人发号施令,集体,起立! 那一刻,我莫名地联想到一个词——肃然起敬,让我真切地领略到一个人的学识、威望、人格魅力原来可以凝聚成如此强大的气场。

　　先生临终病重之际,很多弟子不远千里前去探望。弟子们自发组织,轮流陪床。曾记得一位前去探视的师兄在微信群中说:"你去了后,老师总是怕冷落你,所以一个劲地找话题与你聊天,更重要的是还关心你的生活和工作,还要给你安排喝水、吃饭。这样一来,老师就耗心消力。昨天老师的举动让我更懂得什么是内化为血液和灵魂里的修养榜样。"这就是我的先生……您怎能让弟子不敬爱? 想您啊,我的王老师……

　　曾记得,我在华中科技大学讲学时,把现场讲课的照片发给先生。先生当即回复"粉墨台前春常在",我回复先生:"常在春赖恩师沐。"确实,恩师拯救我于危难,抚慰我之心灵,教育我之为人。先生离去,怎能不让弟子陷入悲痛?人的一生,会遇到很多人,但终生难忘者不多。恩师啊,弟子会时时记着您的音容笑貌,谆谆教诲,直至我之老去。最后,以我为恩师所写的挽联作为这篇小文章的结尾吧:

学高为师启龙学研究新篇传三千弟子;

身正为范树杏坛教学典范铸万世师表。

恩师千古!

弟子孙玮志含泪叩首!

（孙玮志,广东医科大学人文与管理学院副教授,中国写作学会会员。）

王志彬著述目录

一、著作

(一)《文心雕龙》研究

《文心雕龙创作论疏鉴》,内蒙古教育出版社,1997年。

《文心雕龙文体论今疏》,内蒙古教育出版社,2000年。

《文心雕龙批评论新诠》,内蒙古教育出版社,2002年。

《文心雕龙例文注评》(合著),内蒙古人民出版社,2005年。

《中华经典名著全本全注全译丛书·文心雕龙》,中华书局,2012年。

《传世经典文白对照·文心雕龙》,中华书局,2014年。

《中华优秀传统文化百部经典读本·文心雕龙》,中华书局,2017年。

(二)写作理论研究

《写作简论》(合著),内蒙古人民出版社,1979年。

《写作技法举要》(主编),内蒙古人民出版社,1981年。

《修辞与写作》(合著),内蒙古教育出版社,1982年。

《写作学高级教程》(参编),武汉大学出版社,1987年。

《散文写作概说》,内蒙古教育出版社,1988年。

《写作理论研究丛书》(副主编,兼近代部分主编),内蒙古教育出版社,1992年。

《中国写作理论史》(副主编),陕西人民出版社,1993年。

《写作技法实用指要》(参编),辽宁民族出版社,1994年。

《基础写作学要义》(参编),远方出版社,1996年。

《20世纪中国写作理论史》(主编),南京大学出版社,2001年。

《新编公文语用词典》(主编),复旦大学出版社,2003年。

《21世纪写作学习丛书》(总主编),内蒙古大学出版社,2003年。

二、论文

(一)《文心雕龙》研究

《〈文心雕龙〉性质问题述评》,《内蒙古师大学报》(哲学社会科学版)1991年第1期。

《〈文心雕龙·总术〉探疑》,《内蒙古社科联学刊》1991年第5期。

《"志气统其关键"辨——〈文心雕龙·神思〉札记之一》,《内蒙古电大学刊》1991年第8期。

《〈文心雕龙·定势〉篇绎旨》,《内蒙古教育学院学报》1992年第3期。

《"规矩虚位,刻镂无形"臆辨——〈文心雕龙·神思〉学习札记》,《语文学刊》1993年第2期。

《刘勰"养气"说今探》,《内蒙古师范大学学报》(哲学社会科学版)1995年第4期。

《刘勰"论文叙笔"今辨》,《广播电视大学学报》(哲学社会科学版)1999年第4期。

《〈文心雕龙〉批评论概览》,《呼和浩特教育学院学报》2001年第4期。

《〈文心雕龙〉文术论今说》,《内蒙古师范大学学报》(哲学社会科学版)2004年第5期。

《〈文心雕龙·序志〉辨疑》,《语文学刊》2006年第1期。

《作者之章程,艺林之准的》,《中国文论》(第三辑),上海古籍出版社,2016年。

(二)写作理论研究

《〈艺概〉写作理论辑要》,《内蒙古师范学院学报》(哲学社会科学版)1982年第2期。

《"形散神不散"质疑》,《语文战线》,1981年8月。

《通感的妙用》,《语言文学》,1982年。

《散文中的那辗》,《内蒙古师范学院学报》(哲学社会科学版)1985年第2期。

《通感——散文技法之一》,《散文世界》,1984年。

《逐步完善写作教研室的基本建设》,《高等教育学刊》,1987年。

《论写作的基本规律》,《内蒙古师大学报》(哲学社会科学版)1988年第3期。

《建立新型师承关系》,加强教研室建设,《高等教育学刊》。

《学术论文撰写要义》,《前沿》1991年第1期。

《反映高校教改的一部力作》,《民族文艺报》,1992年。

《近代写作理论初探》,《内蒙古社科联学刊》1992年第7期。

《评近代的几部写作理论专著》,《内蒙古师范大学学报》1992年第9期。

《〈电视教材编导基础〉序》,山西高校联合出版社,1993年。

《关于写作教学科学化的实践与思考》,《内蒙古师范大学学报》(哲学社会科学版)1994年第2期。

《20世纪中国写作理论发展的两个高峰》,《广播电视大学学报》(哲学社会科学版)1998年第1期。

《新的综合　新的高度——读〈现代实用写作学〉》,《广播电视大学学报》(哲学社会科学版)1998年第3期。

《老舍论人物形象的塑造》,《内蒙古师范大学学报》(哲学社会科学版)1999年第6期。

《〈桐城派与中国文章理论〉序》,《广播电视大学学报》(哲学社会科学版)1998年第3期。

《面向21世纪的中国写作学》,《内蒙古师范大学学报》(哲学社会科学版)2001年第3期。

《慎思明辨,研几探微——读白建忠〈杨慎与"杨门七子"研究〉》,社会科学论坛2013年第2期。

(三)文学评论

《评独幕剧〈角落〉》,《内蒙古文艺》,1956年。

《读〈茫茫的草原〉》,《内蒙古日报》,1958年。

《评电影文学剧本〈嘎达梅林〉》,《语言文学》,1959年。

《评长篇小说〈阿力玛斯之歌〉》,《内蒙古师范学院学报》,1979年。

《评杨啸的中篇小说》,《语言文学》,1984—1985年连载。

《〈乌海诗情〉序》,内蒙古人民出版社,1989年。

《读毕力格的散文》,《民族文学》,1990年第10期。

《〈看图作文法〉序》,内蒙古教育出版社。

《〈青山乌海集〉序》,内蒙古教育出版社,1993年。

《30年代内蒙古西部文坛之缩影——评〈内蒙古西部地区30年代文学作品选〉》,《内蒙古师范大学学报》,1998年第5期。

《〈芳草地〉序》,内蒙古文化出版社,1999年。

《〈西麓山房丛稿〉序》,内蒙古人民出版社,2002年。

三、文学作品

《鞭上的红条》,载《内蒙古文艺》,1956年。

《鄂尔多斯春光》,载《内蒙古日报》,1959年。

《黄河南岸的早晨》,载《内蒙古日报》,1959年。

《两个拖拉机手》,载《包头文艺》,1960年。

《山村来信》,载《内蒙古日报》1961年。

《姑娘们的假日》,载《内蒙古日报》,1960年。

《乌梁素海风光》,载《草原》,1962年。

《黄河渡口》,载《内蒙古日报》,1963年。

《小黑河畔》,载《内蒙古日报》,1963年。

《小黑河之春》,载《内蒙古日报》,1964年。

《茶馆》,载《内蒙古日报》,1964年。

《九月九》,载《内蒙古日报》,1964年。

《不愿回忆的回忆》,载《内蒙古日报》,1964年。

《副队长青山》,载《内蒙古日报》,1964年。

《牧区人家》,载《人民日报》,1964年。

《岳金生的故事》，载《内蒙古日报》，1965年。

《包尔盖风采》，载《大公报》，1965年。

《梁素海的年轻人》，载《大公报》，1965年。

《雪浪滚滚》，载《内蒙古日报》，1965年。

《蛮汉山风采》，载《草原》，1974年。

《大黑河风情》，载《山丹》，1974年。

香飘五洲（主编），内蒙古人民出版社，1974年。

根深叶茂（主编），内蒙古人民出版社，1974年。

《葵花赋》，载《熔炉篇》（散文集），内蒙古人民出版社，1976年。

《新春图》，载《内蒙古日报》，1976年。

《高高的大青山》，载《草原》，1977年。

《骏马之歌》，载《草原，你的今天》（散文集），1977年。

《银珊瑚》，载《山丹》，1978年。

《佘太金泉》，载《金色的河套》（散文集），1979年。

《站在最前线》，载《骑骆驼的人》（散文集），1979年。

《白天鹅的故乡》，载《山丹》，1980年。

《温泉漱玉》，载《内蒙古日报》，1980年。

《浑河秋》，载《内蒙古日报》，1980年。

《阿尔山的怀念》，载《山丹》，1981年。

《小巷人家》，载《内蒙古日报》，1982年。

《秦淮寻踪》，载《草原》，1984年。

《老院长的教诲》，载《北疆杏坛风——内蒙古师范大学50周年校庆纪念文集》，2002年。